Sheila Gillooly

Vorsicht Liebe!

Frauen auf der Flucht
vor dem Mann fürs Leben

Deutsch von
Jochen Schwarzer

Wunderlich

Die Originalausgabe erschien 1996 unter dem Titel
«Venus in Spurs. The Secret Female Fear of Commitment, or
Why You Head for the Hills When Love Comes to Town»
bei Henry Holt and Company, New York

1. Auflage September 1997
Copyright © 1997 by Rowohlt Verlag GmbH, Reinbek bei Hamburg
«Venus in Spurs» Copyright © 1996 by Sheila Gillooly
Alle deutschen Rechte vorbehalten
Redaktion Sabine Dästner
Umschlaggestaltung Barbara Hanke
(Illustration: Adam Niklewicz/ZEFA-SIS)
Satz aus der Palatino (Linotronic 500)
Gesamtherstellung Clausen & Bosse, Leck
Printed in Germany
ISBN 3 8052 0606 2

Für Marie Gillooly
und für James Spione

Inhalt

Teil 3

TEIL 1

1
Schön, mich kennenzulernen

I n der Nacht, in der ich zur Welt kam, eilte mein Vater zur Säuglingsstation, um einen Blick auf sein frisch gebadetes und gewickeltes Kind zu werfen. Ganz in Rosa gehüllt und in meinen winzigen Babykorb gekuschelt, war ich das Inbild einer kleinen Dame. Mein Vater, der schließlich vier von der Sorte haben sollte, drückte die Stirn gegen die frisch geputzte Fensterscheibe und sagte lächelnd: «Noch eine Tochter. Noch eine Hochzeit.»

Er hatte ja keine Ahnung...

Die Angst vor einer festen Beziehung ist sicherlich keine neue Erscheinung, aber sie war nie vorherrschender und wurde nie leidenschaftlicher zelebriert als in den letzten Jahrzehnten. Weil dieses spezielle Gebrechen inzwischen epidemische Ausmaße angenommen hat, ist es naheliegend, Bindungsangst – diesen plötzlichen, starken und rätselhaften Impuls, vor etwas wirklich Gutem Reißaus zu nehmen, als wäre man mit Benzin übergossen und in Brand gesteckt worden – als eine ausschließlich männliche Erfindung anzusehen. Schließlich verlassen Männer sich ganz unverblümt auf diesen Vorwand, wenn sie sich gegen die Bedrohung durch romantische Verpflichtungen, gegen den Schrecken der Intimität oder die Umstände, die soziale Spielregeln mit sich bringen, wehren wollen. Sie machen das so. Das ist allgemein bekannt.

Die traurige Wahrheit ist, daß Männer es nicht einmal für nötig halten, sich für ihren Widerwillen gegen langfristige Beziehungen zu schämen. Diese Abneigung wird als Geburtsrecht betrachtet, als ausschließlich männlicher und ziemlich ausgedehnter Initiationsritus, der eine wilde und unbeschwerte Jugend sichert. Doch das kleine Ritual garantiert gleichaltrigen Frauen ein intimes Verhältnis zu Sorgen und Häagen-Dazs sowie ein regelmäßiges Samstagabend-Rendezvous mit einem, der sie tröstet, oder einem, der auch noch nicht so weit ist.

Aber so einfach ist es nicht. Beim Stichwort ‹Bindungsangst› denkt man zwar automatisch an Männer, aber wie sich herausstellt, sind Frauen alles andere als immun dagegen. Doch weil unser weiblicher Drang, widersprüchliche Gefühle zu ignorieren, so stark ist, stehen die meisten Frauen der Tatsache ratlos gegenüber, daß wir unter genau derselben Ambivalenz und Unsicherheit leiden, gegen die wir bei den Männern so tapfer ankämpfen. Anders gesagt: Es ist ein Männersport, aber die Frauenmannschaft ist auch nicht schlecht.

Wenn man bedenkt, wie besessen Frauen von diesem Thema sind, ist es erstaunlich, daß sie selbst unter Bindungsangst leiden können, ohne es zu merken. Spricht man sie darauf an, so wird beinahe jede Frau zwischen zwanzig und vierzig zugeben, in ihrem Leben viel Zeit mit strategischen Überlegungen zugebracht zu haben, wie man der kompletten männlichen Bevölkerung die Bindungsangst austreiben könnte. Wahrscheinlich kann man sich unter Frauen über nichts anderes so leicht verständigen wie über das Thema ‹emotional unzugängliche Männer›. Ich bin schon in Räume gekommen, die von fremden Leuten wimmelten, um innerhalb von dreißig Sekunden heftigste Gefühle der Verbundenheit mit einer anderen Frau zu spüren, nur weil ich wegen eines James-Dean-gleichen Prachtexemplars eine Augenbraue gehoben hatte.

Unsere Aufmerksamkeit für dieses Thema gleicht einer zweiten Vollzeitstelle – und im Gegensatz zu unserer bezahlten Arbeit ist dies ein Job, bei dem es einem nie in den Sinn käme, eine Erkältung vorzutäuschen und sich krank zu melden. So unwahrscheinlich es ist, eine Gelegenheit zu versäumen, so schmerzlich ist auch nur der Gedanke daran. Von der gräßlich verspielten, pärchenverseuchten Levi's-Jeanswerbung bis zu den unvermeidlichen Begrüßungen, die jedes Familientreffen einläuten («Was, immer noch kein Ring?»), versucht uns alle Welt zu überzeugen, romantische Verstrickungen seien der rote Faden im Gewebe unseres Lebens.

Seit Urzeiten steht fest, daß mit einer alleinstehenden Frau etwas nicht stimmen kann. Wirft man einen Blick ins Alte Testament, findet man überall Erzählungen von Witwen und Waisen. Im Altertum scheint eine Frau ohne Mann oder ein Kind ohne Vater ein mehr oder weniger hilfloses Opfer gewesen zu sein. Inzwischen ist viel Zeit vergangen, und statt Seuchen und Heuschreckenschwärmen kamen allmählich modernere Katastrophen wie bittere Armut, Hunger und Entfremdung in Mode. Aber unabhängig von der Epoche befand sich eine alleinstehende Frau nie am oberen Ende der Nahrungskette. Ungefähr ab dem Zeitpunkt, als das Christentum auf der Szene erschien und aus den Druiden mit ihren frauenvergöttlichenden Ansichten Hackfleisch machte, haben wir westlichen Frauen mit zusammengebissenen Zähnen unsere Stellung im Patriarchat akzeptiert. Und in Patriarchaten wollen die Frauen, wie man weiß, geheiratet werden.

Love and Marriage, so heißt es im Lied: verliebt, verlobt, verheiratet. Eine eher sentimentale Anwandlung, denn stets war es eine graue Tatsache, daß nur die Ehe den Frauen ein Fünkchen Macht brachte – wirtschaftliche Macht, Macht in der Gemeinschaft und in Hinsicht auf die religiösen und politischen Gesetze: Macht, die von den Männern auf ihre Gattinnen übertragen wurde. Kein Wunder, daß die Ehe ein Un-

13

terfangen ist, dem Frauen sich stets mit äußerster Ernsthaftigkeit gewidmet haben: Sie lassen sich die Haare legen und hungern sich auf das optimale Kampfgewicht einer Braut herunter. Zu allen Zeiten waren Frauen rar gesät, die radikal genug dachten, um den Alltagsweisheiten und -erwartungen aus dem Weg zu gehen, indem sie beschlossen, ledig zu bleiben. Und ich nehme an, daß ein Gutteil von ihnen heimlich ein Treuhandvermögen auf irgendeinem Schweizer Bankkonto hatte. Wir anderen spielten feierlich unseren Part im Gesellschaftsvertrag und widmeten einen Großteil unserer Phantasie den Fragen, wie viele Brautjungfern wir wählen sollten und ob die natürliche Glorie einer Freilufthochzeit es mit dem Risiko unerfreulichen Wetters aufnehmen könne.

Doch vor einigen Jahrzehnten geschah etwas Unerwartetes: Die Frauenbewegung erschien auf der Bildfläche. Meine Generation bekam das nicht mit, doch während wir in unseren Kleinkindstühlen saßen und Bananenpampe an die Wand klatschten, änderten unsere älteren Schwestern die Regeln. Als ich 1980 aufs College kam, erwartete so gut wie jede Frau, die ich kannte, daß sie ihre Ausbildung abschließen und einen unfaßbar glamourösen Was-kostet-die-Welt-Job antreten würde. Ich will nicht behaupten, unsere Welt sei nicht von Liebschaften und den ihnen folgenden Verwüstungen regiert gewesen; aber wir waren fest davon überzeugt, daß wir durchstarten und Journalistin, Finanzanalystin oder Rechtsanwältin werden würden.

Und das haben wir getan. Beinahe jede Frau, die ich kannte, bekam schließlich eine Stelle in ihrem Interessengebiet, und wir akzeptierten das als unsere Bestimmung. Wir dachten nicht groß darüber nach, daß so etwas zwanzig Jahre zuvor nicht möglich gewesen wäre; daß die Jobs, die wir suchten und die uns angeboten wurden, ein paar Jahre bevor wir auf dem Campus auftauchten, für Frauen nicht zu haben waren. Wo wir einst Gehilfinnen oder schlicht Schmuck gewesen waren, eine Gattung, die Lehren und Pflegen als einzig rentable Professionen ansah («Du wirst einen Arzt kennenlernen!»), waren wir plötzlich Konkurrentinnen. Wir gingen los, erstanden ein marineblaues Kostüm (der Rock dezent bis knapp übers Knie) und stellten uns gemeinsam mit den Jungs an, wenn die Personalberater der großen Unternehmen auf dem Campus erschienen. Mit Lebenslauf und Einser-Diplom in der Hand zogen wir in die Stadt, sprachen bei Personalchefs vor und lächelten höflich. Wir bekamen die Jobs.

Aber kulturelle Veränderungen sind nicht gratis zu haben. Der Feminismus hat Frauen ermutigt, Karriere zu machen, doch gleichzeitig sind wir alle nach wie vor – und zumindest emotional – sozialisiert, unseren Erfolg daran zu messen, wie sehr wir anderen gefallen – und besonders, wie anziehend wir auf einen Mann wirken. Deshalb haben wir all unsere Energie und Ambitionen darauf konzentriert herauszufinden, was der Mann, den wir begehren, will und wie wir ihm das bieten können. Je unkooperativer der Mann ist, desto ausschließlicher kümmern wir uns darum, wie wir ihn dazu bringen können, sich auf uns einzustellen. Das hat unglücklicherweise genau zu der Situation der Frauen gepaßt, bedenkt man, wie grauenerregend schwer es uns fällt, uns auf uns selbst zu konzentrieren. Denken wir an unsere Rollenvorbilder: unsere Mütter, diese Meisterinnen der Zurückhaltung, die, ob sie nun einen Job hatten oder nicht, in jedem Fall um Punkt sechs das Abendessen auf den Tisch stellten. Egal, ob sie miese Laune hatten, erschöpft waren oder ihnen nicht der Sinn danach stand: sie hatten gelernt, zuerst an die anderen zu denken, und das gaben sie nun an uns weiter.

Alle sind sich darüber einig, daß die Frage der Bindung

geschlechtsspezifisch betrachtet werden muß. Frauen wollen Sicherheit und eine feste Beziehung, Männer wollen das nicht. Man sollte meinen, wir wüßten es besser, als uns einer Meinung anzuschließen, die derart vereinfachend ist und so viel Zwietracht sät. Natürlich kann man es sich so einfach nicht machen. Eines der Hauptziele des Feminismus war es, den Frauen beizubringen, ihre eigenen Ambitionen und Sehnsüchte zu beachten. Diese Lektion, wie gutgemeint sie auch war, hat die Frauen säuberlich entzwei gespalten. Intellektuell wissen wir es zu schätzen, daß man uns erlaubt hat, uns auf unsere persönliche Entwicklung zu konzentrieren. Doch unser Gefühl hätte uns sagen können, daß diese Veränderung nicht einfach werden würde.

Nach der sexuellen Revolution konnten Frauen vor der Ehe mit einem Mann schlafen, ohne befürchten zu müssen, dafür am nächsten Morgen auf dem Marktplatz zu Tode gesteinigt zu werden. Doch als Sex überall zu haben war, bemerkten Männer, die ehemals – als das noch der einzig sichere Weg ins Schlafzimmer war – einer festen Beziehung nicht abgeneigt gewesen wären, daß in dieser Hinsicht inzwischen weit mehr Flexibilität herrschte. Die feste Bindung war plötzlich nur noch eine Option, etwas, das sie sich überlegen und, wenn sie wollten, ablehnen konnten. Wie fortschrittlich Frauen theoretisch auch sein mögen, die Praxis all dieser freien Liebe ist extrem unerfreulich. Wenn Männer mit einem schlafen und anschließend entscheiden, daß sie sich nicht auf mehr einlassen wollen, neigen wir dazu, uns zurückgewiesen zu fühlen. Ich verallgemeinere hier natürlich; aber für die meisten Frauen, die ich kenne, ist Sex keine Sache, die sie auf die leichte Schulter nehmen.

Die Möglichkeiten, die die sexuelle Revolution bot, kamen besonders jenen jungen Männern zugute, denen die ‹Reise nach Jerusalem› unbehaglich war, welche zuvor stets die Geschlechterrollen bestimmt hatte. Junge Frauen konnten mit denselben Möglichkeiten erheblich weniger anfangen. Ihnen hat die sexuelle Revolution wenig Revolutionäres gebracht. Die Regeln wurden geändert, aber die Prinzipien des Spiels nicht. Frauen wurden weiterhin angehalten, ihr Glück in der Liebe zu suchen, doch gleichzeitig änderten sich die Richtlinien, an die sie sich dabei halten konnten. Früher hatten Männer gelernt, die sexuelle Verfügbarkeit einer Frau als etwas Wertvolles und Besonderes zu schätzen; nun war diese Verfügbarkeit scheinbar selbstverständlich und der Akt selbst nicht mehr als eine Gelegenheit zu gesunder körperlicher Betätigung. Frauen auf Abruf, aber ohne Rückruf. Und weil das alles mit viel Gleichberechtigungs-Rhetorik einherging, wurde den Frauen zusätzlich die Möglichkeit genommen, sich darüber zu empören. Wir hatten die Gleichberechtigung gefordert und damit offensichtlich diese Entwicklung heraufbeschworen. Kein Wunder, daß Frauen sich nach Gelegenheitssex scheußlich fühlen. Das ist so, als ob man ein wundervolles Möbelstück in Einzelteilen zum Schnäppchenpreis bekommt und dann feststellen muß, daß die Bauanleitung auf japanisch ist.

Die Vertauschung der Geschlechterrollen kann eine fürchterlich verwirrende Angelegenheit sein, und tatsächlich wissen wir kaum noch, wo uns der Kopf steht. Wir führen ein Doppelleben: Mit goldmedaillenverdächtiger Geschwindigkeit nehmen wir die Karriereleiter und führen medizinische Forschungsteams an, nur um am Kiosk, wenn wir uns eine seriöse Tageszeitung kaufen, kurz die Brautmodenzeitschriften durchzublättern. Die meisten Frauen, die ich von der Graduate School kenne, haben zugegeben, sich morgens um vier aus dem Bett geschleppt zu haben, um Lady Diana durchs Kirchenschiff schreiten zu sehen. Und wie steht es mit Ihnen?

17

In letzter Zeit wird viel über den sogenannten *Backlash*, den Rückschlag der Männer gegen die Frauenbewegung, gesprochen. Susan Faludi hat Monate, vielleicht Jahre damit verbracht, sich mit der winzigen Schrift von Bibliographien und Mikrofiche-Ausdrucken die Augen zu verderben, um die traurige ökonomische Ungleichheit zwischen den Geschlechtern zu belegen, die ein Aspekt des kulturellen *Backlash* ist. Unglücklicherweise sind die persönlichen Aspekte dieses *Backlash* mindestens so schlimm wie die ökonomischen. Einer der wichtigsten betrifft die beruflichen Ambitionen, zu denen man uns ermutigt hat. Wir sind losmarschiert und haben Jobs bekommen... Jobs, die früher eine Männerdomäne waren. Und welche Überraschung: Den Männern gefällt das gar nicht! Sie waren es, die gleichzogen, indem sie – bewußt oder nicht – bei dem alten «Rühr-mich-nicht-an»-Spielchen einen Zahn zulegten. Im Job waren sie gezwungen, mit uns zusammenzuarbeiten, und dafür haben sie sich gerächt, indem sie sich emotional zurückzogen. Die feste Beziehung war ein Spiel, das sie nicht mehr mitspielen mußten.

Unter diesen Umständen ist inzwischen eine ganze Generation junger Frauen herangewachsen. Bindungsangst ist der Dämon, der Greuel und der Fluch, der auf allen Frauen lastet, die als kleines Mädchen jeden Nachmittag von der Schule kamen, um im Keller Barbies Hochzeit beizuwohnen. Wir lasen *Young Miss* und später *Glamour* und sahen die überglücklichen, schlanken Models sorgenfreie Nachmittage mit ihren Verehrern auf der Spielplatzschaukel verbringen. Ja, unsere akademischen Weihen sollten wir ernst nehmen, aber wir vergaßen keinen Augenblick, daß man uns nach etwas Wichtigerem als frühreifer Verkopftheit beurteilen würde. Auch wir würden streng danach beurteilt werden, wie attraktiv wir auf Männer wirkten.

Damals dachten wir, das sei nicht zuviel verlangt: Wir

würden Karriere machen und uns verlieben. Doch bald tauchte die dunkle Ahnung auf, daß da etwas fürchterlich schiefgegangen sein mußte. Die netten jungen Männer, von denen wir annahmen, daß sie Spielplatzschlägereien genauso gefürchtet hatten wie wir, und die uns nun, als der Zeitpunkt gekommen war, bewundernd betrachten sollten, wie wir eine weitere Schicht Lipgloss auflegten, hatten daran einfach kein Interesse. Und das hatten sie auch später auf dem College nicht, als sie uns erst in der Biologieprüfung nicht das Wasser reichen konnten und wir ihnen dann auf dem Frühlingsball gern die Hand gereicht hätten. Völlig desinteressiert aber waren sie, als wir all die akademischen Subtilitäten hinter uns hatten und Seite an Seite vor der Bürokaffeemaschine standen oder uns im Gedränge eines Nachtclubs flirtend näherkamen. Wir wollten einen festen Freund, aber sie waren (Trommelwirbel!) «noch nicht so weit für was Ernstes».

Also gut, ich bin keine Soziologin – ich bin bloß dafür bekannt, daß mir speiübel wird, wenn mein gegenwärtiger Geliebter am Telefon verkündet, die Zeit sei gekommen, zu neuen Ufern aufzubrechen. Aber mir fällt durchaus auf, daß uns, die wir inmitten solcher Bedenken und spürbarer Zurückhaltung aufgewachsen sind, schon mal die Prioritäten durcheinandergeraten können. So befriedigend und erfreulich unsere akademischen oder sonstigen Berufserfolge auch sein mochten, folgten wir doch dem Trampelpfad der menschlichen Natur und waren besessen von dem, was wir nicht hatten. Wie viele Auszeichnungen und Preise wir auch einheimsen mochten, wir nahmen unsere Trophäen, gingen nach Hause und überlegten krampfhaft, warum der Typ, der neben uns gesessen hatte, sich nicht herübergelehnt und nach unserer Telefonnummer gefragt hatte.

Wir waren so darauf fixiert, das Blatt zu wenden und sym-

19

pathische Männer dazu zu bewegen, Liebe und Nähe als etwas Schönes und Wundervolles zu entdecken, daß wir nie daran dachten, unseren eigenen inneren Mahlstrom unter die Lupe zu nehmen. Ich spreche für mich selbst und viele andere, wenn ich sage, daß es uns wirklich nicht in den Sinn kam, wir könnten dieselben wunden Punkte haben, die die Männer stets als Gründe für ihre Abneigung gegen feste Beziehungen anführten: die Angst, verletzbar zu sein, oder Furcht vor allzu viel Vertrautheit. Wie das mit Ängsten so ist, sind sie eigentlich leicht nachvollziehbar. Wenn man eine Beziehung eingeht, öffnet man sich nicht nur, man übernimmt auch Verantwortung für das Glück eines anderen. Dabei ist ziemlich offensichtlich, daß diese Ängste keinem angeborenen Geschlechtsmuster folgen. Sie treiben Männer wie Frauen an den Rand des Nervenzusammenbruchs.

Wenn Frauen tatsächlich die verkannten Genies der Ambivalenz sind – weil sie einerseits leidenschaftliche Lippenbekenntnisse ablegen, wie sehr sie sich nach einer Beziehung sehnen, während sie sich andererseits rechts und links die Chancen darauf verbauen –, dann spiegeln ihre Erfahrungen vielleicht die inneren Widersprüche des kulturellen Wandels wider, der sich in den letzten Jahrzehnten vollzogen hat, besonders in bezug auf die Veränderung der Geschlechterrollen. Während man uns eingehämmert hat, unsere Wünsche seien für Frauen als Individuen absolut legitim, konnten wir andererseits überall um uns her beobachten, daß sich unsere Rolle als Frau in vieler Hinsicht überhaupt nicht verändert hat. Natürlich waren wir ermutigt worden, im Klassenzimmer zu brillieren, aber gleichzeitig sollten wir unseren älteren Schwestern genau dabei zusehen, wie sie sich vor einer wichtigen Verabredung die Wimpern tuschten. Mit anderen Worten: Wir wurden immer noch auf die altmodische Tour dazu ausgebildet, Mädchen zu sein. Frauen haben in unserer Kultur eine Menge Doppelzüngigkeit lernen müssen; da ist es nicht besonders erstaunlich, daß wir Meisterinnen darin sind, Geheimnisse vor uns selbst zu hüten, sogar über etwas so Augenscheinliches wie unsere Fähigkeit zu lieben.

Solange wir uns selbst über unsere starke Ambivalenz im Bezug auf eine feste Beziehung belügen, werden wir uns als Opfer sehen. Dieses Thema hat in letzter Zeit viel Staub aufgewirbelt. Die Feministinnen Camille Paglia und Katie Roiphe wetteifern um den Titel einer Königin der Bewegung gegen die endlose Unterordnung der Frauen. Ich werde noch einen Schritt weitergehen und behaupten, daß die Ansicht der Frauen, sie seien Opfer männlicher Bindungsangst, auf alarmierende Weise unzutreffend ist. Unzutreffend und letztlich destruktiv, bedenkt man, wieviel Aufmerksamkeit Frauen deswegen auf andere Menschen und nicht auf sich selbst verwenden – und das, obwohl sie ohnehin schon dazu tendieren, sich dauernd um anderer Leute Glück zu kümmern. Wir dürfen uns auch außerhalb der Küche beweisen, aber wir haben im Grunde nichts von unseren Leistungen und lernen uns selbst nicht verstehen, weil wir die Möglichkeit der Selbsterkenntnis gegen den traditionellen inneren Zwang eingetauscht haben, Sicherheit in der Liebe zu suchen. Wenn wir dann die große Liebe entdecken, müssen wir feststellen, daß wir unsere eigene Entwicklung und unser Leben vernachlässigt haben, weil wir so viel Wert auf die Bekehrung eines unzugänglichen Mannes legten.

Ich bin unzählige Male an das Holzkreuz der unglücklichen Liebe geschlagen worden und daher die letzte, die bindungsängstliche Männer glorifizieren wird. Meine zwanziger Jahre ähnelten einem Zeitlupen-Spaziergang durch Dantes neunten Höllenkreis, und um nichts in der Welt möchte ich dahin zurück. Aber andererseits fällt mir auf, daß – während Frauen im ganzen Land Spontankongresse über die Eroberung bindungsängstlicher Männer abhalten – diese sich sehr wahrscheinlich, wenigstens von Zeit zu Zeit, dem wichtigeren Kampf der Selbsterkenntnis widmen. Ich habe oft gehört und es häufig selbst behauptet, daß junge Männer in sich gekehrt seien. Aber wenn diese Selbstbespiegelung gelegentlich zu Selbsterkenntnis führt – was ist so schlimm daran?

Ein wenig beachteter Aspekt der Bindungsangst hat mit der in ihr verborgenen Einsicht zu tun. Wie kommen wir drauf, wir könnten den richtigen Partner finden, bevor wir auch nur die Möglichkeit hatten, uns selbst kennenzulernen? Und warum stellen wir uns darüber hinaus eine Beziehung als ein andauerndes Erlebnis ungetrübten Entzückens vor? Die Vertrautheit mit einem anderen Menschen ist keine einfache Sache. Sie erfordert, daß man verletzbar ist, Schmerzen erträgt und das abgenutzte und wundervoll gefestigte Bild, das man von sich selbst hat, in Frage stellt. Sie erfordert, daß man Kompromisse eingeht und Opfer bringt, die einfach nicht nötig sind, wenn man in einer Traumbeziehung lebt – zu dem schimmernden Foto in einer Filmzeitschrift oder zu dem Typ, der am anderen Ende des Hausflurs wohnt und sich kaum an unseren Vornamen erinnern würde. In gewisser Hinsicht sind wir zu Recht ängstlich oder wenigstens wachsam und vorsichtig.

Um die Zeit, als ich dreißig wurde, geschah etwas Bemerkenswertes. Alle Frauen, die mich durch die dunklen Tage der zurückliegenden Dekade begleitet hatten, lernten eine nach der anderen einen Mann kennen – mich selbst eingeschlossen. Wir lernten Männer kennen, durch die Bank reizende Männer, die mit uns zusammensein wollten. Sie führten uns zum Essen aus und legten uns ihre Lederjacken über die Schultern, wenn der Abend kühl wurde. Sie blieben zwei Nächte hintereinander. Wir warteten auf den Haken bei der

Sache, aber es gab keinen. Den Männern, die wir kennenlernten, war es ernst mit dem Wunsch, eine feste Beziehung
einzugehen.

Überrascht es Sie zu erfahren, daß es, nachdem die erste
Euphorie verflogen war, ausgerechnet die Frauen waren, die
merkten, wie sehr sie sich vor einer dauerhaften Bindung
fürchteten? Unsere Partner hatten schließlich die letzten
zehn, fünfzehn Jahre mit anderen Dingen als Liebeswirren
verbracht. Sie hatten genauso um ihre Karriere gekämpft,
hatten sich um ihre Familie und ihre Identität gekümmert.
Jetzt waren sie bereit, ihrer längst durchschauten Angst vor
Intimität und Vertrauen entgegenzutreten. Und die Frauen?
Erst als wir Sicherheit in der Liebe gefunden hatten, waren
wir entspannt genug, die wichtige Unterscheidung zwischen
Phantasie und Realität zu treffen und uns für eins von beidem zu entscheiden. Und außerdem mußten wir nun allen
anderen Aspekten unserer Persönlichkeit und unseres Lebens ins Gesicht sehen, die wir all die Jahre vernachlässigt
hatten. Es stellte sich heraus, daß wir wirklich höllisch viel
nachzuholen hatten.

Für mich war es notwendig, eine ernsthafte Beziehung einzugehen, bevor ich erkennen konnte, welches Minenfeld
von Ängsten sich unter meiner wilden Sehnsucht nach Liebe
verbarg. Erst als mein Verlangen nach Sicherheit gestillt
wurde, konnte ich mein zwanghaftes Verhalten mit einiger
Deutlichkeit sehen. Aber so muß es nicht kommen. Es ist völlig in Ordnung und vernünftig, einen festen Freund haben
zu wollen. Wenn aber das Streben nach einer Beziehung alle
anderen Ziele im Leben in den Hintergrund treten läßt, ist
das ein ziemlich deutliches Zeichen dafür, daß unsere Sorgen
wegen anderer, viel dringlicherer Fragen des Lebens auf die
Liebe verschoben werden. Und während uns dieser Selbst-
betrug unkontrolliert über den Kopf wächst, bleiben wir uns

nicht nur selbst fremd, sondern behindern auch jeden Fortschritt bei eben diesen entscheidenden Fragen der Selbsterkenntnis, die nicht nur unsere eventuellen Beziehungen,
sondern jeden Aspekt unseres Lebens beeinflussen.

2
Das Monster in mir

Ich erinnere mich noch erstaunlich lebhaft an den ersten Mann, der mein Herz eroberte. Erstaunlich ist das deshalb, weil ich ungefähr achtzehn Monate alt war, als Amors Pfeil mich traf. Ich schlich in Windeln und mit einem Wasserball in der Hand über die Grenze zu seinem Garten, ganz verrückt nach einem Spiel-Rendezvous. In der Familie erzählt man sich heute, mein belagerter junger Vater habe sich diesen Tag extra freigenommen, um einen Zaun zu errichten, der hoch genug sein würde, mich sicher einzusperren. Doch mein Verlangen, mit meiner großen Liebe zusammenzusein, war derart mächtig, daß ich längst gelernt hatte, durch den Zaun zu schlüpfen, als mein Vater ihn endlich fertig hatte.

Das war der Anfang. Der Anfang vom Ende. Mein erster Schwarm, ein vierjähriger Don Giovanni (mit bürgerlichem Namen Brian O'Connor), sollte mich ein für allemal mit den Schrecken der platonischen Liebe bekannt machen. Er hatte noch nicht die richtigen Sprüche drauf – die würden später folgen –, aber man mußte nicht unbedingt rhetorisch begabt oder – wie sich herausstellte – auch nur der Sprache mächtig sein, um das «Laß uns Freunde sein» zu verstehen, sobald man es hörte. Obwohl er mich mochte, hielt mein Geliebter es offensichtlich für besser, daß wir unsere Zweisamkeit genossen, ohne uns irgendwie aneinander zu binden. Natürlich sah ich das anders. Und ich gab nicht auf. O nein, ganz im Gegenteil: Ich war vom Pferd gefallen, und als gute Sportlerin wollte ich gleich wieder aufsteigen.

Als ich fünf war, zogen wir um. Statt dem Heim meiner

frühen Kindheit nachzutrauern, versetzte mich die Aussicht auf eine nagelneue, vor romantischem Potential nur so strotzende Nachbarschaft in Hochstimmung. Bevor meine Mutter den Packern auch nur erklären konnte, wo die Kisten mit dem wohlverstauten Porzellan abzustellen waren, hatte ich bereits erkundet, daß es in der Nachbarfamilie drei Söhne gab. Drei Söhne! Ich bestieg den Bananensattel meines neuen Fahrrads, fuhr wie eine triumphierende Göttin die Straße auf und ab und dachte vergnügt an die vielen, vielen Bekanntschaften, die ich schließen würde.

Tja, ich machte diese Bekanntschaften, aber sie waren weit weniger weltbewegend, als ich mir vorgestellt hatte. Die traurige Wahrheit ist, daß die Jungs in meiner Straße bei Baseball und Hockey weit mehr Leidenschaft an den Tag legten als bei romantischen Affären hinter den gutgepflegten Gärten unserer Eltern. Sie verehrten Mädchen, die schön und unnahbar waren und jede verlegene Aufmerksamkeit der Jungen verächtlich zurückgewiesen hätten. Unnötig zu erwähnen, daß ich nicht zu diesen Mädchen gehörte. Das soll aber nicht heißen, daß ich in den Kämpfen meiner Jugend ganz ohne Gesellschaft auskommen mußte. Die treue Clique meiner Freundinnen war nicht weniger entschlossen als ich, in die geheimnisvolle Welt der Jungen vorzudringen. Wir ahnten kaum, was dort für Wunder auf uns warteten.

Die Zeit verstrich. Bald fand ich mich auf dem Terrain der öffentlichen Erziehung wieder und erklomm die übliche Leiter von der Grundschule zur Junior High School zur High School. Ich glaubte weiterhin fest daran, daß die männlichen Wesen um mich her mit der Zeit aufholen würden, daß nur die unterschiedliche Reife das Problem sei. Ich vertraute der alten Redensart, daß Jungen später erwachsen werden als Mädchen. Die Zeit würde die Rätsel meines Liebeslebens schon lösen, davon war ich überzeugt. Aber da täuschte ich mich.

Schließlich stellte sich heraus, daß es auch an den Typen lag, die ich mochte. Ich war stolz darauf, nicht ausschließlich nach dem Äußeren zu gehen – die Männer, denen ich nachjagte, hatten vielmehr alle einen Hang zum Grübeln. Ich stand auf die Introvertierten, die Melancholiker und weltabgewandten Kreativen – Künstler im High-School-Format, könnte man sagen. Diese Typen mit ihren exzessiven Ein-Mann-Trinkgelagen und aus dem Ärmel geschüttelten Kafka-Zitaten waren nicht gerade leichte Beute. Und fürs Gefühl hatten sie nicht mehr zu bieten als ein Stapel Brennholz. Ich saß auf meinem Bett, hörte immer wieder dieselben Joni-Mitchell-Platten und zerbrach mir den Kopf, wie ich meinem Liebesleben einen Stoß in die richtige Richtung versetzen konnte.

Das College mit seiner Aussicht auf romantische Intermezzi inmitten weinberankter neogotischer Gebäude erwies sich als Reinfall. Wie viele Achtzehnjährige stellte ich mich bei der Wahl meiner Schule ausgesprochen dumm an und fand mich dann an einer wieder, deren Sortiment an interessanten Männern miserabel bestückt war. Meine grimmige Entschlossenheit, gegen alle Widerstände und Anfechtungen diese finstere Realität hinter mir zu lassen, führte natürlich dazu, daß ich mich in Schwule verliebte. Mein Verlangen nach einem dieser Männer war so stark, daß ich nach dem Examen in seine Heimatstadt zog, besessen von der Hoffnung, er würde dorthin zurückfinden, nachdem er sich die Hörner abgestoßen hatte. Ist das Wörtchen «peinlich» hier vielleicht angemessen? Nachdem die Bestürzung abgeklungen und die bangen Bekenntnisse abgehakt waren, hatte ich jedesmal einen richtig guten Freund gefunden, aber wieder nicht die große Liebe.

Mit zwanzig war ich, vorsichtig gesagt, außer Rand und Band. Es gab dort draußen einen Mann für mich, und ich würde ihn verdammt noch mal finden. Darin unterschied ich mich nicht groß von den Frauen, die ich kannte. Ich war besessen davon; und wenn Sie meinen, so schlimm wie bei Linda Blair, an der sich der *Exorzist* abarbeitete, könne es ja nicht gewesen sein, dann irren Sie sich. Ach, wie ich mich nach einem festen Freund sehnte. Was für eine Qual, keinen zu haben. Ich kämpfte mich – manchmal stoisch, des öfteren nicht – durch das Minenfeld des üblichen gesellschaftlichen Lebens. Ich erduldete die Hölle der Arbeitswoche – wo schon beim Betreten des Büros die Gefahr bestand, daß eine Kollegin erzählte, sie habe ein Rendezvous, oder eine Freundin anriefe, um zu berichten, sie sei auf den idealen Mann gestoßen, der genau ihren sehr detaillierten Anforderungen entspreche. Und dann das Wochenende, besonders der gefürchtete Sonntagmorgen, an dem ich aus meinem kalten, einsamen Bett stieg, mir den abgelegten Wintermantel meiner Mutter umwarf und schnurstracks die Treppe hinabging, um mir eine Zeitung und eine billige Tasse Kaffee zu gönnen. Litt ich an Gedächtnisschwund? Hatte ich den letzten Sonntag einfach vergessen, der gerade sieben Tage zurücklag und an dem ich zu derselben Reise aufgebrochen war? Wie jede alleinstehende Frau weiß, ist der Sonntagmorgen der Morgen nach dem Rendezvous, und all die unfaßbar glücklichen Mädchen, die einen Kerl rumgekriegt hatten, am Samstagabend mit ihnen auszugehen und dann bei ihnen zu schlafen, hatten sich schnell was übergezogen und schlenderten nun in das schnucklige Café an der Ecke, um ein geruhsames Katerfrühstück à deux einzunehmen. Der Anblick dieser glückschimmernden Pärchen genügte, selbst die Unerschütterlichsten unter uns in den Wahnsinn zu treiben.

Das bedeutet nicht, daß ich jeden Abend zu Hause saß. Tut

mir leid, ganz im Gegenteil. Ich war mit ganzem Herzen bei der Sache. Trotz der katastrophal langen Liste von Beziehungen, um die ich mich bemüht hatte, nur um erstaunt zu beobachten, wie sie gegen den nächstbesten Brückenpfeiler rasten, glaubte ich immer noch, daß es dort draußen den Mann fürs Leben gab – einen Mann, der seine Angst vor den tödlichen Gefahren der Intimität in Zaum halten konnte. Muß ich erwähnen, daß ich nicht sehr wählerisch war? Daß ich so tolerant war wie ein Zen-Meister gegenüber seinen Schülern? Natürlich fand ich es toll, wenn ein Mann an die Tür klopfte, der zwei sinnvolle Sätze zustande brachte, aber in Wirklichkeit war das keine Bedingung. Mein gegenwärtiger Liebster mochte zwar frisch aus dem Knast entlassen sein, aber gesessen hatte er natürlich nur wegen eines Wirtschaftsdelikts. Er war ehrgeizig; wer konnte einem Mann das verdenken? Ich traf mich mit großartigen Männern, und ich traf mich mit dem letzten Dreck, und alle ähnelten sich in einem Punkt: Sie wollten sich nicht binden.

Doch dann geschah das Unfaßbare: Ich traf den Richtigen. Nur eine Woche zuvor hatte mir ein Mann das Herz in zwei Hälften gesägt – ein Mann, der so reif und einfühlsam wirkte, daß ich buchstäblich erst nicht verstand, wovon er sprach, als er verkündete, es werde ihm alles zu eng und er brauche mehr Freiraum. Ach ja, und er habe mit einer gemeinsamen Freundin geschlafen – ob er das schon erwähnt habe? Ich war noch ganz benommen von diesen Neuigkeiten und drauf und dran, mir in der Bücherei ein Buch über Bombenbau zu besorgen und eine kleine Überraschung für seine Heimfahrt zusammenzumixen. Und da traf ich den Richtigen.

Jetzt werden Sie lachen – aber lassen Sie mich weitererzählen. Wie es der Zufall wollte, hatte ich vorher bei einer neckischen Plauderei mitbekommen, daß er nicht nur verlobt war, sondern mit seiner Verlobten auch seit Jahren zusammenlebte. Spielte es eine Rolle, daß er nicht zu haben war? Aber sicher. Weil er mit einer anderen Frau zusammen war, kam er für mich als romantisches Futter nicht in Frage. Natürlich spielte ich sofort mit der filmreifen Idee, einer anderen Frau den Mann auszuspannen, aber das war keine Option, die mich wirklich ansprach. Er war vergeben, und das führte dazu, daß ich ihn als Menschen ansah und nicht als Eroberungsobjekt.

Seien Sie nicht enttäuscht: Das dicke Ende kommt noch. Ich sah ihn als Menschen, und all die Phantasien, an denen ich mich ergötzt hatte, wurden durch die Wirklichkeit ersetzt. Falls Sie so was noch nicht durchgemacht haben: Die Wirklichkeit kann ziemlich unangenehm sein. Die prächtige Selbstbeherrschung, die man zu besitzen meinte – die man auch wirklich besaß, solange man Verhältnisse mit Phantomen unterhielt –, sie ging in Luft auf. Und so beschwerlich unsere sich immer mehr steigernde heimliche Hingabe aus offensichtlichen Gründen auch war – die Katastrophe trat erst ein, als mein neuer Geliebter verkündete, unsere kleine Affäre sei ja ganz gut und schön, aber jetzt würde er doch besser verduften und zu Hause an seiner eigentlichen Beziehung arbeiten. Ich fand also den Richtigen und verlor ihn prompt wieder.

Man stelle sich meine Überraschung vor, als mir keine sechs Monate später die Götter gnädig gesonnen waren. Das Telefon klingelte, ich nahm ab, und der Richtige war dran. Er erklärte, seine Beziehung sei in die Brüche gegangen, wie er sich das schon gedacht hätte. Ob ich an diesem Abend Zeit hätte, mit ihm essen zu gehen? Ich hatte Zeit.

Es war eine Offenbarung für mich, endlich eine richtige Beziehung zu haben. Ich fand nichts selbstverständlich. Jedesmal, wenn mein Geliebter auf der Türschwelle erschien, erklangen im Umkreis von fünf Meilen Fanfaren, und sämtliche Champagnerkorken knallten. Ich war mit einem Mann zusammen! Ich war mit einem ganz normalen Mann zusammen! Mit jemandem, der zum Beispiel die Zeitung lesen und über ihren Inhalt diskutieren konnte. Ich erinnere mich noch an die Erleichterung auf dem Gesicht meiner Schwester, als sie meinen Zukünftigen kennenlernte. Ihr Gesichtsausdruck sagte: Endlich mal jemand, der nicht versuchen wird, das Familiensilber zu stehlen.

Ich war glücklich und trotzdem auf der Hut. Ich ging ganz in meiner neuen Rolle als Freundin auf und hatte für die faulen Sonntagmorgen im Bett Kaffee im Haus. Aber ich vergaß nicht, was ich gerade erst durchgemacht hatte. Erstaunlicherweise passierte nichts Scheußliches. Es gab keine grauenhaften Enthüllungen, kein Brief vom Bewährungshelfer purzelte aus seiner Aktentasche, und ich lief ihm auch nicht bei einer Verabredung mit einer anderen Frau in die Arme. Bald beschlossen wir zusammenzuziehen, und man kann sich das Erstaunen vorstellen, mit dem ich diese Entwicklung verfolgte. Ich räumte meinen Schuhkarton von einer Wohnung frei und warf mit Begeisterung Möbel und Kleider raus, die ich einst für lebenswichtig gehalten hatte. Er zog bei mir ein, und dem Glück am heimischen Herd stand nichts mehr im Wege.

Zu schön, um wahr zu sein? Natürlich. Aber dieses Mal trat das Monster nicht in maskuliner Form auf. Das wäre zu einfach gewesen. Nein, plötzlich fingen die winzigen Samen der Unruhe an zu keimen, die ungefähr dreißig Jahre in mir geschlummert hatten. Da saßen wir, verbrachten die Abende gemütlich bei Lektüre im warmen Lampenlicht; er nippte an einem Glas Wein, und mir krampfte sich alles zusammen bei dem Gedanken, was mir Aufregendes entging. Wie konnte es angehen, daß ich jedesmal, wenn wir uns zu einem perfekt geplanten und zubereiteten Abendessen niedersetzten, sehnsüchtig an die Nächte denken mußte, als ich allein vor dem offenen Kühlschrank gestanden und mir Hüttenkäse mit Schnittlauch reingeschaufelt hatte? Der Gipfel der Ironie war, daß der Mann meiner Träume offensichtlich viel besser mit den alltäglichen emotionalen Erfordernissen des Lebens zu zweit klarkam als ich.

Ich war baff. Die zarten Engelsstimmen der Beharrlichkeit, die mir all die Jahre im Hinterkopf geklungen hatten, wichen einem tiefen Grummeln des Widerstands und Widerwillens. Ich hatte, was ich wollte; worüber beschwerte ich mich? Wenn im Büro das Telefon klingelte und mein Geliebter mich mit seiner sonoren Stimme fragte, wonach mir heute Abend der Sinn stünde, zog sich mir der Hals unter dem Druck eines Phantomwürgegriffs zusammen, ich zischte: «Ich hab was vor!» und warf den Hörer auf die Gabel. Mein Umstieg von der dankbaren Liebesempfängerin zur unausstehlichen, anstrengenden Teufelin kam plötzlich und unerwartet und verursachte zu Hause gewisse, sagen wir mal: Spannungen. An meinen Gefühlen für meinen Liebsten hatte sich nichts geändert. Nein, im Laufe der Zeit waren sie noch tiefer und inniger geworden. In seltenen Augenblicken geistiger Klarheit sah ich ihn am anderen Ende des Zimmers sitzen, eingehüllt vom warmen Licht des Kaminfeuers, und dachte: «Was stimmt nicht mit mir? Er ist doch wunderbar.» Nein, mein Problem schien mit etwas anderem zusammenzuhängen. Ich entdeckte in mir eine große Angst, eine Angst vor nichts anderem als meinem alten Kumpel, der festen Beziehung.

Ich lernte etwas, das ich in all den Jahren des Trainings in Sachen Liebe tunlichst umgangen hatte: daß es eine große Aufgabe ist, für einen anderen emotional verantwortlich zu sein. Das erforderte viel mehr Kraft als die hochdramatischen Liebschaften meiner Singlezeit. Ich war so wild darauf gewesen, meine Autonomie und Privatsphäre aufzugeben, daß ich auch nicht eine Sekunde über ihren Wert nachgedacht hatte. Ich hatte nie bedacht, daß mein lächerlicher Männergeschmack wenigstens teilweise ein ausgeklügeltes Unterfangen war, diese Aspekte meines Lebens zu beschützen. Ich kam schließlich zu der betrüblichen Einsicht, daß all diese aufreibenden Sackgassen-Beziehungen mehr gemeinsam haben könnten als schlichtes Pech. So unangenehm diese Einsicht auch war, es sprach doch einiges dafür. Es war einfach nicht zu bestreiten: Indem ich mich panisch an diese Kette von Nullsummenspielchen gehalten hatte, war ich der Bindungsfrage nicht weniger effektiv aus dem Weg gegangen als all die Männer, die nach dem dritten Date meine Telefonnummer verloren hatten.

Ich hatte einen Partner gefunden – jemanden, der meine Tage und Nächte mit mir teilte –, und der Finderlohn war äußerst großzügig bemessen. Aber ich hatte auch mein Hauptinteressengebiet eingebüßt, und das war ziemlich zermürbend. In einer glücklichen Partnerschaft zu leben, wie anstrengend das auch sein mochte, erforderte eben nicht dieselbe Intensität, den brillanten Einfallsreichtum, der nötig war, einen unbezähmbaren Mann zu zähmen. Keine stundenlangen nächtlichen Telefonate mit Freundinnen mehr, um herauszufinden, was der Mann, den ich im Waschkeller unseres Gebäudes getroffen hatte, mit seinem Gruß gemeint haben könnte. Jetzt sollte ich normale Gespräche mit meinem Schatz führen – wir unterhielten uns richtig. Er machte den Mund auf und sagte mir genau, was er dachte. Wo blieb die Intrige? Das köstliche, quälende Geheimnis? Ohne die Qualen der Sehnsucht, die meine Mission mit sich brachte, war ich nicht mehr sicher, wer ich eigentlich war.

Und es geschah noch etwas Seltsames. Ich war mit vielen anderen Bereichen meines Lebens, mit denen ich mich früher, bevor sich meine Situation änderte, komplett wohl gefühlt hatte, unglücklich und unzufrieden. Ich schlug jeden Morgen die Augen auf – genau um die Uhrzeit, zu der ich im Büro erwartet wurde – und fragte mich, warum ich mich aus dem warmen Bett schleppte und zur Arbeit fuhr, obwohl ich doch den Job nur ertragen konnte, weil ich täglich eine Viertelstunde im Büro meines Chefs sitzen, Zigaretten rauchen und über das beste Zitronenkuchen-Rezept debattieren durfte. Ich untersuchte andere Aspekte meines Lebens: Freundschaften, die ich vernachlässigt oder einfach einschlafen lassen hatte, weil ich, ganz ehrlich, viel zuviel um die Ohren hatte; Schwierigkeiten mit meiner Familie, über die ich mich ganz ungeniert hinweggesetzt hatte; selbst der schmerzvolle Prozeß, mit dem Tod meines Vaters klarzukommen. Alle Dinge, die auf Sparflamme geköchelt hatten, während die Männerjagd angesagt gewesen war, wandten mir nun ihr häßliches Antlitz zu – und zwar alle auf einmal, so schien es.

Als es noch mein Hauptziel war, einen Mann zu finden, hing alles in meinem Leben mit diesem Wunsch zusammen. Ich konzentrierte mich auf diesen einen Punkt, und alles andere trat in den Hintergrund. Weil das Ziel erforderte, das Verhalten eines anderen im Griff zu haben oder zu verändern – in meinem Fall das einer beliebigen Anzahl bindungsscheuer Männer –, gelang es mir, meine eigenen Handlungen zu ignorieren, wenigstens diejenigen, die nicht direkt mit den Reaktionen der Männer zusammenhingen. So machte ich es mir unglaublich einfach. Was üblicherweise das Schwierigste im Leben ist – sich selbst kennenzulernen, eine wirklich befriedigende Arbeit zu finden, erfüllende Freundschaften zu führen –, wurde zur Seite gedrängt, damit ich mich meinem wahren Ziel, der Erfüllung meiner romantischen Sehnsüchte, widmen konnte.

Als ich das Ziel schließlich erreicht hatte, saß ich auf einem

Trümmerhaufen. Wahre Liebe, so unglaublich schön sie war, reichte nicht hin, mein Leben auszufüllen. Ich stellte erschüttert fest, was so lange Zeit an mir genagt und was ich ignoriert hatte. Als ich endlich besaß, wonach ich mich so sehr gesehnt hatte, begann ich einzusehen, wie sehr meine übermenschlichen Anstrengungen, die wahre Liebe zu finden, ein Umweg gewesen waren, der mich von der wichtigeren und sehr unangenehmen Frage ablenken sollte, wer ich sein wollte und wie ich diesen Zustand erreichen konnte.

Die nahezu ausschließliche Beschäftigung mit der Bindungsangst anderer hat mich noch von einem anderen Punkt abgehalten, den ich offenbar ignorieren wollte und den ich auch jetzt noch nicht völlig klar sehe. Er hat mit der Verantwortung für mich selbst zu tun. Als ich alle meine Erwartungen auf einen anderen Menschen richtete, habe ich mich selbst völlig außen vor gelassen. Die Bedeutung und die Konsequenzen meiner Handlungen und Entscheidungen, meine Erfolge und Niederlagen wurden von meinem Interesse für das Verhalten anderer Menschen überschattet, besonders der Männer, hinter denen ich her war. Es war schmerzhaft, diese Tarnung abzulegen und zu versuchen, mich selbst und meine wahren Wünsche kennenzulernen. Das erforderte zunächst, einen Job aufzugeben, der mir Sicherheit bot, und mich dann ernsthaft ans Schreiben zu machen – was ich schon immer tun wollte, wofür ich aber nie Zeit gefunden hatte, weil ich ja so viel auf dem Sofa liegen und heulen mußte. Die Befriedigung, die das mit sich brachte, fühlte sich wesentlich besser an als all die ‹Siege› der Vergangenheit – wenn ich etwa einen Typ dazu gebracht hatte, auch wirklich zurückzurufen.

Und wo wir gerade über die Siege der Vergangenheit sprechen: Welchen Einfluß haben diese Erkenntnisse auf unsere gegenwärtigen Beziehungen? Wenn man erst eine feste Beziehung haben muß, um seine eigenen zwiespältigen Gefühle zu entdecken, dann wird diese Entdeckung natürlich eine Menge ändern. Wie sklavisch und untertänig wir uns dank der kulturellen Gehirnwäsche auf unserem Weg in ein romantisches Verhältnis auch benommen haben – wenn man wirklich eine Liebesbeziehung hat, ist man Bestandteil eines Teams. Was sich sonst noch Beziehung nennt, ist in Wirklichkeit unbezahlte Arbeit. Wenn der Mann, mit dem Sie zusammen sind, mit Ihrem neuen Kampf um Selbsterkenntnis nichts anfangen kann, dann will er keine Geliebte, sondern eine persönliche Assistentin.

Das soll nicht heißen, daß es immer einfach sein wird. Meinen Freund packte manchmal das blanke Entsetzen, als sich mein dorniges neues Ich zu entwickeln begann. Vieles an der Frau, die ständig Kekse buk und sich die Beine rasierte, hatte ihm wirklich gefallen, und ich weiß, daß es Momente gab, in denen er es bedauerte, daß sie verschwunden war. Er hatte zugestimmt, bei einer der treuherzigen *Frauen von Stepford* einzuziehen, die ihrem Mann – nach dem Vorbild des gleichnamigen Films – wie humanoide, von ihm selbst programmierte Roboter zu willen sind. Statt dessen stellte sich heraus, daß er mit dem Monster aus *Alien* zusammenlebte, das sich durch den Brustkorb des Astronauten frißt – inklusive schrillen Schmerzgeschreis. Mein Vorrat an Gute-Mädchen-Tugenden schien erschöpft zu sein, und eine ganze Palette weniger schöner Dinge wartete darauf, entdeckt zu werden. Was vielleicht einiges darüber aussagt, womit ich in all den Jahren nicht konfrontiert werden wollte, als auch ich gewissenhaft jeder Intimität aus dem Weg ging.

Diesmal lief es anders. Hätte sich mein Galan gegen diese Veränderungen gesträubt, hätte er sie nicht letztendlich gemeinsam mit mir gefeiert, dann wäre ich sicherlich an einen Punkt gekommen, wo sein fehlender Beistand mich dazu gebracht hätte, meine Zelte abzubrechen. Als ich das aufwendige Ablenkungsmanöver, jemanden zu suchen, den ich lieben konnte, endlich beendete, entdeckte ich, daß ich so jemanden längst hatte: mich selbst. Jetzt mußte ich nur noch lernen, wie ich mich mit all meinen Ecken und Kanten akzeptieren konnte. Die Angst vor dem Alleinsein und alle Probleme, die aus dieser Furcht resultieren, lassen spürbar nach, sobald man erkennt, wie wichtig es ist, seine Kraft und Aufmerksamkeit auf sich selbst zu verwenden.

3
Warum wir, warum jetzt?

Vor ungefähr zehn Jahren hatte ich während der College-Weihnachtsferien ein Gespräch mit meiner Mutter, an das ich mich noch heute lebhaft erinnere. Sie hatte mich dabei ertappt, wie ich den Kleiderschrank meiner jüngeren Schwester auf der Suche nach Klamotten durchwühlte, die ich «ausleihen» konnte. Mit dem extrem neutralen Gesichtsausdruck, den Eltern aufsetzen, wenn sie ihre Kinder bei einem Bagatelldelikt ertappen, setzte sich meine Mutter auf das blumenbestickte Deckbett meiner Schwester und wurde zum Publikum meiner zwanglosen kleinen Modenschau. Meine Schwester hat erheblich mehr Geschmack als ich, und so genossen meine Mutter und ich die Verwandlung, die sich vollzog, als ich meinen fusseligen grauen Trainingsanzug gegen die schicken, teuren, schwarzen Crêpe-Jacketts eintauschte, die mir plötzlich zur Verfügung standen. Auf diese Verwandlung baute ich – und das nicht etwa, weil mir mein Äußeres plötzlich ungemein wichtig war. Die erhoffte Metamorphose kam nichts weniger als zufällig: Ich wollte einen sich spröde gebenden Mann an Land ziehen. Ich hatte Liebeskummer und war an dem traurigen Punkt angelangt, wo ich zu glauben gewillt war, was mir alle Zeitschriften jahrelang eingebleut hatten: Eine exquisite Garderobe öffnet einem die Herzen der Männer. Denn sonst fruchtete ganz sicher nichts mehr.

Als ich mich schüchtern vor dem Spiegel drehte, begann ich meiner Mutter die traurige Mär zu erzählen. Ich war verliebt, und das Objekt meiner Zuneigung zeigte nicht das geringste Interesse an mir. Meine Mutter hörte zu, wie ich mir die mitleiderregende Saga von der Seele redete und das komplizierte, äußerst fein nuancierte und letztlich sinnlose Menuett schilderte, das ich mit diesem Mann in den letzten Monaten getanzt hatte. Es war selbst mir klar, daß dieses Verhältnis zu nichts führte, aber die Ferien waren eine großartige Gelegenheit, das Feuer meiner Phantasie zu schüren.

Meine Mutter lehnte sich auf dem Bett zurück, dachte vermutlich an die Unsummen, die sie in das schwarze Loch der College-Ausbildung schaufelte, während ihre Tochter sich wild entschlossen auf die außerlehrplanmäßige und offensichtlich erfolglose Suche nach einem Freund machte, und plötzlich sagte sie: «Ich weiß nicht, was mit den ganzen Jungs los ist. Als ich aufs College ging, waren alle überzeugt, daß sie heiraten würden. Die Mädchen und die Jungs. Es gab keine Bindungsangst. Die Männer wollten heiraten, und sie haben sich einfach darangemacht, das beste Mädchen dafür zu finden.»

Die Stimme meiner Mutter klang verblüfft. Natürlich wußte sie, daß meine Parade romantischer Mißgeschicke nichts Ungewöhnliches war. Daß meine ältere Schwester jung, mit 24, geheiratet hatte, war die Ausnahme, die die Regel bestätigte. Meine Mutter konnte an meinem Beispiel, an dem meiner beiden jüngeren Schwestern und an unserem großen gemeinsamen Freundeskreis erkennen, daß sich im Verhältnis zwischen jungen Frauen und Männern etwas dramatisch geändert hatte.

Was ist geschehen? Daß die Welt, in der meine Eltern aufwuchsen, nicht mehr die von heute ist – darüber muß man im Grunde nicht reden. In der zweiten Hälfte dieses Jahrhunderts sind wir Zeugen tiefgreifender Wandlungen geworden. Es gab eine Zeit – und sie liegt noch nicht weiter zurück als die Kindheit meiner Eltern –, da war das Leben ein bißchen vorhersagbarer, da wurden Kinder in den Schoß einer Großfamilie hineingeboren, wuchsen mit Verwandten und lebenslangen Freunden auf und arbeiteten später in Familienbetrieben oder bekamen wenigstens Jobs in der Gegend, in der sie aufgewachsen waren. In dieser langen Epoche des amerikanischen Familienglücks gab es keine schlimmeren Katastrophen, als beim Autokauf über den Tisch gezogen zu werden oder die Invasion der Hasen auf Selbstbedienungstour im Garten hinterm Haus erdulden zu müssen. Man konnte sich auch nächtelang von der Vorstellung den Schlaf rauben lassen, die Demokratie würde durch eine finstere Regierungsform, etwa den Kommunismus, ersetzt werden, und diese Regierungsform, sollte sie auftauchen, würde dies wahrscheinlich in Form einer unsympathischen Streitmacht tun, die ihren Fuß auf die bis dato unbeschmutzte Türschwelle unseres Landes setzte.

Im Grunde waren das jedoch recht abstrakte Sorgen, die erst durch die Bombardierung Pearl Harbors und den Einsatz der Atombombe sehr konkret wurden. Plötzlich war das Undenkbare Wirklichkeit geworden – die Bombardierung amerikanischen Territoriums. Und seit der Zerstörung ausgewählter japanischer Städte gehörte die Atombombe nicht mehr dem hypothetischen Waffenarsenal an, sondern ließ, sobald auch der Gegner sie besaß, den Weltuntergang durch einen atomaren Weltkrieg in den Bereich des Möglichen treten. Die nukleare Abschreckung begann, und das war erst der Anfang jenes Horror-Dominospiels, durch das sich die zweite Hälfte unseres Jahrhunderts auszeichnete. Wir mußten zusehen, wie Regierungen gestürzt wurden und Länder im Kriegschaos versanken, mußten entdecken, daß Deospray mit der Ozonschicht kurzen Prozeß macht, und mußten einen Auffrischungskurs zum Thema Seuchen absolvieren, als unsere Nächsten in Scharen an einer neuen starben.

Wir haben das Zeitalter der Angst betreten, eine grauenhafte kleine Epoche, die sich ungehobelt aufführt und Edith Wharton höchstwahrscheinlich gar nicht gefallen hätte. Wenn man bedenkt, daß neben diesen globalen Problemen stetig steigende persönliche Anforderungen auf uns lasten – wir sind kaum im Wahlalter, da werden wir schon auf weit entfernte Colleges gezaubert, landen mit einem großen Knall Bundesstaaten oder gar Länder von zu Hause entfernt, werden ermutigt, anstrengende Jobs anzunehmen, in denen wir unaussprechliche Verantwortungen tragen, leben ein vergleichsweise entwurzeltes und vagabundierendes Leben in lärmenden Großstädten –, dann ist es kein Wunder, daß wir früh Magengeschwüre bekommen und unsere hochverzinsten Kreditkarten bis zum Anschlag belasten. Denn trotz der konstanten Gewitterbewölkung am Horizont wird von uns erwartet, daß wir jeden Tag aufs neue mit dieser Unzahl von Ängsten und Unsicherheiten klarkommen, die solche Anforderungen erzeugen. Und wir schaffen es. Die Welt hat sich geändert, die Erwartungen, die man an uns stellt, haben sich geändert, aber wir passen uns an und bleiben am Ball.

Es sei denn, es geht um eine feste Bindung. Männer wie Frauen – so unterschiedlich sich diese Angst auch äußern mag – haben eine fürchterliche Angst davor entwickelt, sich für einen Partner zu entscheiden und längere Hingabe zu versprechen.

Wobei ich betone: so unterschiedlich sich die Angst auch äußern mag. Denn man kann nicht oft genug darauf hinweisen, daß Männer und Frauen diese Furcht völlig verschieden erleben und ausdrücken. Wie ich bereits erwähnte, sind sich die meisten Frauen nicht im geringsten bewußt oder geben nur sehr ungern zu, daß sie überhaupt diese Angst verspüren. Die wenigen, die zugegeben haben, daß sie darunter leiden, behandeln ihr Problem, als wäre es eine unerquickliche medizinische Angelegenheit – «Ich muß was gegen diese Unfähigkeit unternehmen, eine Beziehung zu ertragen» –, eine Krankheit, gegen die nur ein Arztbesuch und ein imposantes Rezept etwas ausrichten können. Umgekehrt geht bei Männern das Eingeständnis der Abneigung gegen eine feste Bindung stets mit einer gewissen Angeberei einher: «Wieder eine erledigt», sagen sie und schlagen mit der universellen Geste getaner Arbeit die Hände zusammen. Es ist erstaunlich, daß es der Männlichkeit keinen Abbruch tut zuzugeben, daß man sich vor einer festen Beziehung fürchtet – ganz im Gegensatz zu anderen Ängsten. Es scheint sie eher zu stärken – wie die Verehrung für herumtänzelnde Bikini-Models in einem Bier-Werbespot oder ein besonders glänzender Erfolg auf dem Tennisplatz.

Obwohl man von uns erwartet, daß wir selbstbewußt und fleißig sind und vor Tatendrang nur so strotzen, dürfen wir in Liebesdingen gern ein Fünkchen Schüchternheit gestehen. Ich vermute, das ist bedingt durch die Langzeit-Liaison unserer Kultur mit der Idee persönlicher Weiterentwicklung – gepaart mit dem Mißverständnis, eine feste Beziehung hätte die Macht, die Möglichkeiten der eigenen Entwicklung völlig auszubremsen. Das Problem liegt doch darin, daß wir zwar die Fähigkeit, sich weiterzuentwickeln, respektieren und erstreben sollen, aber oft nicht die geringste Ahnung haben, wie man das anstellt. Es scheint mir inzwischen offensichtlich, daß gerade der Square Dance der Liebe, den viele von uns noch mitmachen, wenn er längst zu einem ermüdenden Ritual geworden ist, uns an einem ganz bestimmten, unbefriedigenden Punkt unserer Entwicklung festhält. Erst ein inniges Liebesverhältnis verschafft uns die Möglichkeit, unser eigenes Potential zu entdecken, und gibt uns die Zeit und die Kraft, daran zu arbeiten, diesen ersehnten Zustand zu erreichen. Aber ich greife vor.

Vor langer Zeit, als dieses Land noch nicht aus einem Netzwerk von Ladenketten bestand, und kurz nachdem die europäischen Siedler zu der interessanten Auffassung gelangt waren, alles, was vor ihnen lag, gehöre ihnen, war unser Nationalmythos die Idee der generellen Veränderbarkeit. Es war ja gut und schön, daß die Siedler der Besteuerung ohne die Möglichkeit politischer Einflußnahme und der religiösen Verfolgung entfliehen konnten, aber die Hauptattraktion des wilden Landes war der Zauber eines neuen Lebens. Man schlage ein beliebiges amerikanisches Geschichtsbuch auf: Die Menschen unternahmen weite Reisen, machten schließlich ihre Boote fest und fingen an, das zu verändern, was vor ihnen (und in ihnen) lag, um eine angenehmere Form des Lebens zu schaffen.

Schon die Namen, welche die Siedler für ihre jeweilige neue Heimat wählten, sagen alles: New York, New Bedford, New Haven. Das Programm sollte später eine Werbekampagne für Haarpflegeprodukte inspirieren: Alles wie zuvor – nur besser. Es ist ein Gemeinplatz: Man reise an einen Ort, an dem einen niemand kennt, und schon ist man all seiner alten Sünden und Fehler ledig. Wie die frühen Siedler herausfinden mußten, besteht das Problem darin, daß ein brandneues Land bald ein brandneu besiedeltes Land ist. Als die Filetgrundstücke an der Ostküste abgefrühstückt waren, bekamen die Siedler Platzangst und machten sich auf. So begann der Treck nach Westen. Zwischen Boston und San Francisco erzählen die versteinerten Wagenspuren vom Aufbruch zu neuen Ufern.

Schon die Sehnsucht nach einem besseren Leben ist mächtig, aber die Sehnsucht nach einem besseren Ich ist noch viel stärker. In Wirklichkeit sind wir nicht sehr viel weiter als die frühen Siedler, und unsere spezifische Nationalhymne hat sich nicht groß geändert: Amerikaner glauben inbrünstig an die persönliche Veränderung. Heutzutage ist es dummerweise ein bißchen schwieriger, einen passenden Wandlungsprozeß in Gang zu setzen – vorausgesetzt, man ist nicht willens, an einem Triathlon teilzunehmen oder in der künstlichen Welt von Biosphere ein Bett zu reservieren. Das fruchtbare Land ist komplett besiedelt, und von den großen Herausforderungen, aus denen einst Selbstbewußtsein und Stärke gewonnen wurden, ist wenig mehr geblieben als die Chance, bei einer mietpreisgebundenen Wohnung ein Schnäppchen zu machen, oder der Triumph, eine große Kartoffel in der Mikrowelle in unter acht Minuten gar zu bekommen.

Hier nun treten die zwischenmenschlichen Beziehungen auf den Plan. Bei jeder neuen erleben wir die Gelegenheit einer Neugeburt. Unsere Mängel und Marotten lösen sich in Luft auf, unsere Beschränktheiten und Schwachstellen verschwinden, und wir verwandeln uns wieder in unser Wunschbild von uns selbst. Diese Zeit der persönlichen Erneuerung ist natürlich nicht nur schnell vorüber, sie führt auch in die Irre, denn früher oder später hebt die Nervensäge, die wir normalerweise sind, ihr äußerst abstoßendes Haupt und verlangt, die Dinge mögen wieder ihren alten, banalen Gang gehen. Monatelang hören wir uns die disharmonische alternative Jazz-CD an, die unser neuer Geliebter endlos oft laufen läßt, oder gehen mit ihm (oder ihr) in einen experimentellen ausländischen Film ohne Untertitel – und ohne Bedarf an Untertiteln, denn die Schauspieler verständigen sich ausschließlich mit bedeutungsschwangeren Blicken. Dann erwachen wir eines Morgens und sind wieder ganz die alten – der Mensch, der zum Frühstück Cola Light trinkt oder mit religiöser Inbrunst jeden Donnerstagabend Wiederholungen von *Mord ist ihr Hobby* verfolgt. Stück für Stück kommt unsere wahres, langweiliges Ich zum Vorschein. Unser Partner akzeptiert das entweder oder lehnt es ab, aber das ist im Grunde nicht der entscheidende Punkt. Der entscheidende Punkt ist vielmehr, daß unser Liebhaber – wie immer er auch auf unser wahres Ich reagieren mag – dieses wahre Ich gesehen hat und es nun kein Entkommen mehr gibt. Unsere Liebhaber, einst die Katalysatoren für unsere fabelhafte Verwandlung, werden zu Gefängniswärtern, deren bloße Gegenwart uns ständig daran gemahnt, daß wir gefangen sind. Also sehen wir uns gezwungen, alles von vorne zu beginnen, diskutieren unsere gegenwärtige Beziehung zu Tode und legen uns eine neue zu, in der wir plötzlich wieder Bäume ausreißen könnten. Die Pioniere hatten Planwagen und Indianer auf dem Kriegspfad; wir haben Single-Bars und Kontaktanzeigen. Aber das Ziel ist dasselbe: Veränderung um jeden Preis.

Die Ad-hoc-Veränderungen, die wir uns von einem neuen Wohnort, Job oder Liebhaber versprechen, sind notwendig zeitlich begrenzt. Schließlich sind sie rein äußerlicher Natur. Irgendwann ist die Wildnis bezwungen, irgendwann hat man sich an einen Bettgenossen gewöhnt, und dann landet man wieder mal bei sich selbst. Ich weiß noch, wie ich als Kind mal einen langweiligen Jugendroman über eine Pionierfamilie gelesen habe, in dem ein Vater das ganze Buch lang Frau und Kinder aus ihrer gewohnten Umgebung herausreißt und in immer entlegenere und unangenehmere Gegenden führt – erst nach Ohio, dann nach Nebraska, schließlich nach Kalifornien –, jeder Handlungsort abgelegener und scheußlicher als der vorherige. Die Geschichte sollte den unauslöschlichen Pioniergeist betonen, den spezifisch amerikanischen Appetit auf immer größere Herausforderungen. Sie war so aufgebaut, daß den jugendlichen Leser die wundervolle Beharrlichkeit und die charakterformenden und -stärkenden Umstände beeindrucken sollten. Aber als ich das las, konnte ich nur denken: Und was ist mit der armen Frau? Der

Vater hatte weder eine persönliche Herausforderung noch das Bezwingen der Wildnis im Kopf, er war schlicht und einfach auf der Flucht. Und die Frau mußte jedes Jahr die Kinder und das primitive Kochgeschirr zusammenpacken und ihrem Gemahl in immer schlimmere Entbehrungen folgen. Diese Geschichte sagte mehr über zwanghaftes Verhalten und Ausweichmanöver als über Charakterstärke.

Die Zeit der ersten Besiedelung ist vorbei. *Ausgerechnet Alaska* – eine Fernsehserie, in der die Bewohner des 49. Bundesstaates den ganzen Tag herumhocken, Cappuccino schlürfen und Heidegger zitieren – war der Schlußstrich unter die Eroberung der letzten amerikanischen Grenzregion. Eine Zeitlang sah es so aus, als könnte das Weltraumprogramm eine hübsche Alternative bieten. Schließlich wurden Unsummen investiert, es gab diese merkwürdigen phallischen Raketen, und man kam allgemein auf die Idee, der Mond sei vielleicht gar kein so übler Ort für einen Wochenendausflug. Aber dann explodierte die Challenger, das Hubble-Teleskop funktionierte nicht so recht, und man sah schließlich ein, daß die winzigen Päckchen gefriergetrockneter Astronautennahrung möglicherweise wirklich nicht so lecker waren wie *Swanson's Hungry Man Fried Chicken Dinner*, das es gleich nebenan auf der Erde gab. Die letzte Grenze schien mit einem Mal ziemlich unerreichbar. Nun blieb uns nur noch das traute Heim als Schauplatz für die zeitgenössische Fassung der rituellen Geburt eines erneuerten Selbst, das noch einmal ganz von vorn beginnen kann. Mit Lichtgeschwindigkeit beginnen wir Beziehungen und beenden sie, sobald sich nur eine Spur von Nähe und Ernüchterung zeigt. Der einzige Unterschied ist, daß Männer bei der Suche nach diesem erneuerten Selbst nicht mehr allein sind. Frauen machen eifrig mit, ob wissentlich oder nicht. Sollte das Männchen nicht schnell genug die Kurve kriegen, findet das Weibchen garantiert bei seinem

Partner einen inakzeptablen Charakterschaden, dem einzig Auszug Einhalt gebieten kann.

Später werden wir uns ausführlich damit beschäftigen, wie Frauen diesem Fluchtinstinkt geschickt nachgeben, indem sie sich anbahnenden Bindungen ausweichen oder sie ganz verhindern. Männer spielen im allgemeinen seltener mit verdeckten Karten als ihre weiblichen Gegenspieler, wenn es darum geht, die angeblich engen Bande einer Zweisamkeit zu sprengen. Damit will ich nicht behaupten, alle Männer würden Nähe nach Schema F vermeiden. Ihre Methoden sind oft radikal verschieden, das haben mir meine Erfahrungen immer wieder bestätigt. Viele Männer ziehen es vor, eine Liebschaft kurzzuhalten, wie intensiv und vielversprechend sie auch sein mag. Andere wieder halten das Verhältnis so lange aufrecht, daß es nach einer festen Bindung aussieht, und gehen erst im entscheidenden Moment über Bord. Es lohnt sich, hier einen Augenblick genauer hinzuschauen.

Als ich Mitte Zwanzig war, lernte ich einen Mann kennen, den wir Michael nennen wollen. Michael war einigermaßen attraktiv und hatte ein angenehmes Gesicht, wenn auch keins von denen, die auf den Titelbildern von Liebesromanen prangen. Als Kinder hätten meine Schwestern und ich ihn einen Geschäftsmann genannt: konservative Anzüge, rotlederne Aktentasche und militärischer Haarschnitt. Michael war äußerst ehrgeizig und arbeitete bei einer dieser mysteriösen Finanzfirmen, die in den Achtzigern so in Mode waren, als jedermann tonnenweise Geld brauchte, um Eigentumswohnungen und dänische Stereoanlagen zu erwerben. Obwohl er noch jung war, hatte er die Karriereleiter bereits bis zur Mittelsprosse erklommen und schien fest davon überzeugt, für die größten Aufgaben vorbestimmt zu sein, die man in seinem Fach nur anpacken konnte. Mit anderen Worten: Er wollte reich werden und baute fest darauf.

Michael achtete sehr auf seine Prioritäten: erstens Arbeit, zweitens Arbeit, drittens Training, viertens Biergelage mit seinen Kumpels, fünftens Frauen. Ein abgeschlagener fünfter Platz. Während der vier oder fünf Monate, in denen wir miteinander ausgingen, glaubten wir, ein ernsthaftes Verhältnis zu haben – er, weil er mich öfter als einmal pro Woche anrufen mußte, und ich, weil ich an Wahnvorstellungen litt. Es war kein großes Geheimnis, daß wir völlig gegensätzliche Erwartungen an eine romantische Beziehung hatten: Ich verbrachte ungezählte Stunden mit der Frage, ob ich bei der Hochzeit meinen Nachnamen behalten oder einen Doppelnamen wählen sollte; und er hielt sich für den Märchenprinzen, wenn er abends pünktlich zu unseren Verabredungen kam. Michael konnte sich nur einer Sache wirklich widmen, und es wurde schnell klar, daß diese eine Sache seine Arbeit war. Er bezog sein Selbstwertgefühl ausschließlich aus seiner Leistung im Büro, und als ihm bewußt wurde, daß meine Erwartungen ihn von der unbeirrbaren Hingabe an seine Arbeit abhalten konnten, machte er die Biege.

Ich muß wohl nicht erwähnen, daß ich am Boden zerstört war. Natürlich hatten alle Alarmglocken geschrillt; ich wußte, daß Michael emotional unzugänglich war. Aber ich schaffte es trotzdem, mich davon zu überzeugen, daß ich den Schlüssel in der Hand hielt, mit dem ich seine Persönlichkeit ändern konnte: Wenn er erst erlebt hätte, wie wundervoll wahre Liebe sein konnte, so dachte ich, würde er den ehrgeizigen Griff lösen, mit dem er sich selbst das Blut abdrückte. Als das nicht funktionierte, tat ich, was jedes amerikanische Vollblutgirl getan hätte: Ich ernährte mich zwei Wochen nur von Schokolade und Rotwein und rief alle Frauen an, die ich kannte, damit sie mir erzählen konnten, wie übel ich gelinkt worden war und wie leicht man auf so was reinfällt. Ich litt rund um die Uhr. Als die zwei Wochen vorbei waren, atmete ich tief durch, legte eine neue Schicht Wimperntusche auf und machte mich wieder auf die Suche. Ich glaubte, bei Michael eine Lektion gelernt zu haben: keine verkrampften, engstirnigen Karriere-Nazis mehr. Diesmal würde ich einen Mann mit Gefühl finden, einen Mann, der sich nicht nur um sein Innenleben kümmerte, sondern es auch mit mir teilen wollte. Dann lernte ich Brian kennen, und ich glaubte, ich sei auf Gold gestoßen.

Brian war das genaue Gegenteil von Michael: ein charmanter, mittelloser Maler, der seinen Lebensunterhalt damit verdiente, wohlhabenderen Kollegen die Leinwände aufzuziehen. Eine Art Künstler-Caddy. Er ließ sich nie in etwas anderem als Jeans und T-Shirt blicken, hatte langes, lockiges Haar und stets einen Nachmittagsbartschatten, bei dem man, je nach Betrachter, an Alec Baldwin oder Fred Feuerstein denken mußte. Er hatte entzückend verwuschelte Haare, die Körperhaltung einer gekochten Garnele und glaubte, der Aktienmarkt sei ein Ort, an dem man Suppenzutaten kaufen könne. Ich war im siebten Himmel.

Brian war ein Ausnahmemann – er war an Gefühlen interessiert. Meine Gefühle, seine Gefühle, die Gefühle der Katze – das Gefühlsleben hörte nicht auf, ihn zu faszinieren. Er hatte alle Arten von Therapien durchgemacht – von der Paar- bis zur Urschreitherapie – und beherrschte die Sprache der psychologischen Untersuchung perfekt. Ich sonnte mich in seiner feinfühligen Aufmerksamkeit; ich fühlte mich, als würde er auf etwas Einmaliges und Besonderes in mir ansprechen. Wenn wir im Supermarkt in der Schlange vor der Kasse standen und ich ihm in allen erniedrigenden Details erzählte, wie ich im Büro runtergeputzt worden war, weil ich eine Telefonnummer verwechselt hatte, dann sah er mich mit seinem sensiblen Blick an und fragte: «Hat deine Mutter dich gestillt?» Er wollte, so schien es, alles über mich wissen:

Kindheitstraumata, bisheriges Liebesleben, politische Einstellung – einfach alles. Wie der Zufall es wollte, lebte Brian in einer anderen Stadt, gut drei Stunden Fahrt von meinem Zuhause entfernt. Weil die Zeit, die wir miteinander verbrachten, immer so wundervoll war – zärtliche Sinnenfreuden und verfaulenzte Tage in seiner oder meiner Wohnung, lange Gespräche, viel Wein und sehr fetthaltige Nahrungsmittel –, schien es völlig natürlich, daß die Entfernung zwischen uns zu einem wunden Punkt wurde. Wenn es trotz der Zugfahrten und Ferngesprächsgebühren so schön war, welches Glück würden wir erst erleben, wenn wir in derselben Stadt oder, besser noch, in derselben Wohnung lebten? Es war offensichtlich, daß wir füreinander bestimmt waren, denn er war der Mann meiner Träume – und auf diese süße, unschuldige Art begann die gefürchtete Umzugsdebatte.

Zunächst waren Brian und ich noch einer Meinung. Natürlich sollte einer von uns umziehen; natürlich war es blödsinnig, weiter getrennt zu leben. Er wollte immer schon in New York wohnen – dort fand das ernsthafte Kunstleben statt. New York war einer der wenigen Orte, an dem die Menschen wirklich lebendig waren. Er würde umziehen. Bloß daß es da Probleme gab: erstens das Geld, denn er besaß keins. Zweitens die beruflichen Kontakte, die er in Baltimore geknüpft hatte; Kontakte, die er – darauf wies er mich sofort hin – einfach aufgeben müßte, wenn er umzöge. Und drittens New York selbst, das Brian plötzlich für eine beängstigende Stadt zu halten schien.

O. k., Freunde, New York war wirklich eine beängstigende Stadt, aber nicht wegen ihres komplizierten U-Bahn-Systems oder der höheren Kriminalitätsrate. New York war beängstigend, weil es die Stadt war, in der ich lebte. Brian, so stellte sich heraus, hatte fürchterliche Angst, sich an mich – oder an irgend jemanden sonst – zu binden, und ich sah ein, daß unser Erfolgsgeheimnis als Paar, die Grundlage all des wundervollen, köstlichen Glücks, die drei Stunden waren, die fein säuberlich zwischen uns lagen. Diese Entfernung vor Augen, konnte Brian liebevoll und großzügig sein und meinen sehnsüchtigen kleinen Kopf mit Versprechungen füllen – Versprechungen, die er vielleicht sogar gern gehalten hätte. Aber sobald ich verlangte, wir sollten unsere Ekstase ins Reich der Realität hinüberretten, wurde unsere Beziehung unmöglich.

Es stimmt, daß es, wie bei Michael, Anzeichen gegeben hatte. Brian war sechsunddreißig, über zehn Jahre älter als ich, und obwohl er viele Beziehungen gehabt hatte (ich sollte wohl sagen, obwohl sich viele Frauen in ihn verliebt hatten), hatte er sich nie wirklich gebunden. Er war allerdings erheblich weniger offen, was seine Abneigung gegen Nähe anging, wenn er mich mit Weintrauben fütterte und sich all die unbestreitbaren Gründe anhörte, warum ich für ihn genau die Richtige war. Ich hätte mir allerdings den Gefallen tun und die Geschichte für sich selbst sprechen lassen sollen.

Als ich ihn kennenlernte, war Brian seit beinahe fünfzehn Jahren ein ernsthafter Maler. Objektiv betrachtet, will das nichts besagen. Viele Künstler kämpfen doppelt so lange oder noch länger, bis ihnen die Anerkennung zuteil wird, die sie verdienen. Obwohl ihm das vielleicht bewußt war, interessierte Brian diese vernünftige Herangehensweise gar nicht. Er hatte schreckliche Angst zu scheitern und dachte, sein endgültiger Mißerfolg rücke Jahr um Jahr näher. Ich war fast zehn Jahre jünger als er, stand gerade am Anfang meines Erwachsenenlebens und hatte meinen ersten richtigen Job. Wie oft ich auch über meine untergeordnete Stellung jammern mochte – die Härten der Lehrjahre reizten ihn sehr. Wenn wir zusammen waren, konnte er vergessen, daß er nicht ebenfalls am Anfang seines Berufslebens stand; er konnte sich in meine

Kämpfe hineinversetzen und sie zu den seinen machen. Es muß eine große Erleichterung gewesen sein, die eigenen Erfahrungen, und sei es nur für einen Moment, außer acht zu lassen und sich mit den nicht so sattsam bekannten Mühen und Nöten eines anderen zu beschäftigen. Es war ein angenehmer Tagtraum, aber dieser Traum setzte voraus, daß wir nicht zuviel Zeit miteinander verbringen durften. Ich glaube, Brian verstand instinktiv, daß er vor den Trümmern seiner Traumwelt gestanden hätte und sich wieder sein hartes und unbefriedigendes Leben hätte eingestehen müssen, sobald die Beschränkungen durch die Entfernung beseitigt gewesen wären.

Brian hatte keine Angst davor, wovon ihn unser Verhältnis abhalten würde; er hatte Angst vor dem, was er bereits war – ein mittelloser, unbekannter Maler, der alles dafür gegeben hätte, sich den naiven Optimismus wieder aneignen zu können, den ich mit fünfundzwanzig so selbstbewußt verkörperte.

Meine Beziehung mit Brian endete ziemlich abrupt, als er mich eines Nachts anrief, um mir zu erzählen, daß er mit einer Frau geschlafen hatte, an deren Namen ich mich erinnerte, die ich nie kennengelernt, von der er aber einige Male gesprochen hatte. Sie war jünger als ich und steckte mitten in den Problemen, die man mit Anfang Zwanzig hat: Loslösung von der Familie, grausames Sitzengelassenwerden, Rausschmiß aus der Wohnung. Sie befand sich in einem Wirrwarr, das ihr wie eine große Tragödie vorkam, und bot mit ihren opernhaften Problemen eine viel bessere Ablenkung als meine ziemlich blasse existentielle Verwirrung. Hinzu kam, daß sie mit zwanzig Jahren noch nicht mal einen Fuß in die Welt der Erwachsenen-Frustrationen gesetzt hatte; ein Umstand, der Brians Neigung, seinen eigenen Problemen auszuweichen, viel mehr Nahrung bot.

Der Ausgang unserer Beziehung war schließlich so bezeichnend wie brutal und scheußlich. Eine telefonische Beichte, und das war's. Keiner von uns unternahm den Versuch herauszufinden, was passiert war, und wir kamen nie auf die Idee, seine Affäre könne eine Folge unserer zunehmenden Nähe sein. Wir benahmen uns sofort wie *Dick und Doof*, wurschtelten uns durch und glaubten, der Augenschein sei die Wirklichkeit. Er hatte mit einer anderen Frau geschlafen, und deshalb war unsere Verbindung zerstört. Und Schluß. Wir führten noch genau ein Gespräch – ich weinte, er weinte –, dann legten wir auf und sprachen nie wieder miteinander.

Dieser abrupte Schluß war genaugenommen ein perfektes Sinnbild für die ganze Beziehung. Brian und ich waren füreinander wie die Plastikschablonen aus Kindermalkästen. Jeder war für den anderen genauso flach und vergegenständlicht. Bedenkt man, was wir wollten – Ablenkung, Phantasie, Liebe ohne feste Bindung –, kam uns die Entfernung sehr gelegen. Ich wollte Zärtlichkeit, einen kreativen Mann, der seine Gefühle ausdrücken und meine verstehen konnte; er wollte Anteil haben an dem jugendlichen Optimismus, der ihm selbst zusehends ausging, wie die Luft aus einem angestochenen Reifen. Daß keiner von uns zu wirklicher Intimität fähig war, sieht man schon daran, daß wir unser angeblich enges Verhältnis aufgaben, wie Kinder einen Gasballon loslassen. Ich will nicht behaupten, diese Beziehung hätte es sein müssen – dazu waren Brian und ich im nachhinein besehen zu verschieden –, aber es ist doch offensichtlich, daß man Brians Affäre mit Leichtigkeit als vorübergehende Krise hätte behandeln können, als einen der überwindbaren, beherrschbaren Konflikte, die Paare ständig und überall erleben. Doch bezeichnenderweise kam keiner von uns auch nur für einen Moment auf die Idee, es gäbe einen anderen Ausweg, als Lebwohl zu sagen.

Was meinen Part anbelangt, haben diese beiden Beispiele bindungsscheuer Männer gemein, daß sie mir etwas über meine Neigung sagten, andere zum Objekt meiner Phantasien zu machen. Oberflächlich betrachtet hätten sie nicht verschiedener sein können: Geschäftsmann contra Künstler, Zurückhaltung contra Offenherzigkeit – aber wenn es darum geht, was sie mir gefühlsmäßig zu bieten hatten, hätten sie genausogut Zwillinge sein können, die bei der Geburt getrennt wurden. Ich ging mit beiden Männern ein Verhältnis ein, weil ich das Bedürfnis hatte, davongetragen zu werden und die wahre Liebe zu finden – und letztendlich war es mir ziemlich egal, daß ihre jeweilige Verpackung so verschieden war.

Es ist eine Tatsache, daß meine Bereitschaft, ja mein ungebremster Enthusiasmus, mit diesen beiden Männern eine Beziehung einzugehen – und mit der großen Zahl anderer Männer, die vor und nach ihnen auf der Bildfläche erschienen –, genau das Gegenteil dessen bedeutet, was es zu bedeuten scheint. Ich war wie eine Treibsandstelle, und jeder Mann, der das Pech hatte, in meine Nähe zu kommen, schwebte augenblicklich in Gefahr. Was ich zu bieten hatte, war nicht meine große Gabe, sie zu lieben; ich konnte sie ja nicht mal sehen. Die wahre Identität jedes Mannes, mit dem ich mich einließ, hätte mir nicht unwichtiger sein können. Die Zuneigung und Rücksichtnahme, die ich ihnen bieten konnte, hing nicht mit meiner Wertschätzung für sie zusammen, sondern mit meinen eigenen trüben, dringenden Bedürfnissen.

Hätte mir vor Jahren jemand gesagt, daß ich den Männern sehr ähnelte, mit denen ich mich üblicherweise einließ (und besonders diesen beiden Männern), ich wäre bleich geworden und hätte mit erbostem Protest reagiert. Damals wäre mir dieser Gedanke als reine Blasphemie erschienen. Tja, wie sich herausstellte, ähnelte ich diesen Männern tatsächlich. Der einzige Unterschied zwischen mir und meinen Liebhabern war, daß ich ihnen gern die Verantwortung (und die Schuld) dafür zuschob, daß meine Liebesaffären kurz und oberflächlich blieben, mich dann passiv dem Bedürfnis nach Nähe entzog und ungeniert an der Unkenntnis meiner wahren Motive festhielt. Jedesmal, wenn eine Beziehung in Flammen aufgegangen war, untersuchte ich mit nachträglicher Hellsichtigkeit das Verhalten meines Ex-Partners und sah ganz deutlich, daß alle Anzeichen für den Untergang vorhanden gewesen waren. Wenn mein Herzschlag vor Vorfreude raste, dann nicht, weil ich den wahren Märchenprinzen entdeckt, sondern weil ich einen Mann gefunden hatte, der die Drecksarbeit erledigen würde, uns beide voneinander fernzuhalten, während ich meinen erfreulich vorhersehbaren Kurs einschlug.

Obwohl viele Leute aus meiner Generation den Fallen des Erwachsenwerdens so trickreich auswichen – indem sie die Berufswahl hinauszögerten, erst auf den letzten Drücker Kinder bekamen und viel zu lange in Studiowohnungen mit den abgelegten Möbeln ihrer Eltern wohnten –, ist es doch eine Tatsache, daß das kulturelle Klima, in dem wir aufwuchsen, dafür sorgte, daß wir mit der trostlosen existentiellen Realität viel früher klarkommen mußten als frühere Generationen. Ich hatte zufällig das Glück, eine behütete Kindheit zu erleben, aber ich mußte nur einen Blick auf die Nachrichten werfen, um zu sehen, daß die Probleme an der nächsten Straßenecke begannen. Wenn das wahre Merkmal des Erwachsenseins darin liegt, daß man sich selbst akzeptiert, dann haben wir Bindungsscheuen offenbar die perfekte Vermeidungsstrategie entwickelt. Wer sich romantischen Beziehungen und der Intimität und Nähe verweigert, die diese mit sich bringen, der verweigert sich damit – wenigstens zum Teil –

55

eben jener Selbsterkenntnis, die das Wesen des erwachsenen Egos ausmacht. Das hat aber auch Vorteile: ewige Jugend, zum Beispiel. Das Erwachsensein dagegen bringt viele Schmerzen und Schwierigkeiten mit sich, und hin und wieder muß man auch einen langgehegten Traum aufgeben. Aber die Alternative zum Erwachsenwerden ist ein Leben als knurriger Heranwachsender. Und wie wir alle wissen, werden vierzigjährige Heranwachsende nicht zu sonderlich vielen Dinnerparties eingeladen.

4
Mrs. de Winter die Zweite auf der Flucht

Bindungsscheue Frauen und die Medien

Vor vielen Jahren, in den frühen Siebzigern, drückte mir meine älteste Schwester einen dicken Roman in die Hand und gab mir den feierlichen Rat: «Lies das.» Ich betrachtete den Umschlag und sah, daß es sich um *Rebecca* handelte, Daphne du Mauriers klassische 30er-Jahre-Erzählung von Liebe und Qualen über das Grab hinaus. Ich weiß noch, es kam mir merkwürdig vor, daß meine ältere Schwester – die in ihren selbstbestickten, weiten, weißen Jeans und dem gerippten lila T-Shirt den Inbegriff der Hipness darstellte; die nie die Zeitung las, aber auf ihre Weise ausreichend auf dem laufenden war, um die Wände ihres Zimmers mit ergreifenden, bunten Antikriegsplakaten zu pflastern – mir ausgerechnet so ein altmodisches Buch gab. Wie dem auch sei, sobald ich den verstaubten Einband geöffnet hatte, war dieses Rätsel gelöst. Trotz ihrer angejahrten Verpackung ist die Geschichte zeitlos. Es gibt nur wenige Autoren, die mit der Geschicklichkeit Daphne du Mauriers diese perfekte Balance aus Besessenheit und Unterwerfung gestalten können, welche die Liebeshändel mit einem sich entziehenden Mann auszeichnet.

Die Ausgangskonstellation des Romans ist angenehm trügerisch. Die Erzählerin, die das ganze Buch über namenlos bleibt, beschreibt sich selbst als farblose junge Frau, die fürchterlich schüchtern und so weit auf den Hund gekommen ist, daß sie als bezahlte Gesellschafterin mit einer schweinsgesichtigen, widerwärtigen alten Dame, Mrs. Van Hopper, nach Monte Carlo reist. Unsere verschämte Erzählerin begegnet zufällig einem Mann, der als die beste Partie Europas gilt, dem reichen und bezaubernden Maximilian de Winter, der sich auf einer Art Ferienreise befindet, offensichtlich, um sich von kürzlich widerfahrenem Leid zu erholen: dem frühen Tod seiner ätherisch-schönen jungen Frau Rebecca. Aus Gründen, die unsere Erzählerin zu diesem Zeitpunkt noch nicht verstehen kann, nimmt sich Mr. de Winter ihrer an und braust mit ihr in seinem Sportkabrio durch das Spielerparadies. Er versetzt sie in bezaubertes Staunen und stellt sie gleichzeitig vor ein Rätsel. Als Mrs. Van Hopper die Seifenblase des Glücks platzen läßt, indem sie unsere Erzählerin von der unvorhersehbaren, sofortigen Abreise in Kenntnis setzt, landet de Winter einen alles erschütternden Gegenschlag: Er hält um ihre Hand an.

Die Erzählerin macht das Undenkbare: Sie heiratet ihn, wechselt mit einem Schlag ihre soziale Stellung und sichert sich ihr Liebesmärchen. Aber die Dinge sind nicht so wohlgeordnet, wie es den Anschein hat. Sobald sie die heiligen Hallen von Manderly betritt, dem prachtvollen Stammsitz der de Winters, muß unsere Erzählerin diese bittere Pille schlucken. Angefangen beim eisigen Empfang durch das Personal und den rätselhaften und nicht eben zarten Verunglimpfungen durch Verwandte und Freunde, bis hin zu Maxims Verhalten, der in die grimmigste aller Flitterwochenlaunen verfällt, sobald sich die beiden in seinem Herrenhaus niederlassen – unsere Heldin muß annehmen, der Kampf habe gerade erst begonnen. Obwohl es der bescheidenen jungen Frau gelungen ist, Mr. de Winter zu heiraten, redet sie sich plötzlich ein, er werde ihr nie wirklich ergeben sein. Wie sie es sieht, liegt sein Herz bei den Überresten seiner ersten Frau begraben, der dynamischen, atemberaubenden, nicht totzukriegenden

Rebecca. Wir, die mitfühlenden Leserinnen und Leser, begleiten die Heldin durch die Qualen der Eifersucht und Selbsterniedrigung und bei ihrem peinlichen Pas de deux mit dem äußerst argwöhnischen und offenbar immer noch trauernden Personal. Und wir folgen ihr bei den eifrigen, aber vorsichtigen Versuchen, das Verhalten ihres unzugänglichen, geheimnisvollen Gatten zu ergründen.

Wenn ich behaupte, die Geschichte sei irreführend, dann meine ich damit nicht, daß sich die Erzählerin offensichtlich in ihrem Gatten täuscht, wenn sie annimmt, er liebe eine andere. Gegen Ende des Romans erfahren wir, daß Maxim von Rebecca alles andere als besessen ist und ihn eher die Erinnerungen an jenen Fluch im Partykleid verfolgen, mit dem er einst verheiratet war. Irreführend ist, wie du Maurier ihre Leser manipuliert: Sie weiß, daß wir ihr blind die Geschichte von der besessenen, aber hoffnungslos unterlegenen Frau abkaufen werden, die um die versagte Zuneigung eines attraktiven Mannes kämpft. Erst zum Schluß dürfen wir die wahre Geschichte erfahren: Die Fixierung der Erzählerin auf Rebecca und ihr Bedürfnis, vor der Intimität mit ihrem Mann zu fliehen, sind es, die das Verhältnis der Frischvermählten zu zerstören drohen und die Erzählerin einen Großteil des Romans über keinen klaren Gedanken fassen lassen.

Von gelegentlichen Bemerkungen darüber abgesehen, wie besorgt und mit allem unzufrieden Maxim zu sein scheint, kreisen die Gedanken der Erzählerin hauptsächlich in einer unverblümt rhapsodischen, endlosen Meditation um die Unzahl von Eigenheiten ihrer Vorgängerin. Sie begeistert sich nicht für ihren Mann, sondern für ihre Phantasien über die verstorbene Exfrau ihres Mannes. Wenn er deprimiert wirkt, liegt es wahrscheinlich daran, daß seine zweite Frau für jemanden schwärmt – und zwar nicht für ihn. Kein Wunder, daß er zu Hause hockt und Trübsal bläst, lange bevor

Rebeccas Leichnam unerwarteterweise aus einer nahe gelegenen Bucht geborgen wird – woraufhin er die Rolle des trauernden Witwers mit der des Mordverdächtigen tauschen muß. Das krankhafte Unvermögen der zweiten Mrs. de Winter, sich auf ihre tatsächliche Beziehung zu konzentrieren, deutet auf eine recht ausgeprägte Aversion gegen Intimität hin, die sie davon abhält, sich wirklich mit ihrem Mann und ihrer Ehe auseinanderzusetzen. Und weder du Maurier noch eine ihrer Figuren verwendet darauf auch nur die mindeste Aufmerksamkeit. Der Roman steckt voller Selbstbespiegelungen und Persönlichkeitsanalysen, aber der Gedanke, die Neigungen der Erzählerin könnten eine erhebliche Mitschuld an ihren Problemen tragen, ist offenbar keiner Erwähnung wert. Du Maurier erzählt es, wie sie es sieht: Die Erzählerin ist eine Frau, die von dem verzweifelten Verlangen nach einem Mann verzehrt wird, der sich kaum dazu herabläßt, sie anzusehen.

Verstehen Sie mich bitte nicht falsch: Ich bin verrückt nach diesem Roman. Er hat etwas äußerst Sublimes. Aber meine Liebe zu dem Buch hindert mich nicht zu sehen, daß du Mauriers Liebesgeschichte absolut willfährig dem gesellschaftlich sanktionierten Modell der Mann-Frau-Beziehung folgt. Du Maurier ist nämlich wild entschlossen, ihre Erzählerin als glücklose, liebeskranke Götzendienerin hinzustellen, deren einziges Ziel darin besteht, die flüchtige Zuneigung ihres Mannes zu gewinnen. Maxim, ihren Gatten, stellt sie hingegen als ambivalentes, sich ständig entziehendes Objekt der Begierde dar. Trotzdem steht am Ende des Romans unerschütterlich fest, daß er alles andere als gleichgültig ist. Er ist hoffnungslos in seine zweite Frau verliebt und von der Furcht besessen, ihre Zuneigung könne verschwinden, sobald sie ihn besser kennenlernen würde. Weil das Zaudern der Erzählerin, sich fallenzulassen – ein Fallenlassen, das über Erfolg und Mißerfolg ihres Ehelebens entscheidet –, weder von der Autorin noch von der Hauptperson des Romans wahrgenommen wird, entgeht es den Lesern wahrscheinlich, daß die Zukunft der Ehe der de Winters nicht in den souveränen Händen Maxims, sondern in den zarten Fingerchen seiner jungen, sittsamen Braut liegt.

Tatsache ist, daß wir, die begeisterten Medienkonsumenten, den springenden Punkt oft nicht verstehen sollen. Denn schließlich sind die Medien eines der wirksamsten Werkzeuge der Gesellschaft, wenn es darum geht, die Meinungen der Menschen zu bestimmen. Bücher, Filme, Fernsehen und natürlich Werbung beteiligen sich daran, die ganze Skala der Meinungen und Annahmen zu bestärken, die unsere Kultur leiten.

Viele dieser Annahmen, ob sie zutreffend sind oder nicht, haben etwas ausgesprochen Optimistisches. Es ist zum Beispiel fast unmöglich, den Fernseher anzuschalten, ohne mit den Berichten der Molkereiindustrie über die äußerst gesunden Auswirkungen des Milchtrinkens bombardiert zu werden. Und obwohl jeder von uns fürchtet, daß uns auch nur ein gelegentliches Glas von dem Zeug den Qualen der Cellulitis preisgibt, fällt es schwer, sich nicht an den gesunden Eigenschaften der Milch zu erfreuen, wenn man zusieht, wie das sahnig-weiße Getränk in große Gläser wallt.

Unglücklicherweise scheinen die Medien unschuldige Annahmen ebenso bereitwillig zu stützen wie weniger unschuldige. Die Mediendarstellung der üblichen Liebesbeziehungen zwischen Mann und Frau zum Beispiel kommt einer ziemlich vorsätzlichen Erniedrigung der Frauen und entsprechenden Verherrlichung der Männer gleich.

Wie kompliziert die Realität unserer romantischen Verhältnisse auch sein mag, der Gesellschaft – und den Medien als Überbringern der Botschaft – fällt dazu unweigerlich nur die alberne Geschichte vom Raubtier und seinem Opfer ein. Sogar in den seltenen Fällen, in denen sich die Ambivalenz der Frauen und ihre zwiespältigen Gefühle gegenüber einer festen Bindung ins Bild schieben, werden sie entweder ignoriert oder als Laune der Natur wegerklärt.

Das ist kein Zufall. Die Mediendarstellung des Mann-Frau-Verhältnisses erfüllt wichtige soziale Funktionen. Sie bestätigt uns, daß, egal wie sehr sich die Welt auch ändern mag, gewisse wichtige Voraussetzungen dennoch bestehenbleiben. Und in einer männerdominierten Gesellschaft ist es besonders wichtig, die Rechtmäßigkeit dieser Dominanz zu beweisen. Es ist ein trostreich logischer Schluß, eine Kette von Ursachen und Wirkungen: Männer sind stets erwünschter, begehrter und wertvoller. Kein Patriarchat, das etwas auf sich hält, wird das mythische Bild der Frau opfern wollen, die einsam und verlassen neben dem Telefon sitzt, an ihren manikürten Fingernägeln kaut und auf den Anruf des Mannes ihrer Träume wartet. Dieses Bild rechtfertigt die männliche Dominanz und die Bittstellerrolle der Frau; und gäbe es das Bild nicht, müßten wir die Rechtmäßigkeit des altehrwürdigen Arrangements bezweifeln.

Wo uns die Aufrechterhaltung der Vorstellung vom männlichen Raubtier und weiblichen Opfer so am Herzen liegt, kann die Idee weiblicher Bindungsangst natürlich ziemlich bedrohlich wirken. Auch nur die leiseste Andeutung, Frauen könnten selbst zwiespältige Gefühle hegen oder sich zurückhaltend gegenüber einer festen Bindung verhalten, wirkt störend und subversiv. Zum Glück hat sich unsere Gesellschaft eine geniale Methode einfallen lassen, damit umzugehen: Wir ignorieren oder verneinen die Möglichkeit, Frauen könnten unter Bindungsangst leiden. Wir konstruieren andere Erklärungsmuster für den Unwillen der Frauen, sich zu binden: Sie sind verrückt, unglaublich arrogant oder einfach zu blöd. Selbst wenn die Bindungsangst einer Frau ganz offen zutage liegt, wie es bei der Erzählerin in *Rebecca* der Fall ist, wird das auf eine derart irreführende Weise dargestellt, daß wir es wahrscheinlich gar nicht mitbekommen.

Natürlich gibt es massenhaft Frauen mit Bindungsängsten, aber von den Medien sollte man keine Bestätigung dieser Tatsache erwarten. Die einzige Ausnahme bildet der entzückende Film *Miami Rhapsody*, der durch die unverfrorene Darstellung einer Frau mit einer waschechten Bindungsphobie, gespielt von Sarah Jessica Parker, wirklich bahnbrechend war. Es ist eine Tatsache daß die ausgeklügelten Machenschaften der weiblichen Hälfte der Bevölkerung, mit der diese einer festen Bindung ausweicht, ein zunehmend geläufiges – und beinahe stets ignoriertes – Thema der Populärkultur sind. Weil aber die Aufgabe der Mainstream-Medien der Schutz des Status quo ist – der in diesem Zusammenhang beinhaltet, daß Fernsehen, Filmindustrie und kommerziell ausgerichtete Romane alles unternehmen, um die Auffassung zu bestärken, den widerspenstigen Part in jedem Paar spielten automatisch die Männer –, erforschen die Medien weibliche Bindungsangst nicht, sondern nutzen sie lieber aus.

Wenn es den Anschein hat, meine Medienkritik hinge damit zusammen, daß ich kein Fan bin, dann sollte ich vielleicht etwas klarstellen. Ich bin ein Medien-Junkie, wenn ich auch nicht damit angeben kann, mein *Walk on the Wild Side* hätte mich bisher auch nur in die Nähe des Prominentennachtclubs *Viper Room* in Hollywood geführt. Ich bin süchtig nach Massenmedien und billiger Unterhaltung, je ablenkender, hirnverbrannter und oberflächlicher, desto besser. Wenn ein Freund anruft und mir Textpassagen aus der neuesten Übersetzung von Dantes *Inferno* vorliest, gebe ich bereitwillig zu, daß es schön und erhaben ist, was ich da höre. Aber er weiß, und ich weiß, daß ich nur darauf warte, den Stummstellknopf meiner Fernbedienung loszulassen und mich weiter der siebzehnten Wiederholung meiner Lieblingsserie zu widmen.

Jetzt, wo ich mich in meiner ganzen an Hochglanzfoto-Zeitschriften geschulten Blödheit entblößt habe, sollte ich hinzufügen, daß die Beispiele, über die ich in diesem Kapitel sprechen werde, keinen Anspruch auf Vollständigkeit erheben. Die Bücher, Fernsehserien und Filme, die ich hier behandle, sind einfach diejenigen, an denen ich freudig Anteil genommen habe, und ich bin mir sicher, daß Ihnen beim Lesen weitere Beispiele einfallen werden. Halten Sie sich auf keinen Fall zurück, füllen Sie die Leerstellen aus, und ergänzen Sie den begrenzten Überblick um Ihre eigenen Erfahrungen. Schließlich sind wir Freunde. Und außerdem habe ich vor, in nächster Zeit bei Ihnen auf einen Drink vorbeizukommen.

Ich habe mich nun als Medienzombie von reinem Schrot und Korn bloßgestellt, und deshalb könnte jede Kritik meiner persönlichen elektronischen Gottheit ziemlich merkwürdig wirken; ich beiße sozusagen die Hand, die mich ernährt. Aber als jemand, der einen Gutteil seiner wachen Stunden in der Knechtschaft der Medien verbracht hat, hatte ich auch reichlich Gelegenheit, etwas über die Art und Weise zu erfahren, in der diese das komplizierte Verhältnis der Geschlechter zueinander in ein fest vorgeschriebenes und lachhaft vereinfachtes Schema von Gott und Jünger pressen. Ob es so dick aufgetragen wird wie Jeannies Kosename «Meister» für Major Anthony Nelson in der klassischen Sechziger-Jahre-Fernsehserie *Bezaubernde Jeannie* oder eher subtil daherkommt wie die bewundernden, verträumten Blicke, die Dana Scully jede Woche Fox «Spooky» Mulder in der momentanen Kult-Fernsehserie *Akte X* zuwirft: die Rollen der Bewunderin und des Bewunderten sind festgelegt. Diesem Schema zufolge würde selbst die unabhängigste und selbständigste Frau liebend gern alles hinschmeißen, um bei *Bloomingdale's* in der Abteilung für Haushaltsartikel und Geschirr eine Hochzeitsgeschenkliste einrichten zu lassen. Aber man muß nur ein bißchen am Lack dieser angeblichen Männerjägerinnen kratzen, um auf eine Frau mit Bindungsängsten zu stoßen, die so gut wie kein Verständnis für den Widerspruch zwischen ihren Sehnsüchten und ihrem Verhalten hat.

Warum können wir weder auf der Mattscheibe noch im wirklichen Leben den Unterschied zwischen einer Frau erkennen, die den Männern wie enthemmt nachrennt, und einer, die sich lieber mit einem Schälmesser die Haut abziehen würde, als vor den Altar zu treten? Vielleicht hatten all die mißmutigen Fernsehkritiker, recht, als sie darauf insistierten, achtzehn oder zwanzig Stunden tägliches Kinderfernsehen würde uns in sabbernde Deppen verwandeln; denn wir, das männliche und weibliche Publikum, vergessen gewohnheitsmäßig nachzufragen, ob die auf dem Bildschirm dargestellten Liebesverhältnisse irgend etwas mit unsern eigenen Erfahrungen in den Schützengräben der Liebe zu schaffen haben.

Wir fragen nicht; wir setzen uns mit unsern Chips und unserm Light-Bier aufs Sofa und lächeln, während unsere Hirnstromwellen flach wie der Horizont werden. Wir kichern oder werden sentimental und flennen, während wir zusehen, welche übertriebenen und oft verzweifelten Anstrengungen Frauen auf der Suche nach dem heiligen Gral der Eheschließung auf sich nehmen. Ganz nebenher werden männliche Zuschauer ihrer überwältigenden Attraktivität und Herrlichkeit versichert, und die Frauen werden daran erinnert, daß alle anderen Ziele und Leistungen in den Hintergrund treten, wenn es an die Männerjagd geht. Denn schließlich lassen sich Frauen, wenigstens in Film und Fernsehen, sehr leicht von einer Karotte in Form eines attraktiven Mannes locken, die vor ihrer Nase baumelt.

Wir werden durch nichts ermutigt, die Eindimensionalität dieser Darstellung in Frage zu stellen. Schließlich verlassen sich Macher und Zuschauer auf eine weitverbreitete Ansicht – daß Frauen heiraten und Kinder kriegen wollen –, und selbst wenn alle Anzeichen auf das Gegenteil hindeuten, wird an dieser Ansicht festgehalten. Man denke an Mary Tyler Moore, gespielt von Mary Richards, aus der gleichnamigen, unglaublich populären Fernsehserie, diese Volksheldin aus den siebziger Jahren – jedermanns Liebling. Wir sorgten uns um Mary in ihrer wunderbaren Studiowohnung, die ihre Holzplastik-Initialen polierte, während der kalte Nachtwind von Minneapolis an den Verandatüren rüttelte. Das Fehlen eines Partners im Leben dieser liebenswerten jungen Frau war unheimlich und beunruhigend. Wo waren all die alleinstehenden Männer? Es war schon in Ordnung, daß Mary als erste weibliche Nachrichtenproduzentin bei ihrem Fernsehsender berufliches Neuland betrat, aber wir sorgten uns (denn das wurde von uns erwartet), daß, so zufrieden Miss Richards in ihrem hübsch eingerichteten, unabhängigen Domizil auch wirken mochte, die Zeit doch nicht stehenblieb und weit und breit kein Polterabend in Sicht war.

Daß Mary offensichtlich Widerwillen gegen eine feste Beziehung empfand, daß sie mit ihren Ängsten kämpfte, ihre Unabhängigkeit und die Konzentration auf ihren Beruf aufzugeben – was so weit ging, daß sie im Laufe dieser sehr langen Fernsehserie nie jemanden hatte, den man als ernsthaften Freund bezeichnen könnte –, all das spielte einfach keine Rolle. Marys entscheidendes Merkmal war nicht ihre

Kompetenz oder ihr Charme, sondern ihr Alleinsein. Und wenn sie nicht auf die Idee kam, sich darüber den Kopf zu zerbrechen, dann, bei Gott, waren wir überglücklich, für sie einspringen zu können.

Aber in Wahrheit zahlte Mary einen hohen Preis für ihre Zwiespältigkeit in Fragen der Liebe, wie uneingestanden sie auch war. Ihre verkrampfte, gelegentlich spröde Asexualität war kein Zufall; ihr Verhalten war durch ihre Persönlichkeit gerechtfertigt. Sie war das ewige präpubertierende Mädchen, so unberührt wie die Jungfrau, für die sie viele Zuschauer hielten. So gesehen, war Marys Einsamkeit nicht das Ergebnis ihrer Zurückhaltung oder des Unwillens, sich zu binden, sondern eher der passende Zustand für jemanden mit einer verzögerten psychosexuellen Entwicklung. Ein präpubertierendes Mädchen, aber mit exzellenten Brüsten. Daran ist doch nichts verkehrt, oder?

Den offensichtlichen Gegenpart zu Mary spielte ihre sinnliche, unordentliche und regelmäßig entblätterte Nachbarin von oben, Rhoda Morgenstern. Rhodas Fall lag gänzlich anders: Sie war einfallsreich, scharfzüngig und erfahren. Sie war ein widerspenstiges Ding, und das bewegte die Macher der Serie, sie mit einer Reihe stets wechselnder Kopftücher und der Zuflucht in einer Mansardenwohnung zu strafen. Rhoda machte sich Sorgen um ihr Gewicht (und wer würde das nicht, wenn er über einem solchen Eisstiel im Hosenanzug wohnte), sie machte sich Sorgen um ihr Aussehen (dito), sie machte sich Sorgen darüber, daß ihre Wohnung keine Zwischentüren hatte. Rhoda hatte Plastikketten-Raumteiler und einen Job als Schaufensterdekorateurin in einem Kaufhaus, und ihre Geschichte hatte eine andere Moral: Im Gegensatz zu Mary war ihr bewußt, welche Katastrophe ihr Single-Status darstellte. Ihr Problem war nicht, daß sie ihr Dilemma nicht erkannte, sondern daß sie noch nicht gelernt hatte, ihre unweiblichen Impulse so weit im Griff zu haben, daß sie es lösen konnte. Sie war zappelig, geradeheraus und görenhafter, als ihr guttat, und ihr ausgeprägt eigener Kopf würde – wie offenbar schon so oft – jeden Mann abschrecken.

Im Gegensatz zu ihrer Nachbarin akzeptierte Rhoda die Tatsache, daß der größte Traum einer Frau darin besteht, würdevoll das Kirchenschiff abzuschreiten. Aber im Gegensatz zu den Produzenten der Serie merkte sie nicht, daß dieses Glück ihr verschlossen bleiben würde, solange sie nicht lernte, sich zu benehmen. Rhoda brachte, anders als Mary, ihre Einsamkeit und Sehnsucht lautstark zum Ausdruck, aber bei ihr wirkten selbst diese normalerweise tugendhaften Gefühle wie Ausbrüche eines ungehemmten Appetits. Wenn der Zweck der *Mary Tyler Moore Show* unter anderem darin bestand, die Bedrohlichkeit einer Karrierefrau wie Mary zu entschärfen – vorgeblich, indem man sie händeringend bei Dinnerparties zeigte, für die sie (Symbolismus mit dem Holzhammer) nicht genug zu essen eingekauft hatte, oder wie sie schwermütig ihrem Boss die Ohren volljammerte («Mr. Grant!»), und verdeckter, indem man sie komplett desexualisierte –, dann war Rhoda das Beispiel einer Frau, die durch und durch widerspenstig war und deswegen keinen Blumentopf gewann. Selbst als sie mit *Rhoda* eine eigene Serie bekam und den wunderbaren Joe heiratete, ließen die Produzenten sie nicht in Ruhe und trieben sie schmählich in einen Scheidungsprozeß hinein, bevor ihr Hochzeitskleid auch nur aus der Reinigung zurück war.

Mitte der achtziger Jahre hätte der weniger scharfsinnige Zuschauer vermuten können, die Art, wie Frauen auf der kleinen Mattscheibe dargestellt werden, habe sich geändert. Natürlich wußten es die eingefuchsteren TV-Junkies besser. Ungefähr zu dieser Zeit brach im ganzen Land das *Cheers*-Fieber aus. *Cheers* zeichnete die Mißgeschicke Sam Malones nach, eines ausgesprochenen Frauentyps, ehemaligen Sportlers, rekonvaleszenten Alkoholikers und, bei Serienstart, neuen Inhabers eines beliebten Saloons im Herzen der Säuferstadt Boston. Nur allzu schnell lernten wir die Stammkundschaft der Kneipe kennen, einen ausgesprochen schrulligen, exzentrischen Haufen. In den ersten Folgen war die Kellnerin Diane eine der buntesten Figuren. Diane ist die perfekte Zielscheibe für den Spott eines Fernsehautors: Sie ist eine Frau, und sie nimmt stets den Mund zu voll. Diane ist eine frustrierte Intellektuelle, eine Psychologiestudentin und, wie wir bald erfahren, ebenfalls eine Patientin dieser Fachrichtung. Sam und Diane beginnen schnell eine komplizierte, hin- und hergerissene Beziehung, die sich über viele, an Eskapaden reiche Jahre erstreckt.

Sam Malone ist nun wirklich ein Prachtexemplar der Bindungsphobie: hübsch und angenehm, ein pathologischer Flirter, stets interessiert, aber unmöglich zu bekommen. Diane andererseits ist eine patente Verrückte. Und obwohl eine Unzahl von Unterschieden, angefangen bei ihren Interessen bis hin zur Bildung, die beiden trennen, fühlen sich Sam und Diane unwandelbar voneinander angezogen. Das liegt vielleicht daran, daß Diane Sam in vielerlei Hinsicht ähnelt – sie ist attraktiv, sie ist herausfordernd, sie kann sich nicht entscheiden –, aber dieselben Eigenschaften, die Sam unwiderstehlich machen, werfen Diane als willfähriges Opfer dem Publikum zum Fraß vor. Obwohl völlig offensichtlich ist, daß sie wechselseitig auf Anziehung und Abstoßung spielen, wird uns ohne jegliches Indiz dafür zu verstehen gegeben, daß Sam den Part des Spröden spielt und daß, sollte er auch nur das geringste Anzeichen zeigen, daß er bereit sei, sich zu binden, Dianes Unentschlossenheit einfach verschwinden und sie sofort an den Altar sprinten würde. Man untergrub Dianes Glaubwürdigkeit bewußt, indem

man die offenbar schockierende Information durchsickern
ließ, sie habe ein paar Stunden auf der Couch eines Therapeuten gelegen. Sie durfte den lachhaftesten aller Charaktere darstellen, die arrogante Frau. Durch diese Konstruk-
tion gelang es *Cheers*, zwei identisch gelagerte Fälle von
Bindungsangst an den entgegengesetzten Enden des Spek-
trums anzusiedeln: Sam, geistig gesund und wählerisch;
Diane, verrückt auf eine Liebesbindung, die in allen
Menschen das wilde Verlangen auslöst, sie wegsperren zu
lassen, und zwar am liebsten lebenslänglich in irgendeiner
Klapsmühle.

Wenn eine Fernsehserie sich bemüht, die Ängste und wi-
dersprüchlichen Gefühle in einer Beziehung realistisch darzustellen, fällt diese Serie oft den gefürchteten schlechten
Einschaltquoten zum Opfer. Mitte der Achtziger entstand
ein weiteres Juwel unter den Fersehserien, das trotz seiner
köstlichen Brillanz beim Publikum wesentlich bescheidener
abschnitt als *Cheers*. Ich meine *The Days and Nights of Molly
Dodd*, eine Art Reagan-Ära-Stiefschwester der *Mary Tyler
Moore Show*, die die Lebensgeschichte einer jungen Karrierefrau im aufregenden Manhattan beschrieb, eben der titelge-
benden Molly.

Molly wurde jedenfalls von der unvergleichlichen Blair
Brown in all ihrer geistvollen, rothaarigen Pracht gespielt,
und ich habe viele, viele Abende mit meiner besten Freundin auf ihrem kratzigen, braunkarierten Sofa gesessen (das
sie ‹Drecksack› getauft hatte) und Molly bei ihren Abenteu-
ern abwechselnd beigestanden und beneidet. Wir liebten
Mollys Apartment, ein ausgedehntes, entzückend eingerich-
tetes Nest an der Upper West Side, dessen Miete sich, in der
Realität, nur Christina Onassis hätte leisten können. Aber
die sparsame Molly schaffte es trotzdem, mit ihrem Buch-
händlerinnengehalt die Dinge am Laufen zu halten. Das

war der Stoff, aus dem unsere Träume waren: schicke, aber exzentrische Kleidung, ein Arbeitsplatz, der interessante, gebildete Männer anzog, und ein Heim, in dem man Dinnerparties veranstalten konnte. Neues Jerusalem, wir kommen!

In Wahrheit hatte auch Molly ihr Päckchen zu tragen, das die frühe, katastrophale Ehe mit dem hinreißend attraktiven, aber hoffnungslos unzuverlässigen Fred einschloß, einem Jazzmusiker (wo wir gerade von simpel gestrickten Drehbüchern sprechen). Zu Anfang der Serie hatte sich Molly gerade eher widerwillig von Fred scheiden lassen und fand sich selbst mitten in der New Yorker Single-Szene wieder – die, freundlich formuliert, ein willkürliches und unergründliches Universum ist.

Wenn man die großen Hoffnungen bedenkt, zu denen diese Serie Anlaß gab, fällt es schwer, sich nicht zu fragen, ob die baldige Absetzung von *The Days and Nights of Molly Dodd* nicht dem Umstand geschuldet war, daß sich Molly standhaft weigerte, ihren Status als alleinstehende Frau Mitte Dreißig erniedrigend zu finden. Während die Drehbuchautoren der Serie sich offensichtlich damit vergnügten, die unaussprechlichen Demütigungen darzustellen, die Molly an der Hand bindungsunwilliger Männer erdulden mußte, sowie ihre zermürbenden Zweifel, ob sie je einen Mann finden würde, der der doppelten Herausforderung, gleichzeitig aufregend und verantwortungsbewußt zu sein, standhalten würde, brachte die Sendung doch etwas mehr rüber als nur die Lächerlichkeit weiblicher Liebesverzweiflung. Molly strebte ernsthaft, furchtlos und sogar ritterlich nach Selbsterkenntnis. So sehr sie sich nach Liebe sehnte, schätzte sie doch auch ihre Unabhängigkeit und war wild entschlossen, der Versuchung zu widerstehen, die Verantwortung für ihr Glück und ihre Zufriedenheit wieder in die Hände eines Mannes zu legen. Sie kämpfte die ganze Serie hindurch darum, sich selbst kennenzulernen und ein Glück zu finden, das ihren Ansprüchen genügte. Das führte dazu, daß sie ebenso oft für ein romantisches Verhältnis nicht zu haben war wie die Männer, welche die Serie resolut ins Rampenlicht schob.

Was die Medien angeht, sind diese Phantasiehelden nicht die einzigen, die einer voreingenommenen und ungenauen Darstellung verdächtig sind. Nehmen Sie zum Beispiel die Talkshows, die lange im Herzen eines jeden Fernsehfanatikers einen besonderen Platz einnahmen. Wenn Sie wie ich älteren Semesters sind, werden Sie sich vielleicht noch an die frühen Tage dieser Art von Fernsehunterhaltung erinnern, als in interessanten Gesprächen so prominenten Gästen wie z. B. Burt Reynolds versponnene Sprüche entlockt wurden. Aber diese Zeit ist lange vorbei. Sie verschwand in dem Moment, als Oprah Winfrey ins Nachmittagsprogramm hineinplatzte und dafür sorgte, daß Busenfreundinnengehabe und intime Geständnisse in der Öffentlichkeit absolut unwiderstehlich wurden. Oprah wurde schnell von einem Bataillon publikumszähmender Moderatoren kopiert, die alle über die Fähigkeit verfügten, ganz normale Leute dazu zu bringen, auf einer Fernsehbühne zu sitzen und zutiefst private Erfahrungen zu enthüllen.

Die Produzenten dieser derben Talkshows scheinen gern jedes Thema aufzunehmen, das einen persönlichen Touch hat, favorisieren aber besonders all das, was mit Liebe zu tun hat. Oder mit Liebesproblemen, sollte ich wohl sagen. Die lebhaftesten und herzerweichendsten dieser Sendungen sind jene, die sich mit Frauen beschäftigen, die von den Männern in ihrem Leben ständig schlecht behandelt wurden: Frauen, die geschwängert und dann sitzengelassen wurden; Frauen, die entdeckt haben oder damit konfrontiert wurden, daß ihr Partner fremdgeht, und zwar häufig mit einer Verwandten oder einer engen Freundin dieser Frau; Frauen, die gewohnheitsmäßig von ihren Gatten körperlich oder seelisch mißbraucht werden.

Allen Beteiligten – dem Studiopublikum, den Moderatoren und den Fernsehzuschauern (wozu wir alle gehören müssen, sieht man sich die bemerkenswerten Quoten an, deren diese Sendungen sich erfreuen) – gehen diese traurigen Geschichten von Herzschmerz und Untreue nahe. Jedermann ist schockiert über das barbarische Wesen der Männer, die solche unerhörten Verwüstungen anrichten. Bis auf den unverbesserlichsten Griesgram unter den Zuschauern ist niemand willens, die Frauen auf der Bühne als etwas anderes als machtlose, unschuldige Kinder im Erwachsenenformat zu betrachten. Wenn man nämlich nicht akzeptieren würde, daß diese Frauen absolut aufgeschmissen sind, muß man sich doch fragen, was genau diese Mädchen dazu bringt, dort auf der Bühne so mitleiderregend zu jammern. Was genau wollen sie denn von ihren Partnern, die sie doch so unglücklich machen? Waren diese Frauen sich kurz frischmachen, als der freie Wille ausgeteilt wurde?

Mir gehen legitime Themen wie Gewalt gegen Frauen oder chronische Armut natürlich genauso unter die Haut wie irgend jemandem sonst, aber falls Sie je eine dieser Sendungen gesehen haben, wissen Sie, daß viele der Frauen, die dort ihre traurige Geschichte erzählen, in eine weniger schreckliche Kategorie gehören: Sie berauschen sich an ihrem Herzeleid. In Fernsehtalkshows, so amüsant und kathartisch sie sind, wird nur selten die Meinung in Frage gestellt, Frauen seien vom Pech verfolgte, masochistische Opfer. Wenn man aber den Frauen in diesen Shows zusieht, die in schädlichen, unbefriedigenden oder aussichtslosen Beziehungen feststecken, fällt einem hauptsächlich die Hartnäckigkeit auf, mit der viele ihren selbstzerstörerischen Männergeschmack rechtfertigen. Sie wollen sich nicht kleinkriegen lassen, wie sehr ihnen auch die Möglichkeit gefällt, vor einem Publikum aus mitfühlenden Zuschauern über ihre diversen Nöte zu jammern. Nie wird einer dieser Frauen oder dem Publikum der Gedanke nahegebracht, das freiwillige Eingehen einer zum Untergang verurteilten Beziehung könne einen Umweg darstellen, der garantiert, daß sie nie eine gleichberechtigte, wirklich intime Partnerschaft erleben müssen. Es ist einfacher, ein Opfer zu sein, denn wenn man ein Opfer ist, erscheint die Idee äußerst fraglich, man solle schwierige Entscheidungen treffen und die Verantwortung für das eigene Leben übernehmen.

Das Fernsehen hat sich ständig weiterentwickelt, um auf der Höhe gesellschaftlicher Veränderungen zu bleiben; und mit Filmen ist es ähnlich. Aber wie sehr sich die Filme auch den kulturellen Veränderungen angepaßt haben – indem sie zum Beispiel die einst beliebten eleganten Musical-Tanzeinlagen durch ausführliche Sequenzen ersetzt haben, in denen stürmische sexuelle Begegnungen und gänzliche Nacktheit gezeigt werden –, bleibt doch die Suche nach der großen Liebe (und die Schwierigkeiten, die das mit sich bringt) ein Lieblingsthema der Filmemacher und des Kinopublikums. Wo einst Bette Davis von ihrem Geliebten statt eines Kusses eine angesteckte Zigarette bekam (in *Reise aus der Vergangenheit*, der vielleicht den Zelluloid-Höhepunkt vereitelter Liebe darstellt), erfreut man uns heute mit Demi Moore, die in der Firma ihren Untergebenen Michael Douglas vergewaltigt. Manche Leute bezeichnen das als Fortschritt.

Obwohl beim zeitgenössischen Kinopublikum romantische Komödien inzwischen besser anzukommen scheinen als Liebesdramen, hat die liebeskranke Frau, in welchem Genre auch immer, doch stets ihren hohen Stellenwert in amerikanischen Filmen behaupten können. Und genau wie

Beziehungsthemen in unserem wirklichen Leben einen immer breiteren Raum einnehmen, ist es ihnen gelungen, sich unter die Lieblingssujets der zeitgenössischen Regisseure und Drehbuchautoren in Hollywood zu schleichen. Anders als bei Fernsehserien, die ein überzeugendes Problem präsentieren müssen, das sie dann Woche für Woche neu auftischen, gilt für Filme das genaue Gegenteil: Die Problemlösung ist das ein und alles. Wie lebenstreu oder absurd auf der Leinwand auch immer agiert wird, muß doch, wenn die zwei Stunden vorbei sind, alles geklärt sein. Dem Kinopublikum ist diese Notwendigkeit bewußt; denn tatsächlich würden wir uns betrogen fühlen und unser Geld zurückverlangen, wenn der Abspann heruntergekurbelt würde, ohne daß es mit Pauken und Trompeten zu einem völlig unwahrscheinlichen, emotional zufriedenstellenden Schluß gekommen ist. Die Filmstudios werden weit mehr von finanziellen Interessen geleitet als von dem Verlangen, unsere eigenen Erfahrungen realistisch darzustellen. Wir gehen nicht ins Kino, um uns Beziehungen aus dem wirklichen Leben anzusehen, mit all ihren vorhersagbaren Konflikten und dem oft völligen Fehlen eines befriedigenden Endes; wir gehen ins Kino, um zusammengeschnittene Sequenzen zu sehen, in denen Julia Roberts übertrieben große Florentinerhüte spazierenträgt.

Meg Ryan ist stets eine Art Florentinerhut-Favoritin gewesen, eine äußerst willige und fröhliche Repräsentantin des weiblichen Geschlechts, wie die Zuschauer ihres Neunziger-Jahre-Kassenschlagers *Schlaflos in Seattle* bezeugen können. In diesem Film spielt Ryan eine rettungslose Romantikerin, die von der Idee besessen ist, es gäbe dort draußen eine ganz bestimmte verwandte Seele, die ihr allein bestimmt sei, und sie müsse nur geduldig sein und darauf warten, daß diese Seele erscheint. Zu Beginn des Films ist sie mit einem Mann

75

verlobt, von dem sie fürchtet, er sei nicht der Richtige, und als sie zufällig in einer spätabendlichen Radiosendung hört, wie ein von Tom Hanks gespielter Mann über seine geliebte, tragisch verunglückte Gattin ins Schwärmen gerät, ist Ryan überzeugt, dieser weit entfernte, nie gesehene Mann sei ihr Seelenverwandter.

Ryans Verlobter scheint förmlich aus ihrem Gedächtnis ausgeblendet zu werden, als sie quer durchs ganze Land reist, um den Richtigen zu finden. Und trotz einer Folge von Mißgeschicken von Dick-und-Doof-Kaliber und etlicher Stoppschilder gelingt Ryan bis zum Ende des Films die unglaubliche Heldentat, sich den Witwer Hanks zu schnappen. Was habe ich gerade über völlig unwahrscheinliche, mit Pauken und Trompeten daherkommende Filmschlüsse gesagt?

Es ist natürlich entzückend, daß wir alle aus dem Kino strömen und uns vorstellen, wie die flachsblonde Meg Ryan Tom Hanks' beneidenswert gelegenem, äußerst clever eingerichtetem zweistöckigem Haus am Fluß einen weiblichen Touch verleihen wird. Aber Sie und ich wissen, daß, hätte die Filmindustrie ein wirkliches Interesse daran, die wahre Geschichte zu erzählen, man Meg Ryan zwanzig Jahre später zeigen müßte, wie sie immer noch vor dem Radiowecker hockt, sich Talkshows im Spätabendprogramm anhört, der PMS-Weinerlichkeit freien Lauf läßt und ihren dritten noch halb gefrorenen Fertig-Obstkuchen verputzt. Sagen wir nur so viel, daß die von Meg Ryan gespielte Figur das extreme Glück hatte, ihr Schicksal in die Hände der grundsätzlich wohlwollenden Drehbuchautoren Hollywoods zu legen, denn sonst hätte sie unweigerlich ihr ganzes Leben zwanghaften Phantasien nachgejagt und wäre von ihrem Faible für erträumtes Liebesglück ausgebremst und isoliert worden, statt sich dem realen und manchmal fürchterlich verwirrenden Gegenstück zu widmen.

76

Moderne Filmemacher kümmern sich mit Vorliebe um die prickelnden Mißgeschicke, die Frauen unterlaufen, wenn sie auf der wilden Jagd nach einem offensichtlich unerreichbaren Mann sind. Meistens bestätigt der Handlungsverlauf dieser Filme zwei der unantastbaren Meinungen unserer Kultur über die Dynamik zwischen Männern und Frauen. Einerseits werden Frauen gezeigt, die durch jeden Reifen springen, um die Aufmerksamkeit eines Mannes auf sich zu lenken, dessen Interessen gänzlich anders gelagert sind. Das bringt den Zuschauern erneut die Idee nahe, Männer seien derart begehrenswerte und wertvolle Wesen, daß Frauen in ihrer Gegenwart willenlos werden, ganz egal, wie unwahrscheinlich es ist, daß diese Verherrlichung von den Männern erwidert wird, die sie einflößen. Erinnern Sie sich an die von Mary Stuart Masterson elfengleich gespielte Figur in *Ist sie nicht wunderbar?*, die in neue Dimensionen der Verzweiflung vorstößt, weil ihre Liebe zu der von Eric Stoltz gepielten männlichen Hauptfigur bis kurz vor Schluß des Films unerwidert bleibt? Oder an die liebeskranke Bridget Fonda in *Singles* und an ihre hochnotpeinlichen Anstrengungen, sich die steinzeitmäßige Zuneigung des von Matt Dillon gespielten Rockerknaben zu sichern? Ein harter Arbeitstag in der Erniedrigungsfabrik steht uns bevor, meine Damen. Und vergessen Sie nicht die Stechuhr! Andererseits haben Filmemacher, wenn sie Frauen darstellen, die von einem unkontrollierbaren Verlangen übermannt werden, die Möglichkeit, zwischen akzeptablem und inakzeptablem weiblichem Verhalten zu unterscheiden. Die meisten Frauen, die das übliche Pensum sozialen Trainings absolviert haben, begnügen sich damit, aus der Ferne zu verehren, und wenn sie es nicht mehr aushalten und sich aktiv auf die Pirsch begeben, gelingt es ihnen, ihre romantischen Interessen vorsichtig, indirekt und äußerst diskret auszudrücken.

Denken Sie beispielsweise an Miss Kenton (Emma Thompson), die ihre Liebesbedürfnisse dem unerbittlich steifmienigen Stevens (Anthony Hopkins) gegenüber unterdrückt: *Was vom Tage übrigblieb* ist eine herzerweichende Studie über gemischte Gefühle, vereitelte Liebe und grausam schöne Architektur in England vor dem Zweiten Weltkrieg. Oder an Fiona (Kristin Scott Thomas) in *Vier Hochzeiten und ein Todesfall*, die bis zur allerletzten Minute ihre verzweifelte Liebe zu Charles (Hugh Grant) verschweigt, einem Mann, dessen Bindungsangst so überlebensgroß und allesverschlingend ist, daß sie die komplette Handlung des Films vorantreibt. Fionas Liebesgeständnis setzt neue Maßstäbe des selbstverleugnenden, süffisant bezeugten Respekts (eine Leistung, die durch Fionas vor Trockenheit beinahe zerbröckelnden englischen Humor noch verstärkt wird); sie eröffnet ihre Gefühle mit solchem Bedauern, daß es für Charles praktisch zu einer Frage der Ehre wird, Einspruch einzulegen, wie um ihre Erwartung des Abgelehntwerdens nicht zu enttäuschen. Die selbsterniedrigende Zurückhaltung der von Thompson und Scott Thomas gespielten Figuren (beides Britinnen – Zufall oder Notwendigkeit?) bietet dem weiblichen Publikum ein sehr nützliches Schema, wie sich anständige, rechtschaffene Frauen selbst angesichts größter Verzweiflung zu verhalten haben.

Die Kehrseite dieser Medaille, die weiblichen Anti-Rollenvorbilder nämlich, versorgt weibliche und männliche Zuschauer gleichermaßen mit der Moral von der Geschicht. Wer könnte jemals Alex Forrest (gespielt von Glenn Close) vergessen, die in dem prototypisch reaktionären Film der achtziger Jahre, *Eine verhängnisvolle Affäre*, nicht nur ertränkt, sondern auch noch erschossen wird – in einer der erschreckendsten filmischen Darstellungen einer Frau, die sich selbst eines unerreichbaren Mannes wegen in den Wahnsinn treibt. Als Alex mit Dan Gallagher (gespielt von Michael Douglas) schläft, einem etwas gelangweilten, aber trotzdem glücklich verheirateten Mann, hält Dan diese Begegnung für eine einmalige Angelegenheit. Alex ist da anderer Meinung. Dan versucht erst freundlich, dann schon eindringlicher, das Mißverständnis aufzuklären, aber Alex ist immer fester entschlossen, sein Herz zu gewinnen.

Im Verlauf der Geschichte verwandelt sich Alex von einer normalen, wenn auch frustrierten Frau in eine mörderische Soziopathin. Deswegen vergißt man leicht, daß Alex vor ihrer Metamorphose das klassische Beispiel einer Frau mit Bindungsphobie darstellt, die ein Auge auf einen ganz offensichtlich unerreichbaren Mann wirft und, als er sich nicht weiter mit ihr einlassen will, nicht willens ist, ihre Enttäuschung direkt anzugehen. Um so abweisender Dan sich benimmt, desto besessener versucht Alex, ihn umzustimmen. Das Prinzip von Ursache und Wirkung hat ihr nichts mehr zu sagen: Jemand sagt nein, und man macht sich auf die Socken – und zwar nicht, weil man ein Versager wäre, sondern weil es sinnlos ist, seine wertvolle Zeit und Kraft auf ein gefühlsmäßiges Engagement zu verschwenden, das einem höchstwahrscheinlich nur Unglück bringt.

Es ist viel darüber geschrieben worden, daß die Macher dieses Films sich genötigt sahen, in letzter Minute vor der öffentlichen Premiere einige Änderungen vorzunehmen. Wie es inzwischen zu einer alltäglichen Praxis geworden ist – einer Art systematischem Nervenversagen, aufgrund dessen die Verantwortlichen Otto Normalverbrauchers Reaktion testen, solange künstlerische Änderungen noch möglich sind –, wurde der Film einem Vorpremierenpublikum mit dem ursprünglichen Schluß gezeigt: Alex' Verzweiflung treibt sie dazu, Selbstmord zu begehen, dies aber auf eine Weise, die Dan mit ihrem Tod in Zusammenhang bringt. Die Verantwortlichen hatten nicht damit gerechnet, daß die Zuschauer derart entrüstet auf Alex' Verhalten reagieren würden (daß sie sich weigerte, Dans abweisendes Gebaren widerspruchslos hinzunehmen) und einzig das grausame Abschlachten der von Close gespielten Figur nicht unerträglich fanden. Man darf nicht vergessen, daß dieses Publikum aus Männern *und* Frauen bestand, was den Grad der Komplizenschaft zwischen den Geschlechtern belegt, wenn es darum geht, Frauen einen gewissen Verhaltenskodex abzufordern. In archetypischem Nachvollzug des Drachentötens vereinen Dan und seine gute Frau Beth (Ann Archer) während des überarbeiteten Schlusses des Films ihre Kräfte und bringen buchstäblich die Bestie zur Strecke, wie um zu demonstrieren, was mit einer Frau geschieht, die nicht weiß, wo sie hingehört.

Natürlich folgen nicht alle Filme diesem strengen Schema; manche versuchen auch, die kulturell sanktionierten Parteigrenzen zu unterlaufen. Gelegentlich gestatten Filmemacher einer weiblichen Figur, die Regeln zu durchbrechen, bestehen dann aber darauf, sie für ihre Verhalten entsprechend zu bestrafen. Dies war bei *Das Piano* der Fall, einem Film, in dem Ada (gespielt von Holly Hunter) uns ein, zwei Lektionen über die Entbehrlichkeit von Dialogen erteilte. Ada, eine eigensinnige und resolut auftretende Bestellkatalogbraut, welche die relativen Annehmlichkeiten der gesprochenen Sprache ablehnt, legt mit ihrer frühreifen Tochter-Übersetzerin im Schlepptau die atemberaubende Entfernung in die Wildnis Neuseelands im achtzehnten Jahrhundert zurück, nur um festzustellen, daß es sich bei dem Mann, dem sie versprochen ist (Stewart, gespielt von dem wie stets bezaubernden Sam Neill), um ausgesprochen nerviges Trockenfutter handelt.

Aber wesentlich betrüblicher als die vermutliche Liebesenttäuschung ist der Umstand, daß ihr bis ans Weltende verschifftes Piano sich unmöglich durch den dicht bewachsenen und äußerst unplanierten neuseeländischen Dschungel transportieren läßt. Für Ada, die willentlich Stumme, stellt das Piano wesentlich mehr dar als nur einen Apparat zur Klangerzeugung. Adas Piano, das sie mit exquisiter erotischer Intensität spielt, ist das äußere Symbol ihrer zutiefst leidenschaftlichen Impulse und stellt buchstäblich die Verbindung zu ihnen her. Erst als Stewart darauf besteht, das Piano aufzugeben, das er für den Höhepunkt der Frivolität hält, zieht sich Ada definitiv von ihm zurück und läßt die Ehe sterben, bevor sie recht beginnen konnte.

Währenddessen ergreift Baines, ein anderer ortsansässiger Mann (gespielt von dem erotisch-knurrigen Harvey Keitel, der ein für allemal beweist, daß man Männer mit Rettungsringen nicht unterschätzen sollte), offenbar unbeeindruckt von logistischen Schwierigkeiten Besitz von dem Instrument. Er ist bezaubert von Ada und heckt einen Plan aus, wie sie das Piano zurückerwerben kann und dafür mit der Währung ihres nackten Körpers zahlt. Es dauert nicht lange, und Ada verliebt sich Hals über Kopf in Baines, der ihre Gefühle gänzlich erwidert. Doch sie, die sich praktisch ihr ganzes Leben lang bemüht hat, Intimität zu vermeiden, deren hochgespannte Ausdruckskraft sie stets ihrem Klavierspiel vorbehalten hat, empfindet einen so übermächtigen Widerwillen gegen jede romantische und intime Vertrautheit, daß sie nicht einmal sich selbst gegenüber die wahre Natur ihrer Gefühle einzugestehen vermag. Baines scheint zu verstehen, daß Ada die starken Gefühle zwischen den beiden ab und zu aus den Augen verlieren muß, damit ihre Verbindung wachsen kann, und verläßt sich auf den trickreichen Tauschhandel, um weiter Zugang zu ihr zu haben.

Weil Ada so offensichtlich ihren eigenen ethischen Prinzipien treu bleibt, ist klar, daß ihre Zurückhaltung kaum etwas mit dem möglichen Bruch des Ehekontrakts zu tun hat, der ihrer Ansicht nach ohnehin irreparabel durch den frühen Verrat ihres Gatten zerstört ist. Ada scheint eher zu bemerken, daß Baines' Intensität und Persönlichkeit ihrer eigenen ähnelt, und eine tiefer gehende Begegnung mit ihm deshalb womöglich die Einsamkeit durchbrechen könnte, die sie so beflissen hütet.

Stewart erfährt schließlich von der Beziehung zwischen Baines und Ada, und nach einer dramatischen, gewalttätigen Auseinandersetzung steht es den Liebenden, die sie allmählich geworden sind, frei zu gehen. Aber Adas Angst vor dem sich entwickelnden intimen Verhältnis zu Baines ist so stark, daß sie während der Überfahrt zu ihrem neuen gemeinsamen Heim spontan versucht, sich zu ertränken. Obwohl Ada im letzten Moment beschließt, sich zu retten, verrät uns das Bild ihres vollbekleideten Körpers, der sich, mit einem Bein an das Piano gefesselt, freiwillig unter Wasser reißen läßt, nicht nur einiges darüber, wie selbstzerstörerisch es sein kann, sich an seine alten, einst nützlichen Abwehrmechanismen zu klammern, sondern spricht auch Bände darüber, wie weit manche Frauen gehen, um ihre Unabhängigkeit zu bewahren.

In seltenen Fällen wird es Frauen gestattet, die kulturellen Regeln herauszufordern oder zu brechen, ohne deswegen eine möglicherweise tödliche Verletzung zu erleiden. *Eine entheiratete Frau*, Paul Mazurskys Siebziger-Jahre-Hommage an die transformierenden Kräfte der Frauenbewegung, stellt den Widerwillen seiner weiblichen Hauptfigur gegen eine feste Bindung offen dar, ohne ihren Torso anschließend mit Kugeln aus einer halbautomatischen Schußwaffe zu durchsieben. In diesem Film kämpft Erica (gespielt von Jill Clayburgh, in all ihrer BH-losen, engen T-Shirt-Pracht) darum, ihr Leben wieder in den Griff zu bekommen, nachdem ihr langjähriger

Gatte auf unerwartete und gemeine Weise verschwunden ist. Wir beobachten durch zarte Weichzeichnerfilter Ericas verstörte, aber tapfere Anstrengungen, eine andere Identität als die einer Ehegattin zu entwickeln. Der Film spielt in Manhattan und ist ein herrliches Überbleibsel aus den siebziger Jahren. Wir begleiten Erica zu ihrem unanstrengenden Job in einer Kunstgalerie in Soho, zu warmherzigen, aufbauenden, bewußtseinserweiternden Sessions mit ihren sauertöpfischen Freundinnen, zu Terminen bei ihrer wundervoll besänftigenden Therapeutin Tanya, die türkisfarbene und silberne Amulette trägt, während der Therapiesitzung im Indianersitz auf dem Boden hockt und auf Sätze wie «Du mußt die Schuld abschalten» vertraut. Der ideale Film, wenn man mit einer beschissenen Erkältung oder mürbe machenden Krämpfen zusammengerollt im Bett liegt.

Erica lernt schließlich einen abstrakt-expressionistischen Maler kennen (gespielt von Alan Bates), der sehr faszinierend und sexy ist und sich unsterblich in sie verliebt. Eine Zeitlang ist alles in Butter, Erica entwickelt sich persönlich weiter und führt gleichzeitig ein aufregendes Leben, bis der Maler ein paar schlechte Angewohnheiten entwickelt. Er behauptet nämlich plötzlich, seine Arbeit sei wichtiger als ihre, was nicht von der Hand zu weisen ist, wenn man bedenkt, daß er ein berühmter und unermeßlich wohlhabender Künstler ist und ihre Arbeit darin zu bestehen scheint, in vorteilhaft ausgeleuchteten Galerieräumlichkeiten herumzustehen und dünn auszusehen. Aber das ist nicht der springende Punkt, wie Erica beharrlich betont. Selbst wenn sie ihren Lebensunterhalt (beziehungsweise die Aufbesserung ihres generösen Alimente-Einkommens) als Straßenfegerin oder mit zwanghaftem Händewaschen verdienen würde, wäre ihre Beschäftigung genauso wertvoll wie die jedes anderen Menschen, auch wenn dieser andere Mensch der nächste Jackson Pollock wäre (was er nicht ist, wie einem sofort klar wird, wenn man die dämlichen übergroßen Leinwände zum ersten Mal zu Gesicht bekommt).

Die Lage wird kritisch, als der Maler darauf besteht, daß Erica für den Sommer mit ihm ins ländliche Vermont zieht, Erica jedoch nicht von der Stelle weicht (ein rätselhafter Entschluß für jeden, der versucht hat, den August in New York City zu überleben, wenn der aufsteigende Dunst der vollgepißten Rinnsteine seinen vollen Reifegrad erreicht) und sich wenigstens in diesem Moment weigert, ein Leben wiederaufzunehmen, in dem sie nur eine unterstützende Rolle spielt. Und dankenswerterweise muß Erica keinen grausamen Preis für ihre Befehlsverweigerung zahlen und schlendert dem sie anbetenden Maler unbeschwert davon, während der Abspann beginnt. Wir wissen, sie werden wieder vereint sein, sobald der Sommer vorüber ist, und in der Zwischenzeit wird Erica das Bewußtsein genießen, in ihrer Selbstbestimmung einen Schritt vorangekommen zu sein.

Filme wie *Eine entheiratete Frau*, in denen die erheblichen Kompromisse, die eine feste Bindung von Frauen fordert, offen dargestellt und die gemischten Gefühle, mit denen wir uns deswegen darauf einlassen, gezeigt werden, sind die Ausnahme. In Romanen ist diese Art der Darstellung jedoch wesentlich verbreiteter. Das liegt wahrscheinlich daran, daß die inneren Monologe, die Gedanken und Gefühle des Erzählers oder seiner Figuren einen so großen Teil des Inhalts ausmachen und von daher eine größere Freiheit besteht, nonkonformistisch zu sein und statt vorgekauter und aufpolierter Sentiments wirkliche Gefühle auszudrücken. Es gibt keine Strafe für Gedanken oder Gefühle, die in der Öffentlichkeit nicht akzeptiert werden, denn wenn man vorsichtig ist, bleiben diese Emotionen und Überzeugungen privat. Natürlich trägt der Umstand, daß es keine vierzig Millionen Dollar kostet, ein Buch herzustellen, und daß Bücher nicht auf die Begeisterung des Publikums angewiesen sind, um diese Riesensumme wieder einzuspielen, einiges dazu bei, daß Romanautoren eine relativ große künstlerische Unabhängigkeit genießen. Aber ich schweife wieder einmal ab.

Das soll keinesfalls besagen, alle Romane würden der Versuchung widerstehen, die kulturell gebilligte Sichtweise des Geschlechterverhältnisses zu untermauern, in der die Frau stets bestrebt ist, auf Biegen und Brechen unter die Haube zu kommen. Selbst wenn weibliche Figuren zum Äußersten greifen, um der Sicherheit und Zufriedenheit in einer Ehe aus dem Weg zu gehen, oder sich entrüstet gegen die Restriktionen ihrer Ehe wehren, fällt es erstaunlich leicht, ihre Handlungen mit etwas anderem zu erklären als der Abneigung, eine feste Beziehung zu führen oder zu beginnen.

Isabel Moore, die Erzählerin in Mary Gordons schönem und bewegendem Roman *Final Payments*, ist entschlossen, vieles zu sein: eine ergebene Tochter, eine Heilige, eine Märtyrerin. Als Isabel zwanzig Jahre alt ist, erleidet ihr alter Vater einen mit einer Lähmung verbundenen Schlaganfall, und sie beschließt, es sei allein ihre Verantwortung, für ihn zu sorgen. Für die folgenden elf Jahre steht ihr Leben im Grunde still, während ihre Freundinnen und Freunde Karriere machen, heiraten und Familien gründen. Obwohl sie vor der Krankheit ihres Vaters eine begabte und ehrgeizige College-Studentin war, läßt sie all ihre Pläne sausen und widmet sich ausschließlich der Fürsorge um ihren Vater und dem Haushalt.

Als ihr Vater schließlich stirbt, ist Isabel einerseits schmerzerfüllt und andererseits erleichtert darüber, daß sie ihr Leben wieder selbst in die Hand nehmen kann. Sie beschließt, von Queens in den Norden des Staates New York zu ziehen, um in der Nähe ihrer Freundin Liz zu wohnen und eine Stelle anzutreten, die Liz' Mann John, ein Lokalpolitiker, ihr angeboten hat. Begeistert von der neugewonnenen Freiheit findet Isabel eine Wohnung, tritt den ersten Job ihres Erwachsenenlebens an und träumt davon, sich zu verlieben. Doch das erste Liebesverhältnis, in dem sie sich wiederfindet, ist nicht das ihrer Träume: Sie geht betrunken mit Liz' Gatten ins Bett, einem Mann, für den sowohl Isabel als auch Liz hauptsächlich Geringschätzung empfinden. Diese Handlung provoziert mannigfache Reaktionen: den Streit mit Liz, der eine lebenslange Freundschaft zu zerstören droht, Isabels eigene Gefühle äußerster Scham und Johns wenig überraschende Annahme, ihre berufliche Beziehung wäre jetzt auch eine sexuelle.

Aber Isabel macht nicht an diesem Punkt halt. Ihr erster Liebhaber nach Jahren des Zölibats ist mit ihrer besten Freundin verheiratet und ein Mann, für den sie sich im Grunde nicht interessiert, und ihr zweiter Lover scheint ähnlich unpassend zu sein: Liz' bester Freund Hugh, ebenfalls verheiratet, hat eine besitzergreifende Frau und ist ein notorischer Schwerenöter. Weil Hugh ein unbestreitbar anziehender Mann ist, attraktiv, intelligent und vielseitig, und weil Isabels Verlangen nach ihm in all seiner Unerreichbarkeit so übermächtig ist, fällt es leicht, sich von ihrer Sehnsucht, sein Herz zu gewinnen, mitreißen zu lassen. Isabel sieht sich selbst in der Rolle der Jägerin, und wir übernehmen liebend gern diese Perspektive.

Würde der Leser sich aber einen Gesamtüberblick verschaffen – und die elf Jahre während freiwillige und vollständige Isolation in Betracht ziehen, dazu die erste Liebesaffäre mit einem Mann, der, weil er mit Isabels Freundin verheiratet und obendrein ein unangenehmer Geselle ist, eine äußerst unpassende Wahl darstellt, und schließlich die tiefer gehende Beziehung zu einem Mann, den alle alleinstehenden Frauen seit Jahren dem eisernen Griff seiner Gattin zu entreißen versuchen –, läge es nahe, daß Isabel ihr Liebesleben mit dem Tunnelblick einer ernsthaften Bindungsangst in Angriff nimmt.

Weil Isabel ein Mensch ist, den jede Frau gern zur Freundin hätte – sie ist witzig, sarkastisch und äußerst warmherzig –, verfolgen wir mit großem Vergnügen, wie sich ihr Gefühlsleben in eine positive, befriedigendere Richtung entwickelt. Dieser Fortschritt nimmt allerdings erst Formen an, nachdem sie eine alles erschütternde Krise durchgemacht hat, die eine ehrliche Aufarbeitung jener verborgenen Gefühle und Impulse einleitet, die sie in unmögliche Beziehungen und Situationen stürzen. Erst als sie gezwungen ist, eine aufrichtige Beziehung zu sich selbst aufzubauen – in der Schmerz und Wut genauso ihren Platz haben wie Liebe und Hingabe –, ist sie fähig, eine wirkliche Beziehung zu einem Partner einzugehen.

In der Literatur wie im Leben ist eine Frau oft erst nach einer Zeit persönlicher Krisen in der Lage, ihrer Bindungsangst offen entgegenzutreten. Die intensive Verzweiflung und Selbstbespiegelung, die solche Katastrophen zur Folge haben, kann zu einer vertieften Selbsterkenntnis führen, die aufdeckt, was uns die Therapeuten so eifrig einreden: Die kompensatorischen Abwehrmechanismen, die wir entwickelt haben, sind letztlich schädlicher als die anfängliche Kränkung, deretwegen sie entstanden sind. In *Rebecca* (inzwischen sind Sie alle, darauf baue ich, losgerannt, haben das Buch gekauft und sich atemlos in die Lektüre vertieft) muß die Welt der Erzählerin buchstäblich erst zusammenbrechen, bevor sie willens ist, eine engere Beziehung zu sich selbst zu riskieren, und dadurch auch ihrem Gatten näherkommt. Während der ‹Flitterwochen› des Paars, bevor Maxim beschuldigt wird, seine verstorbene Frau ermordet zu haben, ist es der Erzählerin schon beinahe gelungen, das einzige Wunder ihres Lebens zu zerstören – die Möglichkeit der Liebe zu einem Mann, den sie respektiert und bewundert. Erst als die grausamen Mächte der Außenwelt eingreifen, sieht sich die Erzählerin gezwungen, ihre Aufmerksamkeit von den verführerischen Gedanken über Maxims erste Frau ab- und ihrem Gatten zuzuwenden, einem Mann, dessen Unglück und Isolation durch den Umstand noch verstärkt wurden, daß seine Frau ihn den Großteil des Romans über so vollständig mißversteht. Wenn Rebeccas Leichnam unter Wasser begraben geblieben wäre und seine zufällige Entdeckung den Roman nicht in neue, unerwartete Bahnen gelenkt hätte, hätte die Erzählerin wohl je den Willen aufgebracht, Rebecca aus ihrem Gedächtnis zu streichen und in die Welt der Lebenden zurückzukehren, wo es für das Funktionieren einer Ehe erforderlich ist, daß man körperliche und emotionale Intimität zuläßt und sich an seinen Partner bindet?

Rebecca illustriert besonders eindringlich den trügerischen Einfluß, den unsere Ansichten über die Machtbalance zwischen Mann und Frau auf uns haben. Ja, die Erzählerin betrachtet sich selbst als das weniger begehrenswerte Mitglied dieser Ehegemeinschaft: Sie hat nichts Glamouröses, ist nicht außergewöhnlich schön und nicht so gebildet wie ihr Gatte, da sie aus einer niedrigeren Klasse stammt als jener, in die sie eingeheiratet hat. Uns Leserinnen ist dieses Traumszenario so wohlvertraut und lieb – das Dorfmariechen im Glück überwindet die Schranken der Logik und des Schicksals und heiratet den Märchenprinzen –, daß wir nie auf die Idee kommen, seine Plausibilität in Frage zu stellen oder uns dieselbe Geschichte aus einem anderen Blickwinkel auszumalen. Wir nehmen die Geschichte vom häßlichen Entlein im Glück so bereitwillig hin (und sind möglicherweise so neidisch darauf?), daß wir nie in Betracht ziehen, der gefeierte Mr. de Winter könne genauso glücklich wie seine Braut sein, wenn auch aus erheblich anderen Gründen. Die Erzählerin ist jung und unschuldig, frei von Arglist und verfügt über eine durch nichts zu erschütternde Lieblichkeit und Bescheidenheit. Sie ist leicht zu begeistern und zu erfreuen, und das macht den Umgang mit ihr zu einem Vergnügen – in jedem Fall für den Leser und wahrscheinlich auch für ihren Gatten. Warum akzeptieren wir dann einfach unbesehen die Gefühle äußerster Minderwertigkeit der Erzählerin?

Weil eine Geschichte, die einem immer und immer wieder in den unterschiedlichsten Formen erzählt wird, irgendwann das Gewicht einer Wahrheit annimmt. Kulturelle Mythologien funktionieren folgendermaßen: Eine ausreichende Anzahl von Menschen äußert einen bestimmten Gedanken, und plötzlich kommt es einem vor, als hätte dieser Gedanke schon immer existiert und sei unwiderlegbar richtig. Man muß sich bloß vor Augen halten, daß wir – fünfzig Jahre nachdem *Rebecca* veröffentlicht und von Alfred Hitchcock in einen wundervollen Film verwandelt wurde – blauäugig in Garry Marshalls *Pretty Woman* rennen und ein weitgehend identisches Szenario hinnehmen, das uns naßforsch einreden will, Richard Gere wäre die gute Partie schlechthin und Julia Roberts (Gottes und aller Lexika Definition für natürliche Schönheit) hätte einfach unglaubliches Glück gehabt.

Als die gesellschaftliche Lehrmeinung noch festlegte, daß Frauen absolut auf Männer angewiesen sind, was ökonomisches Überleben und soziale Akzeptanz anbelangt, waren Frauen noch energisch hinter Männern her, weil eine Partnerschaft den Unterschied zwischen einem Leben in Zufriedenheit und einem in Unglück ausmachen konnte. Aber seitdem die Frauen die Privilegien und die Last der Selbständigkeit akzeptiert haben, ist der Mythos des stets ersehnten und begehrten Mannes nicht nur überholt, seine anhaltende Akzeptanz bei Frauen hat unsere Weiterentwicklung zu gleichberechtigten Partnerinnen auch erheblich gestört. Wir dürfen die Verliererrolle spielen, indem wir einerseits unter der Woche auf der Arbeit schuften und uns andererseits, sobald das Wochenende erreicht ist, den Kopf darüber zerbrechen müssen, ob sich irgendein Romeo herablassen wird, mit uns auszugehen.

TEIL 2
Porträts

Um die Personen zu schützen, die hier von ihrer Bindungsangst erzählen, wurden alle Namen und charakteristischen Merkmale geändert. Dies ist ein Buch, kein Kamikaze-Unternehmen.

5

Und Jesus weinte

Die Verlockung des unerreichbaren Mannes

A uf eine bindungsscheue Frau wirkt der Reiz eines unerreichbaren Mannes beinahe unwiderstehlich. Als
männliche Versionen der homerischen Sirenen bieten uns
diese in Levi's gewandeten Halbgötter die berauschende
Möglichkeit, Genuß ohne Reue und ein kompliziertes Gefühlsleben ohne irgendeine der Verantwortlichkeiten und
Ausdauerleistungen zu erleben, die wirkliche Beziehungen
normalerweise mit sich bringen. Bindungsscheue Frauen
sind gerissen und einfallsreich: Die Liebe ist unser Heiliger
Gral, und gleich Lanzelot sind wir unerschütterlich auf der
Suche danach. Erst wenn man sich die Leute genauer ansieht, denen wir nachjagen – Männer, die verheiratet oder
schwul sind oder, weil sie in einem anderen Land leben, nur
zu erreichen sind, wenn wir es nicht mehr aushalten und
teure Rückflugtickets erwerben –, wird mit einem Mal klar,
wonach wir uns wirklich sehnen: Wir wollen den Kitzel
des romantischen Abenteuers, aber ohne die schäbigen Un-
annehmlichkeiten einer wirklich vertrauensvollen Verbindung.

Als das Leben noch nicht durch Begriffe wie *Dekonstrukti-
vismus* oder *Wonderbra* verkompliziert wurde, gab es eine
Bezeichnung für jene Frauen, die unerquicklicherweise dazu
neigten, sich in unerreichbare Männer zu verlieben. Diese
Frauen nannte man ‹Geliebte›. In alle Ewigkeit dazu verdammt, die Ferien in Gin-seliger Einsamkeit zu verbringen,
vertrauten diese Frauen, denen männliche Begleitung nicht

unbedingt abging, bei der Erklärung ihres schweren Schicksals auf die Rechtfertigung, alle wirklich guten Männer seien längst vergeben. Wahrscheinlich dachten sie wohl seltener (und schon gar nicht, wenn sie Silvester angetautes Eis aus einem durchweichten Karton aßen und sich Wiederholungen im Fernsehen ansahen) darüber nach, daß der Reiz der Männer, zu denen sie sich immer wieder hingezogen fühlten, genau in dieser Unerreichbarkeit bestand. Ja, es ist ein Alptraum, jedes Wochenende alleine verbringen zu müssen, aber angenommen, man hat fürchterliche Angst vor einem intimen Verhältnis, ist es vielleicht weniger alptraumhaft, als mit einem anderen Menschen ohne Netz und doppelten Boden klarkommen zu müssen.

In der Tat, wenn der Mann um halb elf aus dem Bett hüpft, um zu seinem geräumigen Heim im Landhausstil zu brausen, ist man nie gezwungen, mit der scheußlichen Realität klarzukommen, in der sich zum Beispiel Gesprächsthemen wiederholen oder der Liebste versucht, Einfluß auf die Dekoration des Hauses zu nehmen. Des weiteren kommt die erfahrene Geliebte nur selten in die unangenehme Lage, einem Partner ihr verletzliches Innenleben zu enthüllen und dabei entweder den Schmerz der Ablehnung zu erfahren oder das Ende ihrer Privatsphäre zu riskieren. Frauen, die in diesem Trott gefangen sind, glauben wahrscheinlich den eigenen Beteuerungen, sie sehnten sich nach häuslichen Ritualen und Beständigkeit, aber ihr Handeln läßt durchblicken, daß in Wirklichkeit dies oberflächliche Rollenspiel und die Sicherheit des regelmäßigen Alleinseins sie reizen.

Heutzutage muß man nicht in die glamouröse und zugleich stigmatisierte Rolle der Geliebten schlüpfen, um einer Bindung erfolgreich aus dem Weg zu gehen. Uns stehen inzwischen viele neue, einfallsreichere Methoden zur Verfügung, eine dauerhafte Bindung zu vermeiden. Wo wir einst

94

so tief gesunken waren, uns auf Dinnerparties mit den Männern anderer Frauen zu blamieren, sind heutzutage die Möglichkeiten, einer Beziehung auszuweichen, geradezu explodiert: Jeder zweite Mann bekennt sich zu seinem Comingout, läßt das Kind im Manne raushängen oder schleppt die Bongotrommeln in den Wald, um an einem Wochenendseminar mit dem Guru Robert Bly teilzunehmen. Sich in einen hauptberuflichen Junggesellen zu verlieben ist ein ebenso erfolgreicher Weg zum Single-Leben wie eine Schwäche für Männer, die lieber den Bruder der Braut kennenlernen würden. Wenn Sie für die Telefonrechnung mehr Geld ausgeben als für die Miete, sind sie wahrscheinlich den Verlockungen der Fernbeziehung erlegen, einer weiteren Form der verkorksten Liebesgeschichte, für die ich mit besonderem Genuß Beispiele zusammengestellt habe. Der entscheidende Punkt ist: Wenn die Tatsache, daß Sie einen bestimmten Mann nicht bekommen können, diesen um so attraktiver für Sie macht, dann sollten sämtliche Alarmsirenen schrillen.

Die Alarmsirenen schrillen bei meiner Freundin Paula, aber sie kann sie nicht hören. Sie verzweifelt allmählich. Vor kurzem hat sie ihren neunundzwanzigsten Geburtstag gefeiert, und sie ist immer noch das Musterbeispiel eines Single. Paula ist in fast jeder Hinsicht ein völlig klar denkender, intelligenter Mensch – mit einer Ausnahme. Nachdem sie sich abgeplagt hat, auf einem in lächerlichem Maße von Konkurrenzdenken geprägten Elite-College ihren Notenschnitt von 1,0 zu halten, bekam sie einen Studienplatz an einer prestigeträchtigen Medizinischen Hochschule. Sie überstand ungewöhnlich anstandslos und gekonnt die Herausforderungen der von Männern dominierten Vorlesungen und Pathologieseminare, und nach dem Examen ergatterte sie eine lukrative, wenn auch mörderisch anstrengende Stelle als Assistenzärztin in einem riesigen hektischen Städtischen Ausbildungskrankenhaus. Die vergangenen acht Monate über war sie zum Notaufnahmedienst eingeteilt, und wer im Fernsehen die Krankenhausserien verfolgt, weiß, daß dort ein durchschnittlicher Arbeitstag bis zu achtundvierzig Stunden dauern kann und es gelegentlich mit sich bringt, daß man buchstäblich Dutzende Leben rettet.

Neben diesen medizinischen Heldentaten hat sie ihr tägliches Leben beneidenswert gut im Griff. Wenn sie sich zum Ausgehen schick macht, rubbelt sie nicht ihr bekleckertes Jackett mit einem angefeuchteten Schwamm ab und hofft auf schummrige Beleuchtung; nein, Paula trabt mit ihrer verschmutzten Kleidung in die chemische Reinigung. Außerdem saugt sie in ihrer Wohnung in regelmäßigen Abständen Staub und sieht nur sonntags abends ein bißchen fern. Sie ist förmlich der Inbegriff eines ausgeglichenen, sehr praktisch veranlagten Menschen.

Aber nicht, wenn es um Männer geht. Paula ist einfach unfähig, einen alleinstehenden Mann vernünftig einzuschätzen: Je unpassender er ist, desto stürmischer verliebt sie sich in ihn. Obwohl sie in Gesprächen über das Liebesleben anderer, meines oder das gemeinsamer Freundinnen, zu klugen Bemerkungen fähig ist und gelegentlich sogar vor einem besonders unerfreulichen Kerl warnt, verliert sie schlagartig das Augenlicht, wenn eben diese Männer in ihr Blickfeld treten.

Je mieser die Partie ist, desto begeisterter läßt sich Paula darauf ein. Wenn sie sich für einen Mann interessiert, legt diese durch nichts zu erschütternde Ärztin eine kindliche Blauäugigkeit an den Tag und ist dermaßen naiv, daß sie ihrem Geliebten schon in die Arme laufen müßte, während er in voller Motorradmaskenmontur eine Tankstelle überfällt, damit sie einsähe, daß er nicht der Mann ihrer Träume ist.

Kurz nachdem sie sich mit einem dieser Männer eingelassen hat, tauchen die ersten Indizien auf – Wäschestücke einer anderen Frau finden sich in seinem Schlafzimmer, ein herrenloser Ohrring taucht zwischen den Sofapolsterkissen auf, und einmal fehlte sogar Geld aus ihrer Brieftasche. Aber weit erstaunlicher als das Auftauchen dieser Indizien ist Paulas Fähigkeit, sie zu ignorieren oder sofort wegzurationalisieren, eins nach dem anderen, und damit ihren Fahrplan ins Unheil zu entwerfen.

Zur Zeit ist sie von Ryan behext, einem angehenden Schauspieler, der sich als Barkeeper über Wasser hält. Das ist, freundlich gesagt, eine dubiose Kombination, wenn man an all die gutgebauten jungen Hüpfer denkt, die sich allabendlich an seinem Arbeitsplatz drängeln, Chardonnay schlürfen und ihm tief in die Augen blicken. Ryan ist nicht gerade der Zuverlässigste; alle paar Wochen bringt er's übers Herz und ruft Paula an, wenn sie sich gerade damit abgefunden hat, nie wieder etwas von ihm zu hören. Sie treffen sich, es ist wunderbar, es ist himmlisch, und wenn er am nächsten Morgen geht, ist sie vor Glück völlig von den Socken. Aber nur zu bald melden sich ihre Nerven zurück, und zwei Tage später behält sie schon wieder nervös das Telefon im Auge und plagt sich mit schrecklichen Vorahnungen. Das könnte jahrelang so weitergehen.

Währenddessen interessiert sich ihr Assistenzarztkollege Alan, ein sehr netter Typ, der obendrein auch noch attraktiv ist, ganz offen für Paula. Er lädt sie zum Mittagessen ein, bietet ihr in schwierigen medizinischen Fällen seine Unterstützung an und hört zu, was sie zu sagen hat. «Er ist sehr süß», gesteht sie ein. Dann zuckt sie zusammen. «Ich bekomme irgendwie 'ne Gänsehaut bei dem Gedanken.» Als ich sie bitte, mir das zu erklären, zögert sie einen Moment und sagt dann: «Irgendwie wirkt er nicht besonders männlich. Da fehlt ihm das gewisse Etwas.» Paula ist davon überzeugt, ihre Wirkung auf so gar nicht verantwortungsbewußte Männer sei ein unglücklicher Zufall. Sie glaubt, wenn sie ausreichend Geduld aufbringt und sich klug verhält, werde der Barkeeper schon merken, daß sie die verwandte Seele ist, auf die er wartet. Natürlich wartet er nicht im geringsten auf so etwas, das ist offensichtlich, aber versuchen Sie mal, Paula das klarzumachen. Es gibt zwar keine Garantie dafür, daß eine Beziehung mit Alan gut laufen würde, aber der Umstand, daß sie die ausdauernde Aufmerksamkeit ihres Kollegen wenig anregend findet, legt den Gedanken nahe, daß ihr Verhalten von der Angst herrührt, sich wirklich auf einen Mann einzulassen, und nichts mit schlechtem Geschmack zu tun hat.

Wenn Paula wirklich Lust auf eine lose Beziehung hätte, wenn sie nicht beim Anblick neuer Brautfotos in der Modebeilage der *New York Times* ihren Moralischen kriegte, wäre ja alles klar auf der Andrea Doria. Aber in Wirklichkeit verbringt sie den Löwenanteil ihrer knapp bemessenen Freizeit in ihrer Wohnung mit Händeringen und der Frage, ob sie bei der Telefongesellschaft anrufen und sich erkundigen sollte, ob die Leitungen gestört sind. Paula verläßt sich auf die zielstrebige Entschlossenheit, mit der sie eines der anstrengendsten Studienfächer gemeistert hat, das man überhaupt belegen kann, und konzentriert sich darauf, Ryans Widerstand zu brechen und ihn dazu zu bringen, die Monogamie in all ihrer Pracht zu entdecken.

Lange Zeit verstand ich überhaupt nicht, warum ein so zweckmäßig denkender Mensch wie Paula derart von dem monomanischen Bedürfnis besessen sein kann, die Zukunft seines Liebeslebens zu sabotieren. Wie kann eine Frau, die den ganzen Tag die Opfer von U-Bahn-Messerstechereien zusammenflickt, nach Beendigung ihrer Schicht, wenn sie den weißen Arztkittel gegen ein Cocktailkleid eingetauscht hat, von der Aussicht auf das große Glück in der Liebe derart eingeschüchtert sein? Dann lernte ich ihre Mutter kennen. Paula hatte im Laufe der Jahre ab und zu Bemerkungen über den «anstrengenden» und «schwer zufriedenzustellenden» Charakter ihrer Mutter fallenlassen, aber erst, als ich auf einer Dinnerparty neben dieser Frau saß, konnte ich Paulas Understatement wirklich würdigen. Spindeldürr und in ein «Jackie-geht-nach-Dallas»-Kostüm gekleidet, verschwendete Paulas Mutter keine Minute und ging gleich frontal ihr Lieblingsthema an: Paulas irrsinnige Berufswahl. Im Gegensatz zu einem Großteil unserer Eltern sieht es Paulas Mutter gar nicht gern, daß ihre Tochter Tag und Nacht Menschenleben rettet – jedenfalls so lange nicht, wie Paulas Ringfinger auf tragische Weise nackt bleibt. Diese Matrone aus Westchester, New York, ist buchstäblich ein als Frau verkleideter Newt Gingrich und hält keinen Augenblick mit ihrer Meinung hinterm Berg, es wäre unglaublich geschmacklos, wenn Frauen Karriere machten. In den Augen ihrer Mutter könnte Paula ihr Geld auch gleich als Sexarbeiterin verdienen, schließlich hat sie sich ihre Chancen, unter die Haube zu kommen, ja schon gründlich verbaut.

Irgendwann zwischen Salat und Käse war ein Partygast so wagemutig, Paula zu der schwierigen Zwillingsgeburt zu beglückwünschen, der sie an diesem Tag assistiert hatte – einem Tag, den sie, wie man nicht erwähnen muß, damit beendet hatte, ein verschwenderisches und perfekt zubereitetes Abendessen für acht Personen auf den Tisch zu bringen. Paulas Mutter seufzte laut, warf die Serviette auf den Tisch und verschwand für einige Zeit im Badezimmer, während Paula blaß wurde und die geschlossene Tür nicht aus den Augen ließ.

Es schockierte die weiblichen Gäste dieses Zusammenseins nicht unbedingt, daß Paulas Mutter so übertrieben reagierte, als sie an den Beruf ihrer Tochter erinnert wurde. Wer von uns hat sich nicht schon sehr beklommen gefragt, ob unser zukünftiges Glück von der Wahl zwischen Privatleben und Karriere abhängen mag? Von Charlotte Brontë zu Virginia Woolf bis Judith Krantz haben Schriftstellerinnen unzählige Kapitel darauf verwandt, das besondere Dilemma darzustellen: Wie wirkt sich ihre Arbeit außerhalb des Hauses auf das Privatleben einer Frau aus, und umgekehrt? Und obwohl wir Frauen, geboren in der zweiten Hälfte dieses Jahrhunderts, eine große Show daraus machen, so zu tun, als ob das keine Frage wäre («Wir können natürlich beides haben!»), suggerieren doch die zarten Stimmen unserer Mütter und Großmütter oder der Anblick einer Frau in Geschäftskleidung, die um acht Uhr abends einen Einkaufswagen mit Gemüse, Babynahrung und Multivitamintabletten füllt, daß unser Traum, Beruf und Familie problemlos miteinander zu vereinbaren, genau das ist – ein Traum.

Paula will im Keim ersticken, was sie für unabwendbar hält: daß eine Ehe die Aufgabe ihres Berufes bedeuten würde, der ihr inzwischen so wichtig ist. Sie achtet peinlich genau darauf, keine Ausgabe der neuesten Brautzeitschriften zu verpassen, und die mit Kombinationen aus ihrem Vor- und Ryans Nachnamen vollgekrakelten Blätter deuten darauf hin, daß sie nicht die leiseste Ahnung hat, daß ihr Faible für diesen ständig sich entziehenden Mann Bestandteil eines ausgeklügelten, uneingestandenen Plans ist, diese unangenehme Entscheidung hinauszuschieben. Denn während Paula mit dem Verstand die Vorstellungen ihrer Mutter von einem legitimen Lebenswandel, der dazugehörigen Mitgliedschaft in diversen Vereinen und dem Herumchauffieren freizeitgestreßter Kinder barsch ablehnt, kauft sie innerlich

ihrer Mutter die Geschichte ab, ohne mit der Wimper zu zuk-
ken. Trotz ihres Draufgängertums glaubt Paula, daß jeder
Mann, der etwas auf sich hält, in dem Moment, in dem er ein
Auge auf sie geworfen und dann um ihre Hand angehalten
hätte, verlangen würde, sie solle ihre medizinische Karriere
an den Nagel hängen und sich an die Hausfrauenarbeit machen. Ihr dreißigster Geburtstag rückt näher, und die Angst,
die sie bei dem Gedanken empfindet, mag irrational sein –
verständlich ist sie auf alle Fälle, wenn man bedenkt, daß ihre
Mutter ihr wahrscheinlich eine Verschreibung für Hormon-
präparate schenken wird.

Paula hat sich zu einem enormen Akt der Rebellion durchgerungen: Sie ist Ärztin geworden. Unglücklicherweise haben die scheußlichen Schuldgefühle, die sie deswegen hegt,
sie wirkungsvoll davon abgehalten, sich die veralteten Erwartungen einmal genauer anzusehen, mit denen ihre Familie sie belastet. Sie muß diese Untersuchung anstellen, denn
sonst kann sie sich nicht entscheiden, welche der Wertvorstellungen ihrer Familie akzeptabel sind und welche nicht zu
ihr passen. Solange Paula an der Meinung festhält, sie würde
ihre Heiratschancen untergraben, indem sie einer Arbeit
nachgeht, die ihr Spaß macht, wird sie sich weiterhin zu
Männern hingezogen fühlen, die, wie Ryan, keine ernsthaften, längerfristigen Absichten haben. Oder sie läßt die
Medizin sausen und widmet ihr Leben statt dessen der Auswahl von Chintzvorhängen und einer wachsenden Begeisterung für Valium.

Dann gibt es da noch Annie. Wir alle kennen jemanden oder
haben jemanden getroffen, der ihr ähnelt. Geistreich und unglaublich cool, ist sie eine dieser Frauen Mitte Dreißig, die die
Kunst der ästhetischen Beurteilung auf ein neues und – für
uns aus dem weniger hippen, gemeinen Fußvolk – äußerst

einschüchterndes Niveau geschraubt haben. Sie hat so viel Zeit und Kraft darauf verwandt, ihre feinnervige Sensibilität zu formen, daß sie in der dünnen Luft eines Chics angelangt ist, gegen den auf einer Party kaum jemand ankommt. Obwohl sie von Natur aus recht attraktiv ist, hat Annie ihr Äußeres in eine Art Statement verwandelt, indem sie ihr dunkelbraunes Haar platinfarben getönt hat und nie aus dem Haus geht, ohne Lippenstift aufzulegen, der so rot ist, daß er schwarz wirkt. Mit ihrem äußerst blassen, vor jedem UV-Strahl behüteten Teint könnten Uneingeweihte sie leicht für eine Vampirfilm-Komparsin halten und nicht für das Mädchen aus dem Mittelwesten, das sie in Wirklichkeit ist.

Obwohl mir gemeinsame Freunde jahrelang von Annie erzählt hatten, hatte ich nicht die Gelegenheit, sie kennenzulernen, bis diese Freunde heiraten wollten und Annie engagierten, die Hochzeitsfotos zu schießen. Als Berufsfotografin, die normalerweise den ganzen Tag im Auftrag der von Parfümproben überquellenden Hochglanzzeitschriften berühmte Models ablichtete, machte Annie keinen Hehl daraus, daß ihr dieser Billigauftrag peinlich war. Ihr erschien diese Arbeit, als hätte Kate Moss sich breitschlagen lassen, für einen Versandhauskatalog zu posieren.

Annie fühlte sich an diesem Tag zusätzlich scheußlich, weil sie der festen Meinung war, sie würde nie in ein Brautkleid schlüpfen. «Näher werde ich dem Eheglück wohl nicht kommen», flüsterte sie mir zu, als ich ihr ein Glas Champagner reichte. Sie nickte unserer Freundin, der Braut, zu. «Wenn ich nett bin, läßt sie mich vielleicht den Schleier tragen.» Während Annie weiter den Auslöser betätigte, konnte ich nicht anders, als zu bemerken, daß ihr Begleiter, ein äußerst hübscher Brad-Pitt-Doppelgänger, dem Bräutigam ganz unverhohlen verliebte Blicke zuwarf.

Also, ich liebe schwule Männer. Wenn ich vor der Wahl

stünde, entweder den Abend mit einem Mann zu verbringen, der mit mir seine – oder meine – Gefühle diskutiert, bis uns beiden der Unterkiefer wehtut, oder mit einem, der die Augen verdreht, wenn ich meine momentane Aufgeschwemmtheit erwähne, klärt sich der Fall von selbst. Ich verbringe so viel Zeit mit Schwulen, wie nur menschenmöglich ist, und das gereicht mir sehr zum Vorteil. Aber ich habe mich auch vor Jahren zu einem Entschluß durchgerungen, mit dem ich seither gut gefahren bin, und der lautet: Mach dich nicht an Schwule ran. Geh nicht mit ihnen ins Bett, und verlieb dich nicht in sie, so schwer letzteres auch manchmal fällt. Es wird immer Frauen geben, die sich nicht daran halten, und das ist verständlich, bedenkt man, wie angenehm der Umgang mit diesen Männern ist und wie leicht man sich gegenseitig zu verstehen scheint. Aber wenn eine Frau das zu einer Gewohnheit macht, liegt Ärger in der Luft.

Natürlich ziehen gewisse Berufe eine kreativere, unkonventionellere Art von Männern an, und bei Annies Beruf, der Modefotografie, ist es kaum überraschend, daß sie ein unerschütterliches Faible für Männer entwickelt hat, die, ohne daß einer der Beteiligten schuld daran wäre, nicht in der Lage sind, ihr die Liebesbindung zu bieten, nach der sie sich sehnt. Als wir uns kennenlernten, war Annie in eine Serie von Phantasieliebschaften mit einem ganzen Kader charmanter, allerliebster Herren verwickelt, deren gemeinsames Merkmal darin bestand, daß Annie für sie erotisch nicht existierte. Damals schob sie ihren fragwürdigen Männergeschmack gern auf einen allgemeinen Heteromangel. Der Umstand, daß ein Großteil der Männer, mit denen sie zusammenarbeitete (Models, Set- und Textildesigner, Haarstylisten), von Natur aus oder aufgrund ihrer sexuellen Präferenzen für sie nicht in Frage kamen, erklärte die aussichtslosen Schwärmereien hinreichend, zu denen sie sich ständig hinreißen ließ.

Aber als wir uns mit der Zeit besser kennenlernten, begann ich mich zu fragen, ob hinter Annies Geschmackskonstanten nicht mehr steckte als das «Modeindustrie-Dilemma», auf das sie sich stets berief. Ich beschloß, diesem Forschungsthema weiter nachzugehen, als wir in einem schummrigen Bistro in Soho zu Abend aßen, das zu dieser Zeit einer ihrer Lieblingsläden war. Und warum auch nicht? Schwarzgekleidete Künstler, Modelle und Kellner liefen dort hin und her und waren kaum voneinander zu unterscheiden. Annie betrachtete verstohlen den Barkeeper, ein Ebenbild des jungen Rock Hudson, und ich beugte mich zu ihr rüber und flüsterte: «Was ist los mit dir? Der ganze Laden wimmelt nur so von Heteros, die alle genau dein Typ sind, und du hast nur Augen für den Barkeeper.»

«Aber er ist hinreißend!» protestierte sie.

«Weil er Mascara trägt», sagte ich schnippisch. «Was hast du denn gegen Männer, die auf Frauen stehen?»

«Die jagen mir Angst ein», antwortete sie in ihrer üblichen unverblümten Art. «Das meine ich ernst. Je unwahrscheinlicher es ist, daß ein Typ was von mir will, desto besser gefällt er mir.» Sie lachte und gestand: «Ich wüßte nicht, was ich mit einem Mann, der sich in mich verliebt, anfangen sollte. Außer, ihn in den Wahnsinn zu treiben.»

So besessen sie auf der Suche nach dem Liebesglück war, hatte Annie doch große Angst vor einer wirklichen Verbindung mit einem Mann. Sie hatte verschiedene Methoden, diesen speziellen Dämon abzuwehren. Erstens verwickelte sie sich weiterhin in einen ermüdenden, da absolut unerwiderten romantischen Diskurs mit ihren Kollegen, obwohl sie eigentlich genau wußte, daß diese Typen ihre absolut inkompatiblen sexuellen Neigungen ihr zuliebe vermutlich nicht ändern würden. Sie war bemerkenswert dickköpfig, was das Mißdeuten von Signalen anging, und deshalb raste sie wegen einer nett gemeinten Einladung zu einem Drink nach Feierabend auf die Damentoilette, legte noch eine Schicht blutroten Lippenstift auf und richtete ihre Kurzhaarfrisur. Wenn der nett gemeinte Drink dann genau das blieb – keine verstohlenen Knieberührungen, kein Gutenachtkuß –, kehrte sie allein und schwer deprimiert in ihre Wohnung zurück.

Neben ihrer ausgeprägten Phantasie setzte Annie ihr überkritisches Urteil ein, um dem erfolgreichen Umgang mit Heteromännern auszuweichen. Da sie in Wirklichkeit ein warmherziger Mensch ist, dessen Selbstschutzinstinkte einfach außer Rand und Band geraten sind, geht es einem nahe, ihr zuzusehen, wie sie regelmäßig Begegnungen mit Heteromännern sabotiert, die Interesse an ihr zeigen. Jedes kulturelle Ereignis, sei es nun ein Theaterstück, ein Film oder eine Fotosession, muß ihrem intensiven und gelegentlich willkürlichen (was sie nicht zugibt) Blick standhalten, und wehe dem Heteromann, der mit ihren göttlichen Verkündigungen nicht einverstanden ist. Ebenso, oder schlimmer noch, richtet sie ihr Adlerauge auch auf die Männer selbst, und ein lächerlicher Prozentsatz Synthetikfaser in einem Anzughemd oder eine Gürtelschnalle mit Südstaaten-Design kann einen sonst annehmbar wirkenden Mann in einen modernen Glöckner von Notre-Dame verwandeln.

Annie beschreibt ihre Kindheit als «ausgeflippt». «Dummerweise war ich die Ausgeflippte.» Sie wuchs auf einer Ranch in Idaho auf, wo ihre Eltern und alle möglichen Hilfsarbeiter im großen Stil unglaublich wohlriechende Rinder züchteten. Sie behauptet, sich daran erinnern zu können, wie sie in ihrer Krippe lag und sich fragte: «Wo zum Teufel bin ich hier?» Auch nach Abzug aller dichterischen Freiheit drückt diese Frage sehr passend ihr allgemeines Gefühl der Fremdheit in ihrer Umgebung aus.

Im Gegensatz zu ihren beiden Schwestern bekam Annie allerdings nicht die rosigen Wangen und milchig-runden Formen, die man an Bauernkindern so schätzt. Diejenigen unter uns, die etwas in die Breite gehen, müssen ihre Fassungslosigkeit ein kleines bißchen zügeln, um mitfühlen zu können, wie schwer es ist, als Kind hauchdünn und gertenschlank zu sein – aber, wie die Makler immer sagen: Der Standort ist entscheidend. Öfter als einmal drohte ihr bäuerlicher Vater, sie im Gemüsegarten als Vogelscheuche anzubinden, wenn seine Tochter mal wieder ein sehr kohlenhydrathaltiges Mahl nicht herunterbekam. Des öfteren, wenn ihre Familie einen der seltenen Ausflüge in die Stadt unternahm, mußte sie die unangenehme Erfahrung machen, für einen Jungen gehalten zu werden, und auch das beruhigte ihre Bedenken, ihre Weiblichkeit sei irgendwie verkorkst und ungenügend entwickelt, nicht im mindesten.

Die Zeit verging, und ihre älteren Schwestern nahmen allmählich an den üblichen High-School-Schwärmereien und dem Rückbank-Ringelpiez teil, womit sie, obwohl Annie Desinteresse heuchelte, ihr leidiges Gefühl der Isolation noch verstärkten. Da ihre spezielle körperliche Ausstrahlung sich nicht in die sehr engen Schönheitsideale dieser kleinen, entlegenen Stadt fügte, glaubte sie bedauerlicherweise, ihre körperlichen Merkmale würden nirgendwo gut ankommen. Und deshalb ging sie jahrelang der Welt der Liebe aus dem Weg, einer Welt, die ihr, wie sie glaubte, nur Depressionen und unerträgliche Zurückweisungen zu bieten hatte.

Annie hat sich stets sehr für Kunst begeistert, und es machte ihr riesigen Spaß, die wilde Landschaft um sie her zu zeichnen und zu malen. Ihre künstlerische Entwicklung bot ihr zwar viele der Anhaltspunkte und Befriedigungen, die sie so dringend brauchte, entfernte sie aber noch weiter von den grüblerisch an einem Strohhalm kauenden Menschen, denen es zugefallen war, sie aufzuziehen. Als sie die Fotografie für sich entdeckte, hatten ihre Eltern längst alle Hoffnungen aufgegeben, sie könne Vernunft annehmen und sich für die Rinderzucht interessieren. Es scheint kein Zufall zu sein, daß eine so erfahrene Außenseiterin wie Annie den Beruf der Fotografin ergriff, denn das hervorstechende Merkmal dieser Arbeit ist, daß der Ausführende sich fein säuberlich aus dem Mittelpunkt der Aktivität heraushält. Es war ihr erheblich wohler dabei, Oberflächen abzubilden, als sich auf das Risiko einzulassen, einer Sache auf den Grund zu gehen.

Selbst als sie aus Idaho geflohen war und sich in New York als Fotografin einen Namen machte, und trotz des großen beruflichen Erfolgs, den sie bald erntete, glaubte Annie im stillen weiter hartnäckig an ihre Unzulänglichkeit. In all den Jahren hatte sie ein paar kurze Beziehungen, aber sobald sich eine gewisse Nähe zu entwickeln beginnt, läuft bei ihr jedesmal etwas schief – sie mißversteht eine neutrale Bemerkung als Kritik oder kommt plötzlich darauf, der Mann, nach dem sie noch vor Wochen verrückt war, sei in Wirklichkeit ein «völliger Versager». Wenn sich der Rauch dieser romantischen Fehlzündungen verzogen hat und sie wieder über einen klaren Kopf verfügt, wird ihr allmählich bewußt, daß sie die Ereignisse heraufbeschworen hat, weil sie der mächtigen Neigung unterliegt, sich zu verdrücken, sobald wirkliche emotionale Nähe auch nur im Bereich des Möglichen liegt. Obwohl sie weiterhin bezweifelt, irgendein Mann könne sie wirklich und auf Dauer attraktiv finden, ist Annie inzwischen fest entschlossen, dieses Muster zu durchbrechen, jedesmal bei ein bißchen Nähe blindlings davonzustolpern, als müßte sie aus einem Unfallwagen fliehen, dessen Tank jeden Moment explodieren kann.

Vor kurzem gingen wir, auf Annies Wunsch, zu einer Benefizveranstaltung für einen Lokalpolitiker, auf den sie scharf war (ich hatte in meiner überquellenden Tasche einen Watchman dabei, nur für den Fall, daß es langweilig werden würde), und als wir an unseren mauvefarbenen Cocktails nippten, kam ein gutaussehender Mann auf uns zu. Als folgsame Praktikerin zwischenmenschlicher Begegnungen lächelte ich ihn automatisch an, aber als ich kurz zu Annie hinüberblickte, sah ich, daß sie ihr angenehmes Gesicht in einer Weise verzogen hatte, daß es einer Grimasse ähnelte. Der Mann plauderte ein paar Minuten mit mir, bis sich meine deprimierende Unkenntnis der Lokalpolitik nicht mehr verschleiern ließ und er Annie seine Aufmerksamkeit zuwandte. Völlig begeistert davon, in welcher Geschwindigkeit sie zum Beispiel die Einzelheiten eines Referendums begriff, beschloß dieser Gentleman das Gespräch, indem er sie um ihre Telefonnummer bat. Zögernd rückte sie damit heraus.

Als er außer Hörweite war, ließ ich das übliche Freudengeheul vom Stapel, das einen gesellschaftlichen Volltreffer begleitet, worauf Annie streng mit «Halt den Mund!» reagierte. Als ich sie fragte, was denn sei – was konnte schon sein, wo uns die Götter doch grade ein Lächeln geschenkt hatten? –, zischte sie: «Ach, warum hab ich das bloß gemacht? Jetzt muß ich meine Nummer ändern lassen.» Als ich nicht gleich verstand, fügte sie hinzu: «Der ist ganz klar ein Serienkiller. Hast du nicht diese Augen gesehen?» Doch, Freunde, das hatte ich, aber scheinbar hatten diese himmelblauen, Aidan-Quinn-gleichen Seen bei mir einen gänzlich anderen Eindruck hinterlassen als bei Annie. Und obwohl ich sehr viel davon halte, seinen Instinkten zu folgen und Massenmördern aus dem Weg zu gehen, war es klar, daß sie bei der Beurteilung dieses ausgesprochen angenehmen Typen komplett danebenlag.

Aber sie lernt dazu. Alle meine Freundinnen und ich haben

Annie mit empörtem Protest davon überzeugt, ihre Telefonnummer zu behalten. Und als ihr hoffentlich zukünftiger Geliebter tatsächlich sein Versprechen einlöste, sie anzurufen, willigte sie sogar ein, mit ihm auszugehen. Die beiden haben sich seitdem ein paarmal getroffen, und obwohl sie unglaublich vorsichtig ist, sobald eine neue Ebene der Vertrautheit möglich wird – als sie zum Beispiel gestattete, daß er sie zum dritten Rendezvous aus ihrer Wohnung abholte, geriet sie vor lauter Angst mächtig ins Trudeln –, ist sie doch zu dem Versuch entschlossen, ihren Glauben, er sei nicht wirklich an ihr interessiert, abzuschütteln.

Annie sieht langsam ein, daß eine Möglichkeit, diese trügerische Annahme ihrer eigenen Wertlosigkeit loszuwerden, die ihren Umgang mit Männern stets bestimmt hat, darin besteht, daß sie sich auf Erfahrungen einläßt, die ihre Unsicherheit herausfordern. Wenn es ihr gelingt, froh über die Aufmerksamkeiten eines Mannes zu sein, der sich für sie interessiert, anstatt mit der üblichen Arroganz und groben Ungeduld zu reagieren, werden die negativen Ansichten, die größtenteils nur dazu beigetragen haben, die ihr so verhaßte Isolation zu verstärken, sicher allmählich aufweichen. Annies Schutzschirm aus hochgeistiger Nervosität hat sie, statt sie vor Schmerzen zu bewahren, in einer Art Luxusgefängnis eingesperrt, aus dem sie glücklicherweise endlich zu fliehen beginnt. Bisher hat sie nur Wochenendfreigang beantragt; aber bald, so hoffen wir, wird sie auf Bewährung entlassen.

Nur wenige, sehr wachsame Frauen sind nicht von Zeit zu Zeit dem Zauber der Fernliebe erlegen. Die Freuden der Liebe auf Distanz sind beinahe zu zahlreich, um sie aufzulisten, aber der unbestreitbar überzeugendste Vorteil solcher Liebschaften ist die Möglichkeit, eine normale Beziehung in etwas Magisches zu verwandeln, das außerhalb der üblichen

Erfahrungen liegt – die Liebe als ausgedehnter Urlaub, in dem das Gepäck nie verlorengeht. Wenn man eine Beziehung zu jemandem beginnt, der in einer anderen Stadt oder (besser noch) einem anderen Land lebt, betritt man eine wundervoll wohlgeordnete Welt, in der man, auch das ist bemerkenswert, über die uneingeschränkte Herrschaft verfügt.

Der Umstand, daß diese Welt nicht die leiseste Ähnlichkeit mit dem wahren Leben aufweist – so verführerisch sind ihre Freuden –, läßt sich beinahe unbegrenzt ignorieren. Wenn man einen Zug besteigen muß, um Zwiesprache mit Eros zu halten, steht es einem frei, sich so zu präsentieren, wie man gerade sein möchte, wobei es keine Rolle spielt, welche Ähnlichkeit das Urlaubs-Ich mit dem wahren Ich hat. Am Bahnsteig bleibt jener Mensch zurück, dem die Tränen kommen, wenn er ein uraltes Theaterstück sieht, dessen Text ausschließlich aus allerbanalsten Grußpostkartenphrasen besteht, oder der vor Wut explodiert, wenn die Wäsche nicht rechtzeitig aus der Reinigung kommt. Und wenn das wunderbare Phantasie-Ich, das da mit dem fernen Freund durch romantische Wochenenden stolziert, wenig mit dem Ich am Hut hat, das manchmal tagelang auf dem Sofa hockt und rumjammert, kann man sich umgekehrt darauf verlassen, daß auch der Mensch, der einem über all die Kilometer den Hof macht, dem fehlerbehafteten Ich nicht allzu ähnlich ist, das sich allmorgendlich zur Arbeit schleppt. Sie und Ihr Liebhaber sind Fremde im Zug, und das werden sie bleiben, solange ihre Beziehung im Niemandsland der Bahnhöfe oder Flughafenterminals stattfindet.

Wenn es um Fernbeziehungen geht, wird Sarah allgemein als örtliche Expertin angesehen und hält vermutlich den Weltrekord in Verabredungen mit Typen außerhalb ihres Vorwahlbereichs. Sie hat einen Großteil der vergangenen Jahre damit verbracht, die Buchhaltung der Telefongesellschaften auszutricksen und den Ferngesprächsanschluß an ihrem Arbeitsplatz zu mißbrauchen, und das alles bloß, um den Kontakt zu einer Reihe von Ferngeliebten aufrechtzuerhalten. Wenn ihr Geburtstag oder Weihnachten vor der Tür stand, kannten ihre Freunde schon im vorhinein das perfekte und absolut notwendige Geschenk: Geld. Sarah mußte ihre eigene Sorte von Sucht finanzieren, und sie benötigte dazu keine Spritzbestecke oder destillierte Mais-Roggen-Mixturen, sondern ein leichtes Reisebügeleisen und einen gültigen Paß.

Als ich Sarah kennenlernte, befandet sie sich auf dem Höhepunkt und unglücklicherweise nicht am Ende ihres Faibles für Vielfliegerprogramme. Sie war mit Tim zusammen, den sie vom College kannte. Sie war zu «schüchtern» gewesen, etwas mit ihm anzufangen, solange sie noch ein gemeinsames Badezimmer teilten, und offenbarte ihm erst ihre Liebe, als Tim eine Stelle als Englischlehrer für chinesische Studenten angenommen hatte und nur noch ein paar Tage blieben, bis er den Flieger nach Peking besteigen mußte. Sarah und ihre neue große Liebe verbrachten die letzten drei Tage vor seiner Abreise im Bett, machten sich leidenschaftliche Versprechungen und tranken preiswerten chilenischen Wein.

Denjenigen unter Ihnen, die das noch nie ausprobiert haben, sei gesagt: Es ist nicht unbedingt das streßloseste Unterfangen, eine Beziehung zu einem Bewohner Asiens am Leben zu erhalten. Neben der dramatischen Zeitverschiebung gibt es den sehr gemächlichen Briefverkehr, die unglaublich teuren Telefontarife und lange Abstände zwischen den Besuchen. Trotzdem hielt Sarah durch und zwang sich, jene Sätze zu lernen, die notwendig waren, um mit ungeduldigen chinesischen Telefonistinnen zu verhandeln. Sie hatte zwar nie Sehnsucht verspürt, China zu besuchen, geschweige denn, dort zu leben, doch jetzt begann sie genau das in Erwägung

zu ziehen – obwohl sie erst kürzlich einen phantastischen Job
bei einer Zeitschrift bekommen hatte, was sich in Peking natürlich nicht würde wiederholen lassen.

Da Sarah und ihr Liebster zusammenkamen, als er gerade
dabei war, das Land zu verlassen, mußten sie sich über die
Hälfte des Planeten hinweg näher kennenlernen. So war
sie anfällig für das, wie wir Expertinnen sagen, «Verliebt-in-
einen-Wildfremden»-Syndrom. Wenn Briefe und Telefonate
die einzigen Kommunikationsmöglichkeiten mit dem Geliebten darstellen, fällt es bemerkenswert leicht, zu sehen,
was man sehen will, und alles andere zu ignorieren. Sich in
die Seele eines anderen Menschen zu vertiefen, sich über
seine Wertvorstellungen klarzuwerden oder auch nur zu er-
raten, was er zu Abend gegessen hat, ist gar nicht so einfach,
wenn man mit dem transpazifischen Satellitenecho kämpfen
muß, aber Sarah gab ihr Bestes. Trotz ihrer Anstrengungen
hatte sie sich, als Tim für eine Woche nach Hause kam, ein
Bild von ihm zurechtgelegt, das, vorsichtig gesagt, unvoll-
ständig war.

Sarahs Korrespondenz mit Tim war entschieden hochge-
stimmt gewesen – sie hatten Rilke-Details diskutiert oder
darüber gestritten, welcher Film, *Das siebente Siegel* oder *Ran*,
einen bedeutenderen Platz in der Filmgeschichte einnehmen
würde –, und deshalb war sie sicher, wie dieser Besuch ver-
laufen würde. Sie traf entsprechende Vorkehrungen. Sie
malte sich aus, sie würden durch das Museum of Modern Art
schlendern, wo Chagalls und Picassos wohlwollend zu ihnen
herabblickten, oder ein überteuertes romantisches, franzö-
sisches Essen in einem der vielen schicken Restaurants genießen, an deren Fassaden sie auf ihrem Weg ins Büro wehmütig
vorbeigeschlendert war. Es war also eine große Überraschung
für sie, als sie nach ihrer ersten gemeinsamen Nacht erwachte
– in der Tim übrigens keine sonderlich große Lust gezeigt

hatte, sie zu berühren – und ihn in der abgedunkelten Küche stehen sah, wie er ungekühlten Wodka direkt aus der Flasche trank.

«Was hast du gemacht?» fragte ich sie, völlig entgeistert über die Beschreibung dieser Szene.

«Ich hab ‹'tschuldigung› gesagt und das Licht ausgeknipst. Dann hab ich mich im Wohnzimmer hingesetzt und angefangen, an meiner Hand rumzukauen.»

Tim verbrachte die nächsten fünf Tage in einem Zustand derart extremer Intoxikation, daß Sarah es für nötig hielt, nachts nachzusehen, ob er noch atmete. Sie sprachen kaum miteinander, und ihre Konversation beschränkte sich auf das äußerst proletarische «Ist noch Bier da?» und «Wann macht der Getränkeladen zu?» Abwechselnd schockiert und wütend, verfiel Sarah für den Rest der Woche in verblüfftes Schweigen, denn sie wußte, daß sie nichts unternehmen konnte, um die Situation zu retten.

Als Tim seine Sachen zusammengesucht hatte und abgereist war, war Sarah endlich allein, konnte das Leergut wegräumen und sich erholen. Allmählich begann sie, die Ereignisse der vergangenen Monate neu zu beurteilen, und las Tims Briefe wieder, und zwar diesmal nicht in vorfreudiger Hochstimmung, sondern mit dem kühlen, objektiven Blick derjenigen, die sich gerade die Finger verbrannt hat. Sie stellte fest, daß Tim zwischen den Erläuterungen weniger bekannter Werke Byrons und Shelleys die unterschiedlichsten Hinweise auf seine ambivalenten Gefühle Frauen gegenüber eingeflochten hatte, dazu ausführliche Beschreibungen der wüsten Zechgelage dort in der Ferne und der vielfältigen Gründe, deretwegen ihm sein selbstauferlegtes Exil so gut gefiel. Im Rückblick, besonders im Rückblick auf sein scheußliches Verhalten bei seinem Besuch, erschien Tims Unbehagen an ihrer Beziehung geradezu lachhaft offensichtlich. Aber Sarah war in ihrer wilden Entschlossenheit, die Dinge so zu sehen, wie es ihr paßte, absolut blind dafür gewesen.

Sarah machte die Geschichte mit Tim ziemlich zu schaffen – nicht nur, weil ihre gemeinsam verbrachte Zeit ein vollkommener Alptraum gewesen war, sondern auch, weil sie den Mittelpunkt verloren hatte, um den ihr Leben so hübsch kreisen konnte. Als sie nach ein paar Wochen, in denen sie bis drei Uhr nachts Haarpflege-Dauerwerbesendungen geschaut hatte, von ihrer Kollegin Louisa zu einem Abendessen im kleinen Kreis eingeladen wurde, riß Sarah sich zusammen und ging hin.

Wie der Zufall wollte, hatte Louisa, die eigentlich aus Schottland stammte, Besuch von ihrem Cousin Ben aus ihrer gemeinsamen Heimatstadt Glasgow. Mit seinem lustigen Akzent und offenherzigen Umgangsformen kam Ben genau im richtigen Moment – das perfekte Gegengift für den Alki-auf-Besuch-Blues. Neben seiner freundlichen Art sprachen auch sein strammer, breitschultriger Ackerbauern-Körperbau und die rosigen britischen Wangen für ihn, die entweder auf eine ausgesprochen gute Gesundheit oder auf einen frühen Tod hindeuteten. Sarah beschloß, Bens Aussehen ersterem zugute zu halten, und wartete darauf, sich bezaubern zu lassen. Das Essen war ein großer, weinseliger Erfolg und endete damit, daß Ben Sarah zu ihrem Taxi begleitete und ihr einen knieerweichenden Gutenachtkuß schenkte.

So begann eine Woche reinen Glücks. Ben zog mit seinem Koffer bei Sarah ein und überredete sie charmant, sich krank zu melden – eine Bitte, der sie mit Freuden nachkam. Mit Ben erlebte sie endlich die magischen Ferien, die Tims Delirium tremens verhindert hatte, und sie war berückt von seinem freien, neugierigen Geist, der europäischen Höflichkeit und seiner nächtlichen Leidenschaftlichkeit. Schottland erschien ihr zusehends als der ideale Ort, um Kinder aufzuziehen, und sie warf sich von ganzem Herzen in die Aufgabe, im Geiste das aus Feldsteinen erbaute, reetgedeckte Cottage einzurichten, von dem sie sicher annahm, sie würden es eines Tages erwerben. Es war das Land der Brontës, sagte sie sich und war entzückt von dem Glück, das ihr bevorstand. Deshalb war es natürlich ein trauriger Tag, als Ben seinen Flieger nach Hause bestieg. Sarahs Herzschmerz wurde glücklicherweise von dem ausgefeilten Plan gemildert, den die beiden für ihr nächstes Zusammensein ausgeheckt hatten. Sie hütete weiterhin jeden Penny, und keine zwei Monate später legte sie an Bord einer 747 den Sicherheitsgurt an, schluckte vier Valiumtabletten und betete, der Laderaum möge keine Sprengsätze enthalten. Ben holte sie vom Flughafen ab, und die beiden reisten drei wundervolle Tage lang durch das idyllische, unglaublich grüne schottische Hochland.

Alles lief perfekt – oder beinahe perfekt –, bis für Ben die Zeit gekommen war, sie zu sich nach Hause zu bringen und seiner Familie vorzustellen. Es stimmt, daß Sarah an Ben ein paar Eigenheiten aufgefallen waren, die ihr bei seinem Besuch in ihrer Stadt entgangen sein mußten: eine gewisse Strenge, ein leicht aufbrausendes Wesen, eine offen zutage tretende antiintellektuelle Haltung. Aber das kümmerte sie zunächst nicht, denn sie hatte ihren Doktor in Literaturwissenschaft sausenlassen, um sich ihrer publizistischen Karriere zu widmen, und hielt sich selbst für ein bißchen rüpelhaft, was akademische Themen anging. Wenn Ben also nach besonders hitzigen Debatten mürrisch schwieg, nahm sie an, es sei eher ihr Fehler. Sie kam nicht auf die Idee, seine Verdrießlichkeit könne mit einer grundsätzlichen Abneigung gegen Frauen zusammenhängen. Jedenfalls nicht, bis sie seinen Vater kennenlernte.

115

Bens Vater, ein Mann, dessen Gesicht den Krieg gegen die geplatzten Blutgefäße verloren hatte, hielt gar nichts von der vorgeblichen Toleranz seines Sohnes denkenden Frauen gegenüber. Bens Vater duldete keine Widerworte von seiner Gattin, und Bens Mutter war eine Frau, die in aller Stille ihre Haushaltspflichten versah und dann diskret aus dem Blickfeld verschwand. Sarah sollte später erfahren, daß es genau diese chauvinistische Haltung gewesen war, derentwegen ihre Freundin Louisa jenseits des Ozeans Zuflucht gesucht hatte, aber während ihres Besuchs war Sarah nicht im mindesten auf den kühlen Empfang vorbereitet, der ihr bereitet wurde.

Hätte sie lediglich mit Bens Vater und seiner wiederholt vorgebrachten Forderung klarkommen müssen, sie möge nur sprechen, wenn sie gefragt wurde, dann wäre Sarah möglicherweise in der Lage gewesen, dieses Treffen glatt zu überstehen, weil ihr das Wissen um Bens Solidarität und Zuneigung Sicherheit gegeben hätte. Unglücklicherweise eröffnete ihr jedoch die Begegnung mit Bens Vater einige unerfreuliche Einblicke in die Natur des geheimnisvollen Unbehagens, das sie seit ihrer Ankunft Ben gegenüber verspürt hatte. Sie erkannte, daß es sich bei seiner vorgeblichen Bewunderung für moderne, intelligente Frauen um seine persönliche Rebellionsvariante handelte und daß sie bei dieser Schachpartie ausschließlich Bens Bauern spielte. Schlimmer noch: Sie mußte einsehen, daß hinter dieser Rebellion nichts steckte. Ben war eine Kopie seines Vaters, und nur unter Aufbietung großer Selbstbeherrschung und weil er seinem Vater trotzen wollte, widerstand er dem Bedürfnis, Sarah ihren Platz zuzuweisen.

Sarah war erleichtert, als der Tag der Abreise kam, und nutzte den Heimflug dazu, ein paar Gläser Wein zu trinken und über den fehlgeschlagenen Besuch nachzudenken. Obwohl sie enttäuscht war, mußte sie doch zugeben, daß es ein wenig unaufrichtig war, von Ben derart ‹überrascht› zu sein.

Sie erinnerte sich an bestimmte Gespräche, in denen sie eine Meinung mit Bestimmtheit vertreten hatte und auf eine Mauer des Schweigens gestoßen war – was sie für Höflichkeit oder, schlimmer noch, Bewunderung gehalten hatte und woraufhin das Telefongespräch schnell zu einem Ende gebracht wurde. Sie erinnerte sich, daß sie bei der Lektüre seiner Briefe über ausgesprochen engstirnige Ansichten erstaunt gewesen war – erstaunt, aber eben auch zuversichtlich, daß ihr weltoffenerer Blick seine Sicht der Dinge notwendig und mühelos erweitern würde. Sie sah, daß sie sich nicht in den wirklichen Ben verliebt, sondern ihre Zuneigung auf jene Seiten an ihm konzentriert hatte, von denen sie annahm, daß sie sie ändern könnte. Sarah ging auf, daß sie möglicherweise nicht der einzige Mensch war, der sich mißverstanden und betrogen fühlte.

Gründlich kuriert, betrat Sarah mit dem festen Vorsatz amerikanischen Boden, künftig die Finger von Fernbeziehungen zu lassen. Es gab einfach zuviel Fehlerspielraum, schloß sie, zuviel Nährboden, auf dem ihre Phantasien unbesehen ins Kraut schießen konnten. Sie war derart entschlossen, diesen Schwur zu halten, daß sie, als man ihr auf der Einzugsparty einiger Freunde einen interessant aussehenden Mann vorstellte – «Sarah! Du mußt Tony kennenlernen! Er ist aus Boston!» –, hartnäckig die mit Händen zu greifende Anziehungskraft zwischen ihnen beiden ignorierte. Sie redete gern mit ihm, freute sich, daß er sie eifrig unterhielt und dafür sorgte, daß sie nicht mit leerem Glas dastand, ließ sich aber nicht davon abbringen, den Kontakt auf einer distanzierten, äußerst platonischen Ebene zu halten.

Als sie ein paar Tage später von der Arbeit nach Hause kam und das ominöse rote Blinken auf dem Anrufbeantworter

117

sah, zögerte Sarah einen Moment, bevor sie auf den Abspielknopf drückte. Und natürlich, als sie schließlich nachgab, spuckte die Kassette eine Nachricht von Tony aus: «Ich bin nächstes Wochenende wieder in New York. Gibt es eine Möglichkeit, daß wir uns treffen können?» Obwohl sie versucht war, die Mitteilung zu löschen und zu vergessen, belog Sarah sich selbst und überzeugte sich, es wäre absolut unhöflich, so zu handeln. Sie nahm das Telefon und hatte sich binnen weniger Minuten zu einem Rendezvous am Wochenende breitschlagen lassen.

Als Sarahs Freundeskreis überrascht und sogar verzweifelt darauf reagierte, daß sie eine weitere Fernliebschaft in Betracht zog, lachte sie und sagte: «Wenigstens lebt er in derselben Zeitzone wie ich.» Doch ihre Freunde waren beharrlich: Wenn es ihr scheinbar so unglaublich wichtig war, mit einem Mann zusammenzusein, warum lebte sie dann freiwillig in einem Zustand beinahe permanenter Trennung und sehnte sich entweder danach, ihren momentanen Liebhaber zu sehen, oder erholte sich von einem Besuch bei ihm? Wäre sie nicht mit einem Mann glücklicher, der, sagen wir mal, nach Feierabend zum Fernsehen vorbeikommen oder mit ihr in der Mittagspause schnell ein Sandwich essen gehen konnte? Mit jemandem, bei dem sie keine elf- oder zwölfstellige Telefonnummer eintippen mußte, um ihn zu erreichen? Sarahs Erklärung («Aber das sind die einzigen Typen, die ich kennenlerne! Das ist nicht meine Schuld!») stellte ihre Freunde nicht zufrieden, zumal sie nicht einsehen wollte, daß die leidenschaftliche Hingabe an ihren momentanen Ferngeliebten es den Männern vor Ort erschwerte, sie kennenzulernen.

Das zugrundeliegende Schema für Sarahs Beziehungen dürfte mittlerweile schmerzhaft klar erkennbar sein, so daß ich Sie nicht mit den Einzelheiten ihrer Affäre mit Tony («Er ist aus Boston!») langweilen muß. Sarah verknallte sich augenblicklich in ihn und war mehrere Monate mehr oder weniger trunken vor Liebe, um dann, als sich herausstellte, daß Tony nicht exakt der Mann war, den sie sich vorgestellt hatte, wieder mal am Boden zerstört zu sein. Nach diesem dritten Schlag sah sie sich schließlich gezwungen, die Motive zu untersuchen, deretwegen sie sich auf Beziehungen einließ, die von Anfang an zum Scheitern verurteilt waren.

Ich weiß das, weil ich ihr auf einer Party in die Arme lief, und während wir uns gegenseitig auf den neuesten Stand brachten, fiel mir auf, daß sie jeden Mann, der sich ihr näherte, wie zwanghaft danach fragte, wo er gegenwärtig wohne. Jeder, der nicht in unserer Stadt lebte, wurde prompt abserviert. Als ich schließlich einen Augenblick mit Sarah allein war, fragte ich sie, ob sie ihre Auswahlkriterien in bezug auf Männer, zumindest was die Geographie anging, geändert hätte, was sie reuevoll bestätigte. Ich hakte nach, und während ich mir Erdnüsse in den Mund schaufelte, machte ich mir laut Gedanken darüber, was sie an diesen Fernaffären denn so gereizt haben mochte.

«Ich schätze mal, mir hat die Kontrolle gefallen», gab sie zu und achtete darauf, daß uns niemand hören konnte. «Man hat nicht unbedingt im Griff, was andere Leute tun, meine ich. Aber du kannst natürlich immer deine Schokoladenseite zeigen, wenn du jemanden nur so selten siehst. Alles, was ich an mir nicht ausstehen kann, war einfach weg, wenn ich mit einem dieser Typen zusammen war. Mal vorausgesetzt, daß mir nichts rausgerutscht ist.»

Jetzt, wo sie davon angefangen hatte, war sie nicht mehr zu bremsen. Augenscheinlich hatte Sarah ausführlich über ihre Situation nachgedacht. «Die Trennung ist manchmal ganz schön hart, aber du mußt immer an die Alternativen denken. Ich meine, die Wahrheit ist doch, daß eine normale Beziehung ganz schnell langweilig und banal wird. Man

119

zankt sich darüber, wer die Fernbedienung versteckt hat oder mit der Wäsche dran ist. Wenn du einen Kerl nur ein- oder zweimal im Monat triffst, spielt dieser ganze kleinliche Schwachsinn keine Rolle. Die Zeit, die man miteinander verbringt, ist perfekt, denn das muß sie sein. Dafür sorgt man schon.»

Als ich sie fragte, ob das die Fernliebschaften nicht ziemlich unter Druck setze, seufzte Sarah. «Natürlich tut es das. Jeder lächerliche kleine Streit wächst sich sofort aus, besonders, wenn man ihn vor der Abreise nicht beigelegt hat. Aber der Druck ist gar nicht das Schlimmste. Das Gefährlichste daran, wenn du dich mit einem Typ einläßt, der woanders lebt, sind die Illusionen, die du dir machst. Du zeigst ja nicht nur bloß eine Seite von dir selbst, und deswegen hat die Beziehung immer etwas Falsches, du kannst dir umgekehrt natürlich auch den Luxus gestatten, deinen Freund so zu sehen, wie du möchtest. Du kannst dir einreden, er sei alles, was du dir vorstellst, und es spielt im Grunde keine Rolle, ob du dich in ihm täuscht. Mir war das jedenfalls egal. Aber nur, bis ich mit dem wahren Menschen klarkommen mußte.»

Sarah hat beschlossen, für eine Weile ganz die Finger von Beziehungen zu lassen, um genau herauszubekommen, was hinter ihrer Abneigung steckt, jederzeit für einen Partner erreichbar zu sein. Sie wird ihre Ängste durchschauen müssen, bevor sie sie bekämpfen kann, und damit geographisch angenehmere Liebschaften möglich werden. Während dieses erotischen Winterschlafs macht sie sich zwar Sorgen, sie könnte als alte Jungfer enden, es ist aber auch klar, daß ihre ständig wachsende Selbsterkenntnis sie vor sich in Luft auflösenden Hochzeitskleidern und einem Leben in Irrsinn und Isolation bewahren wird.

Seinen Partner zum Objekt zu machen – so enormen Wert auf eines seiner Merkmale zu legen, das dann alles andere überschattet – wird gewöhnlich für eine allein männliche Praxis gehalten. Dabei denken wir in der Regel an etwas, das Männer mit Frauen machen, und zwar hauptsächlich mit Frauen, die feste, prachtvolle Brüste haben. Aber die Fähigkeit, einen Partner nur eingeschränkt wahrzunehmen und sich nur auf jene seiner Eigenschaften zu konzentrieren, die unseren eigenen (häufig uneingestandenen) Bedürfnissen entgegenkommen, ist ein Spiel, bei dem auch viele Frauen den Sieg davontragen.

Wenn eine Frau sich wiederholt zu Männern hingezogen fühlt, mit denen ein wirklich enges Verhältnis unmöglich ist – weil sie verheiratet oder schwul sind oder weil sie in Island leben –, kann es gut sein, daß sie genau bekommt, was sie will. Wenn das Scheitern einer Beziehung von vornherein garantiert ist, müssen wir uns nie darum sorgen, unsere Liebesschwüre auch einzulösen, die Gefühle für einen anderen Menschen über eine lange Zeit am Leben zu erhalten oder unseren nackten Hintern vorzeigen zu müssen. Wir können uns bedenkenlos von ganzem Herzen in einer solchen Liebe fallenlassen, denn diese Erfahrung beruht auf einer Täuschung, und das wissen wir im Grunde auch. Wenn Sie sich je schwermütig haben fragen hören: «Mache ich was falsch, wenn ich an dem Schönsten festhalte, was ich je erlebt hab?», lautet die Antwort mit aller Wahrscheinlichkeit klar und deutlich: ja.

Es ist nichts dabei, die Modenschauen der Liebe mitzumachen, die solche Mesalliancen mit unerreichbaren Männern darstellen, solange wir uns eingestehen können, was wir da tun. Diejenigen unter uns, die dazu nicht bereit sind und lieber weiterhin völlig verblüfft vor einem Rätsel stehen, wenn wir über unseren gräßlichen Männergeschmack lamentieren, laufen Gefahr, ein gefährliches Faible für unerwiderte Liebe zu entwickeln. Sich in jemanden zu verlieben, den man nicht kennenlernen kann oder von dem man weiß, daß er die eigenen Gefühle nicht erwidern wird, deutet auf ein so heftiges Schutzbedürfnis hin, daß man sich auch gleich in einer Grabkammer einmauern lassen könnte. Die Zuflucht in einem Sarkophag mag ebenso wie die Liebe zu einem unerreichbaren Mann für einen kurzen Moment Sicherheit bieten, aber letztendlich ist man gefangen und schnappt ziemlich jämmerlich nach Luft. Von den Verheerungen ganz zu schweigen, die so etwas mit dem Teint anrichtet.

6
Eine ganz normale Familie

Bindungsangst und Kontrolle

I n den letzten Jahren sind wir förmlich mit Filmen überschwemmt worden, die (wie *Eiskalte Leidenschaft, Mr. Jones* und, natürlich, der unnachahmliche *Herr der Gezeiten*) von der Vorstellung auszugehen scheinen, die Leute würden psychologischen Beistand nicht suchen, um über sich aufgeklärt zu werden und ihre geistige Gesundheit wiederzuerlangen, sondern um ins Bett geschleppt zu werden. Dieser Kino-Trend ist so allgegenwärtig, daß man sich fragen muß, ob er nicht irgendwie eine Racheaktion all der empörten Filmschaffenden gegen den Berufsstand der Therapeuten darstellt, weil versucht wurde, ihnen während der Fünfzig-Minuten-Stunden die Vorliebe auszureden, sich mit minderjährigen Mädchen einzulassen.

So amüsant diese zeitgenössischen Filme auch sein mögen, komme ich doch lieber auf das goldene Zeitalter der Therapiefilme zurück: die Siebziger. Das waren große Zeiten, als Jill Clayburgh in *Eine entheiratete Frau* zu sich selber fand und Peter Firth in *Equus – Blinde Pferde* tragisch an einer ähnlichen Herausforderung scheiterte. Dann gibt es da natürlich noch den Film, mit dem alles anfing, die *conditio sine qua non* aller Therapiefilme: *Eine ganz normale Familie*. Wie alle wissen, die sich den Film hingerissen und heulend angesehen haben, spielt Judd Hirsch darin einen freundlichen, manchmal auch etwas schroffen Therapeuten, der dem entzückenden High-School-Studenten Conrad (Timothy Hutton) hilft, darüber hinwegzukommen, daß sein Bruder bei

einem Unfall ertrunken ist. Conrad hat fürchterliche Schuldgefühle und gibt an, wütend auf sich selbst zu sein, weil er
seinen Bruder bei dem Bootsunfall nicht retten konnte. Mit
einer Folge feinsinniger Schachzüge gelingt es der von
Hirsch gespielten Figur, Conrad klarzumachen, daß er nicht
auf sich selbst wütend ist, sondern auf diesen Riesen von
Bruder, der das Boot losließ und dabei ertrank. Conrads
wahre Gefühle erscheinen ihm unaussprechlich illoyal, und
er würde sich lieber selbst unrecht tun, als seinen Bruder zu
verraten, indem er sie eingestünde. Als er aber schließlich
seine Wut akzeptiert, fühlt Conrad eine enorme und wundervolle Erleichterung.

Wenn Sie je auf der Couch eines Therapeuten gelegen
(oder ein, zwei Ausgaben der Talkshow von Ricki Lake gesehen) haben, wird Ihnen die Idee der Überkompensation vielleicht geläufig sein. Das ist gar nicht so schwierig: Wenn sie
der Meinung sind, ihre Reaktion auf eine bestimmte Situation sei unangemessen gewesen, dann versuchen Sie das zu
verschleiern, indem Sie das Gegenteil tun. Ein recht alltäg-
liches Beispiel hierfür ist der notorische Geizkragen, der in
der Kneipe eine große Show daraus macht, die erste Runde
zu schmeißen. Seine Freunde erheben die eiskalten, mit köstlichen Getränken gefüllten Gläser auf ihn und sind entzückt,
daß ihr Begleiter ein so großzügiger Mensch ist, während der
besagte Typ fast vor Glück vergeht, daß seinem Portemon-
naie den restlichen Abend über kein weiterer Kampfeinsatz
bevorsteht.

Weil Mr. Geizhals insgeheim darunter leidet, daß er ein
solcher Pfennigfuchser ist, wählt er den Umweg über große
öffentliche Auftritte, um das Gegenteil zu beweisen. Dummerweise überzeugen ihn selbst seine Handlungen nicht davon, daß er seine Pfennigfuchserader abgeklemmt hat. Nein,
ganz im Gegenteil, denn die Großherzigkeit seiner Geste

bestätigt ja gerade seine schlimmsten Befürchtungen: Er ist so fürchterlich knauserig, daß er sich hinter dem großen Trara des Wohltäters verstecken muß. Der verwirrendste Aspekt dieses Arrangements besteht darin, daß, wie in Conrads Fall, die Wahrheit, die der Überkompensierende zu verbergen sucht, im allgemeinen wesentlich harmloser ist als die Aktionen, mit denen sie überspielt wird.

Es überrascht nicht, daß die überkompensatorischen Erfindungen vieler Frauen, von denen ich erzählen will, sie relativ gut vor romantischen Verhältnissen beschützen. Diese Frauen ähneln kleinen Teufelchen, die nicht nur ihre potentiellen Traummänner, sondern auch sich selbst überzeugen wollen, sie seien wirklich die Person, die sie darstellen, ganz egal, wie wahr oder falsch diese Darstellung ist. Das führt dazu, daß sie ihren Partnern so lange wie möglich fremd bleiben, genauso wie sie ebenfalls entschlossen sind, sich selbst nicht näher kennenzulernen. Und wenn sich alle fremd sind, findet Vertrautheit einfach nicht statt, sooft diese Fremden auch gemeinsam in einem Bett erwachen mögen.

Als ich mit den Frauen sprach, von denen ich in diesem Kapitel erzählen werde, hatte ich einen Judd-Hirsch-Geistesblitz, und plötzlich merkte ich, daß das Erklärungsmuster, das jede von ihnen vorschlug, emotional das genaue Gegenteil ihrer Situation darstellte. Man kann diese Frauen nicht direkt als Lügnerinnen bezeichnen, sie versuchen lediglich mit aller Macht, sich etwas vorzumachen. Sie sind aalglatt, und deshalb müssen wir, die Jünger des von Mr. Hirsch bewundernswert gespielten Psychologen, in die Rolle des Detektivs schlüpfen, hinter den Augenschein gelangen, den diese Frauen so beflissen aufrechterhalten, und uns die wahre Geschichte ansehen.

Ich habe Eva vor ein paar Jahren auf einer Party kennengelernt. Sie fiel mir gleich auf, als sie den Raum betrat, denn sie war jemand, dem meine Mutter größte Hochachtung bezeugt hätte: Eva «machte was her». Sie war groß und wohlproportioniert, hatte ihr aschblondes Haar zu einem zweifellos schwierigen, aber trotzdem simpel erscheinenden französischen Knoten hochgebunden und war von Kopf bis Fuß in schwarzen Crêpe gekleidet. Da die Party anläßlich einer Galerieeröffnung in Soho stattfand, war natürlich jedermann gekleidet, als würde man einem äußerst angesagten Begräbnis beiwohnen.

Eva kann sich, ebenso wie ich, ihre Arbeitszeit frei einteilen, aber sie verschwendet sie nicht damit, die Prominenten-Klatschkolumnen in *Vanity Fair* zu studieren. Sie ist bei einem der angesehensten Museen der Stadt beschäftigt und beherrscht die alte, viel Sorgfalt erfordernde Kunst der Gemälderestaurierung, wobei es sich, soweit ich das begreife, um eine Art Malen nach Zahlen handelt, bei dem die alten Meister aufgefrischt werden. Nach allem, was man hört, ist sie eine ungewöhnlich begabte Kunstflickerin, aber wie sie es erträgt, stundenlang inmitten dieses ekelerregenden Chemiegestanks rumzusitzen, wird mir stets unbegreiflich bleiben. Eva erwähnt gelegentlich am Rande, daß sie sich eines Tages auf ihre eigene Malerei konzentrieren möchte, aber das klingt stets eher vage und halbherzig. Momentan scheint sie damit zufrieden zu sein, in der Welt der Kunst die Ordnung wiederherzustellen.

Eva hat sich außergewöhnlich gut im Griff, wirkt stets extrem entspannt und verfügt über eine offenbar unerschütterliche Gelassenheit. Obwohl sie heiter und intelligent ist, scheint sie emotional die Ruhe weg zu haben und meistert typische Alltagsdramen wie eine ausgelaufene Waschmaschine oder die Lektüre der American-Express-Rechnung stets mit guter Laune. Diese Ruhe strahlt sie auch körperlich aus; sie bewegt sich mit der gezügelten Grazie einer Madonna (und zwar nicht derjenigen, die für konische Unterwäsche und sinkende Popularität bekannt ist). Als ich Eva noch nicht so gut kannte, mißverstand ich ihre Leutseligkeit als eine Art Flower-Power-Jenseitigkeit oder Neo-Hippie-Selbstvergessenheit, aber dieser Eindruck hielt nicht lange vor. Unter ihrem entspannten Äußeren schlägt ein vorsichtiges, beherrschtes Herz. Sie gleicht jemandem, der im Auge des Hurrikans innehält und sehr genau darauf achtet, wohin der Sturm weht.

Als Teenager gehörte Eva zu den Mädchen, hinter denen die Jungs her waren. Mit fünfzehn schon riefen zahlreiche Verehrer bei ihr an und luden sie ein, gingen mit ihr ins Kino und bezahlten tatsächlich beide Eintrittskarten. Ich finde diese Information faszinierend, und ich habe Eva öfter, als ich mich erinnern kann, mit der Bitte genervt, mir Geschichten über gemischtgeschlechtliche Zeltlager und einen Tanzpartner für den Abschlußball zu erzählen. (Das liegt wahrscheinlich daran, daß ich den Abend meines Junior-High-School-Abschlußballs mutterseelenallein mit der erneuten Lektüre von Sylvia Plath' *Die Glasglocke* verbracht habe und vor Neid fast gestorben bin, weil meine beste Freundin dorthin ausgeführt wurde. Aber das hielt nur bis zum nächsten Morgen um fünf Uhr früh, als diese Freundin anrief und erzählte, ihr Freund hätte in einem Schnellimbiß mit ihr Schluß gemacht, kurz bevor der Ball begann. Sie war trotzdem hingegangen und hatte das Tischtuch mit der Kerze aus dem orangefarbenen Chrysanthemengesteck in Brand gesteckt. Aber das ist eine andere Geschichte.)

Wie dem auch sei, Eva glitt ohne größere Traumata in die leicht entflammbare Welt der Rendezvous. Sie war sehr gesellig, aber sie hatte keine große Lust, sich zu verlieben. Es war in Ordnung, wenn sie geliebt wurde, lediglich Trophäen sammeln konnte und die Gefühle nicht erwidern mußte. Sie war an diese Form der Machtbalance gewöhnt, denn ihre eigenen Eltern hatten aufmerksamerweise dafür Modell gestanden. Bei ihren Eltern hatte Evas Vater die Macht, und ihre Mutter hatte sie nicht. Dieses Machtungleichgewicht rührte zum Teil aus den sehr verschiedenen Charakteren ihrer Eltern her: Ihr Vater war überkritisch und suchte die Konfrontation, und ihre Mutter war die große Schlichterin. Vielleicht hatte es auch damit zu tun, daß ihr Vater über ein Gehalt verfügte und ihre Mutter über Haushaltsgeld. Wir wissen ja alle, wie der Hase läuft. Eva mußte sich nur noch eine Rolle aussuchen und beginnen, sich einzufühlen. Sie wählte die Rolle ihres Vaters.

Bei Eva lief das immer so: Sie pickte sich ein besonders reizendes Exemplar heraus und erkor ihn sich zum Objekt der Begierde. Sie träumte von ihm, warf ihm im Klassenzimmer verstohlene Blicke zu und hoffte, er würde im Herbst am Football-Zeltlager teilnehmen. Irgendwann machte dann das Gerücht die Runde, sie sei an ihm interessiert, oder der Typ ließ die Schranken der üblichen High-School-Begriffsstutzigkeit hinter sich und bemerkte, daß er bemerkt wurde, worauf er dann (jetzt kommt der rätselhafte Teil, aber ich bleibe tapfer) anfing, sie zurückzumögen. Bald nach diesem Halbzeitergebnis ging er mit ihr aus. Und sobald das geschehen war, verlor sie schlagartig jegliches Interesse an ihm. Sie wollte im Grunde keinen dieser Typen wirklich kennenlernen, und ganz bestimmt hatte sie keine Lust auf Rückbank-Fummeleien. Sie wollte bloß wissen, ob die Jungs sie mochten, und sobald das nicht mehr von der Hand zu weisen war, brach sie zu neuen Ufern auf.

Damals war Eva Kontrolle sehr wichtig, und das hat sich nicht geändert. Sie glaubt, wenn sie die Kontrolle hat, dann liegt die Macht in jeder beliebigen Situation in ihren Händen. Es fällt leicht, diese Sehnsucht gefährlich und heimtückisch zu finden, denn allein schon das Wort ‹Macht› suggeriert die Möglichkeit des Mißbrauchs. Wenn wir aber unsere Judd-Hirsch-Psychologenkappe überziehen und den bohrenden und gleichzeitig mitfühlenden Laserstrahl-Blick aufsetzen, wird uns klar, daß Evas Verlangen nach Macht weniger mit dem egoistischen Reiz zusammenhängt, die Macht zu erlangen, sondern eher mit dem, was sie sich von dieser Macht verspricht. Sie will Sicherheit, und ihr Kontrollbedürfnis sowie die Macht, die es ihr verleiht, deuten darauf hin, daß sie sich nicht besonders sicher fühlt. Das gestattet uns einen Einblick in die Motive ihrer Berufswahl: Was wäre geordneter, als einem bereits vollendeten Meisterwerk wieder zu seiner alten, vorbestimmten Pracht zu verhelfen? Das ist das perfekte Gegengift für die angsteinflößende Ordnungslosigkeit einer weißen Leinwand.

Mit Mitte Zwanzig hatte Eva eine Beziehung zu einem Medizinstudenten namens Sam. Mit seinem Clark-Kent-Aussehen und einem stetigen, ehrgeizigen Wesen war Sam alles, wovon Evas Mutter (und im Grunde die Mutter jeder Frau) nur träumen konnte. Eva sorgte sich gelegentlich, Sam sei eventuell nicht der Richtige für sie, er sei zu konventionell und seriös, aber er war so offensichtlich in sie verliebt und augenscheinlich ein so guter Fang, daß sie versuchte, ihre Zweifel zu ignorieren.

Das wurde Eva erleichtert, weil sie die Beziehung zu Sam, der ein äußerst nachgiebiger Charakter war, ganz fest im Griff hatte. Wenn er ihr in seltenen Fällen einmal Widerstand entgegensetzte und bei irgendwas auf einer eigenen Meinung bestand, fühlte sich dieser Widerstand für Eva an, als würde ein Kind gegen seine strengen Eltern aufbegehren. Susan, eine ihrer engsten Freundinnen, die ebenfalls im

Museum arbeitet, hörte manchmal mit an, wie Eva sich am Telefon mit Sam über die Abendgestaltung oder irgend etwas stritt, das er am Vorabend gesagt und das ihr mißfallen hatte. Eva erzählt, sie hätte einmal eines dieser Telefonate beendet und den Hörer aufgelegt, und Susan hätte sie nur angestarrt. «Mit wem hast du gesprochen?» fragte Susan völlig entgeistert. Als Eva zugab, daß Sam drangewesen war, schüttelte Susan den Kopf. «Mein lieber Gott», rief sie aus. «Versprich mir bitte, bitte, daß du nie so mit mir reden wirst, okay?»

Nach dem Examen bekam Sam in einer berühmten Klinik in Ohio eine Assistenzstelle. Er versuchte, Eva zu überreden, mit ihm dorthin zu ziehen, aber sie wollte ihren Job nicht aufgeben, zumal es in der Gegend, in die Sam zog, kein vergleichbares Museum gab. Weil Sam ihr so ergeben war, ging sie davon aus, daß ihre Beziehung ein Jahr der Trennung verkraften und er so schnell wie möglich wieder zu ihr zurückkehren würde. Nachdem sie sich auf häufige Besuche geeinigt hatten, machte Sam sich auf den Weg nach Ohio.

Es war also eine Überraschung, als Sam Eva bat, ihren ersten Besuch noch etwas zu verschieben. Ebenso überrascht war sie, als Sam seine Pläne, in die Stadt zu kommen, über den Haufen warf. Seine Assistenzstelle, erklärte er, sei viel anstrengender, als er erwartet hatte, und er müsse sich erst an den harten Schichtdienst gewöhnen, bevor er sich so weit entspannen konnte, ihre Gesellschaft zu genießen. Das ging monatelang so weiter, und Eva bekam es zusehends mit der Angst zu tun. Sie nahm ihn sich wegen seiner Abneigung, sie zu sehen, zur Brust und quetschte ihn nach dem wahren Grund aus, aber Sam beharrte darauf, es liege einzig an seiner Überarbeitung und an sonst nichts. Während dieser Zeit dachte sie viel öfter als sonst an Sam und vermißte ihn mit einer Inbrunst, die sie überraschte. Normalerweise konnte sie fleischlichen Verlockungen schwer widerstehen; jetzt aber war sie gänzlich uninteressiert daran, sich mit einem anderen Mann zu trösten.

Als die Nachricht sie erreichte – nicht aus Sams Mund, sondern über einen gemeinsamen Freund –, daß Sam nicht nur eine neue Freundin hatte, sondern auch mit dieser Frau zusammenlebte, fühlte sich Eva, als sei sie aus einem fahrenden Auto geworfen worden. Ihr ganzer Körper war vor Angst und Verzweiflung wie gelähmt, und sie strauchelte stundenlang durch die Wohnung. Eva verbrachte Wochen in diesem krankhaft entsetzten Zustand; es folgten wütende, anklangende Telefongespräche mit Sam und schlaflose Nächte. Sie litt Höllenqualen.

«Genau das wollte ich immer verhindern – daß ich ausgetrickst und übertölpelt werde. Obwohl ich wußte, daß irgendwas im Gange war, hab ich es einfach nicht wahrhaben wollen. Sam war es doch, der heiraten und mit mir Kinder haben wollte. Ich konnte es nicht fassen, wie vollständig ich reingelegt worden bin.» Eva war auch nicht mit der Tatsache zu trösten, daß ihre Gefühle für Sam manchmal alles andere als beständig gewesen waren, daß sie ihn gelegentlich verachtet und seine Gefühle und Gedanken nicht respektiert hatte. Indem er sie davon überzeugt hatte, daß er sie liebte, um sich dann mit einer anderen Frau einzulassen und ihr nicht mal Bescheid zu sagen, hatte Sam die Kontrolle über die Situation ihren Händen entrissen.

Es setzte Eva ziemlich zu, daß ihr schlimmster Alptraum Wirklichkeit geworden war. Sie war ihr ganzes Leben lang krampfhaft dem Kontrollverlust aus dem Weg gegangen und hatte das überkompensiert, indem sie Beziehungen wie die zu Sam einging, in die sie entschieden weniger Gefühle investierte als ihr Partner. Trotz all dieser Anstrengungen befand

131

sie sich nun aus heiterem Himmel im freien Fall, und es gab kein Zurück. Der Teil von ihr, den sie zu unterdrücken bemüht war, die ängstliche Eva, die sich für völlig machtlos hält, brach mit aller Kraft ans Licht.

Es war natürlich nicht Evas Fehler, daß ihr Märchenprinz sich in einen häßlichen Frosch verwandelt hatte, aber die Erfahrung steckt ihr trotzdem in den Knochen. Sie versteht mittlerweile, daß Sam sie nicht deshalb interessierte, weil er eine gute Partie war, sondern weil sie glaubte, ihn kontrollieren zu können und damit in ihrer Partnerschaft die Oberhand zu behalten, denn danach sehnte sie sich so dringend. Als diese Hoffnung grausam zerstört wurde und sie diese schallende Ohrfeige bekam, blieb ihr nichts übrig, als die Ängste unter die Lupe zu nehmen, die der Sicherheit in ihren Beziehungen zu einem höheren Stellenwert verhalfen als ehrlichen Gefühlen.

Während dieser Zeit der Selbstreflexion gönnte Eva sich eine Atempause, was Männer anging. Als sie ihr gesellschaftliches Leben schließlich wiederaufnahm, achtete sie sehr darauf, sich nur mit Männern einzulassen, die keine allzu tiefen Gefühle in ihr auslösen würden. Aber wie der Mensch nun mal ist, wirkte ihre kühle Zurückhaltung sehr verführerisch auf das andere Geschlecht, und sie konnte sich jeden Samstagabend aussuchen, mit wem sie ausgehen wollte. Sobald aber einer der Männer Interesse an einer festen Beziehung zeigte, zog sie sich, wie ehedem, zurück, und fand den Erwerb reizvoller als den Besitz.

Als sie ihren gegenwärtigen Freund Peter kennenlernte, kam für sie eine feste Beziehung überhaupt nicht in Frage. Peter wohnte in Boston, hatte einen Abschluß in Sozialwissenschaften und arbeitete als Lobbyist bei einer Obdachlosenorganisation. Eva hatte die Unbilden und Fallstricke einer Fernbeziehung grade hinter sich und war überzeugt, obwohl sie sich sehr zu Peter hingezogen fühlte, daß die Freundschaft mit ihm problemlos platonisch bleiben würde. Weil sie glaubte, die Entfernung setze dem vertrauten Umgang zwischen den beiden enge Grenzen, zog Eva in der ersten Zeit mit Peter keinen Zaun um sich. Peter seinerseits gefiel die entspannte, offene Eva ausgezeichnet, und er fand viele Ausreden, um in ihre Stadt zu kommen.

Eingelullt von der Sicherheit geringer Erwartungen, bemerkte Eva an Peter Qualitäten, die ihr bisher an keinem Mann aufgefallen waren oder die sie nicht hatte bemerken wollen. Er war intelligent und witzig, äußerst sensibel und achtete sehr auf seine und die Gefühle anderer Menschen. Peter beeindruckte sie damit, daß er jemand war, für den sie sowohl Zuneigung als auch Respekt empfinden konnte. Je mehr Zeit sie miteinander verbrachten, desto inniger wurden ihre Gefühle, aber trotzdem war sie weiterhin froh darüber, daß die geographische Entfernung sie vor den schrecklichen Anforderungen einer wirklichen, alltäglich zu erlebenden Vertrautheit bewahren würde. Deshalb nahm Eva es halb mit Freude und halb mit Beklommenheit zur Kenntnis, daß Peter von einer Organisation in ihrer Stadt eine neue, einflußreichere Stelle angeboten wurde. Es war eine Sache, sich in jemanden zu verlieben, der so anständig war, jeden Sonntagabend den Zug nach Hause zu nehmen, und eine gänzlich andere, dasselbe Verhältnis auf Vollzeitbasis am Leben zu erhalten. Ihr kamen Bedenken, aber sie wußte auch – egal unter welchen Umständen sie sich kennengelernt hatten –, daß ihre Gefühle für Peter tiefer waren und weit mehr erwidert wurden, als sie das je erlebt hatte. Sie begriff, daß sie, wenn sie Peter in ihrem Leben willkommen hieß, ihre übertriebenen Selbstschutzimpulse in Frage stellte, die, wie sie mittlerweile eingesehen hatte, ihre Fähigkeit, sich einem anderen Menschen verbunden zu fühlen, stark einschränkten.

Es war nicht immer leicht. Seitdem Peter in ihre Stadt gezogen ist, sind sich die beiden nähergekommen und haben sich zunehmend aneinander gebunden, aber trotz des Glücks, das sie mit ihm empfindet, hat Eva hart daran zu arbeiten, ihre Kontrollimpulse in Schach zu halten. Manchmal gelingt es ihr und manchmal nicht, denn die Angst, die ihr überkompensierendes Verhalten motiviert, verschwindet nicht einfach, sobald man sie durchschaut hat.

Diesmal ist es anders, denn sie hat sich jemanden gesucht, der klug genug ist zu durchschauen, was hinter ihrem Verhalten steckt, und Augenblicke übertriebener Kontrolle oft entschärfen kann, statt einfach blind auf sie zu reagieren. Wenn er einfach nur ihr gegenüber eine Augenbraue hebt, sobald ihre Stimme angespannt wirkt, oder ihrer zerfurchten Stirn und ihrem mißliebigen Blick begegnet, indem er sie perfekt nachäfft, muß sie über ihn – und sich – lachen. Weil Eva merkt, welchen Wert die Beziehung mit Peter in dieser Hinsicht für sie hat, wird sie ihre eigenen Impulse auch besser verstehen und sie kurzschließen können. Indem sie jemandem Vertrauen entgegenbringt, der weiß, was das für sie bedeutet, und der das Vertrauen erwidert, kann Eva allmählich lernen, daß es auch dann Nähe geben kann, wenn sie nicht allein das Sagen hat.

Wie bei Eva deutet Susannahs Faible für Kontrolle auf starke überkompensatorische Impulse hin, aber Susannah ist nicht so sehr daran interessiert, andere Menschen zu kontrollieren, sondern will sich selbst im Griff haben. Ich lernte sie vor vielen Jahren kennen, als sie sich mit meiner jüngeren Schwester im Wohnheim des College ein Zimmer teilte. Ein gefühlloser junger Mann hatte mir gerade ohne viel Federlesens das Herz gebrochen, und ich war mit dem Bus (was für frisch verlassene Frauen keine gute Idee ist) dorthin gereist, um ihren schwesterlichen Beistand zu suchen. Diese Schwester hatte die zweifelhafte Idee, mich auf eine Party mitzuschleppen, wo das Getränk des Abends ein Punsch aus Früchten und reinem Alkohol war. Logischerweise wurden Susannah und meine Schwester Zeugen des Spektakels, wie sich eine ältere, vorgeblich erfahrenere Frau in aller Öffentlichkeit zum Affen macht.

Mit einem Blick auf Susannah wird einem klar, woran Kaufhausdirektoren denken, wenn sie eine eigene Abteilung für zierliche Frauen einrichten. Sie ist ein zartes kleines Wesen, das seine Größe hochstaplerisch mit 1,52 angibt und zarte 95 Pfund auf die Waage bringt. Susannah ist eine begabte Technophile, die der Begriff *Information Superhighway* merkwürdigerweise nicht dazu bringt, Zyanidtabletten zu schlucken und mit allem Schluß zu machen, und wurde, gleich nachdem sie das College mit allen nur zu vergebenden Ehren abgeschlossen hatte, von einer dieser gigantischen Computerfirmen verschluckt, in denen es nur so von gutbezahlten, aber deprimierten Angestellten wimmelt, die glauben, das Wort sexy bezöge sich auf das effiziente Funktionieren eines Computers. Sie selbst entwickelt den ganzen Tag noch ausgefuchstere Anwendungsprogramme, um die Einkünfte ihrer ohnehin schon reichen Firma noch zu steigern.

Susannah wohnt in einem Wolkenkratzer in Manhattan, dessen riesige Fenster einen fabelhaften Ausblick über den East River und die mannigfachen Schiffe darauf bieten. Die beiden Stockwerke ihres geräumigen Duplexapartments sind durch eine Wendeltreppe aus rostfreiem Stahl miteinander verbunden, und auf den auf Hochglanz polierten schwarzen Holzfußböden liegen hier und da Teppiche, die sie auf ihren ausgedehnten Reisen durch den Fernen Osten erworben hat. Es fällt schwer, ihr perfekt ausgestattetes Wohnzimmer (mit den expressiven, bunten Gemälden und

den übermäßig gepolsterten und sehr eindrucksvollen Sitz-
möbeln) zu durchwandern oder sich locker in ihrer Küche
hinzusetzen (deren ingeniös konstruierte Einbauschränke
aber auch jedes Anzeichen von Unordnung verbergen und in
der angegammeltes Obst gar nicht erst die Chance bekommt,
als Saft weiterzuexistieren), ohne der grundlegenden Unzulänglichkeit der eigenen Wohnumstände gewahr zu werden.
Man sieht plötzlich die eigene Wohnung vier Treppen hoch
in der Vorkriegsmietskaserne mit anderen Augen – die noch
Stunden zuvor gut genug war, um sie als Zuhause zu bezeichnen –, und überlegt mit einem Mal, ob es wirklich so
schlau ist, Pappkartons als Lagerbehälter und Möbel zu verwenden.

So ist das mit Susannah: Gut ist nicht gut genug. Ihrer
Ansicht nach liegt Gott im hochwertigen Detail, und ein
Nickerchen auf ihrem wogenden europäischen Gänsedau-
nen-Deckbett würde jeden von dieser Religion überzeugen.
So liebt sie die Dinge, und sie verwendet viel Zeit darauf,
daß es so ist und bleibt. Es fällt zwar leicht, sie um die mate-
rielle Pracht ihres Lebensstils zu beneiden – um die Reisen
in exotische Länder, die Negligés von Donna Karan, die
Sandalen von Manola Blahnik und um die Putzfrau –, aber
es liegt auch auf der Hand, daß Susannah diesen Lebens-
standard nicht einem exorbitanten Treuhandvermögen, sondern ihrer schieren Willenskraft verdankt.

Der Entwurf einzelner Bestandteile von Softwarewelten ist
zwar eine anstrengende und gelegentlich ein bißchen eintö-
nige und einsame Arbeit, aber Susannah beklagt sich nie darüber. Ihr Ziel ist Unabhängigkeit in jeder Hinsicht, und das
hat sie erreicht. Sie muß sich nie fragen, ob sie sich noch ein
weiteres Bier leisten kann, wenn sie mit Freunden um die
Häuser zieht. Sie zahlt pünktlich ihre Miete, muß ihre Lebensmittel nie mit Kreditkarten begleichen und legt sich die

Kleidung für den nächsten Tag am Abend vorher raus. Man muß wohl nicht erwähnen, daß Susannah nie jemanden dafür bezahlt hat, ihr die Einkommensteuererklärung auszufüllen, und sie hat auch nie den halben Nachmittag auf dem Fußboden eines quer durch die Stadt kurvenden Busses gehockt und geheult, weil man ihr mitgeteilt hat, sie schulde der Regierung achthundert Dollar, die sie nicht hatte.

Manche Leute machen sich ja über das Wort ‹erwachsen› lustig, aber Susannah übertreibt es auf ihre Art wirklich ein bißchen. Ich habe überhaupt nichts gegen private Rentenversicherungen oder steuerbegünstigte Investitionen, aber es ist doch schon bezeichnend (und vielleicht eine Überkompensation?), wenn jemand sich mit einundzwanzig auf eine ernsthafte Karriere wirft und dann einfach immer so weitermacht, nie Scheiße baut, nie das Verlangen hat, alles für ein Jahr hinzuschmeißen und Skilehrer in Colorado zu werden oder ein Flugzeug nach Italien zu besteigen und dem üblichen, entsetzlich hinreißenden Vagabunden mit der Mandoline hinterherzulaufen.

Im Umgang mit Männern, wie in ihrem sonstigen Leben, läßt Susannahs Standard-Betriebssystem einiges zu wünschen übrig, was Spontaneität betrifft. Sie geht eine Verabredung wie ein Vorstellungsgespräch an und vergißt nie, ein Kostüm reinigen zu lassen und zur Maniküre zu gehen. Niemand kann es wie ich genießen, sich in Vorbereitung auf die Nacht aller Nächte vier, fünf Stunden in einem schaumigen Wannenbad zu aalen, aber das letzte, woran Susannah bei den Rendezvous-Vorbereitungen denkt, sind solche Freuden. Die Zurüstungen für die Liebe entsprechen bei ihr dem Nachsehen und Nachtanken des Autos – sie sind etwas Notwendiges und nichts, worüber man aus dem Häuschen geraten müßte.

Und tatsächlich liegt es nicht im mindesten in ihrem Interesse, der Männer wegen die Fassung zu verlieren, wenn sie in ihre hochhackigen Schuhe steigt. Sie erwartet eine Begleitung zum Essen, eine angenehme Unterhaltung und einen ähnlichen Filmgeschmack. Die große Leidenschaft erwartet sie nicht. Das hat sie einmal probiert, und es ist komplett in die Hose gegangen.

Susannah war eines der Mädchen, die man immer als Spätentwicklerinnen bezeichnet. Sie hielt sich aus den üblichen High-School-Amouren raus und begnügte sich selbst auf dem College damit, voller Bewunderung – und aus der Ferne – den Kapitän der Footballmannschaft oder ein ähnlich unerreichbares Exemplar anzusehen. Im Gegensatz zu den meisten ihrer Freundinnen, meine Schwester eingeschlossen, die sich ihren zukünftigen Liebsten schon an den Hals warfen, als die Abgaswolke des Kombis ihrer Eltern kaum verflogen war, schien Susannah die Aussicht auf einen Campus, der von begehrten Junggesellen nur so wimmelte, nicht im geringsten zu beflügeln. Wenn ein Mitglied des anderen Geschlechts gelegentlich Interesse an ihr zeigte, reagierte sie mit solcher Begriffsstutzigkeit, daß er es bald frustriert aufgab.

Alles lief prächtig, wenn auch etwas langweilig, bis sie George kennenlernte. George war sehr kultiviert, Student im vorletzten Jahr und auf dem Campus eine wohlbekannte Größe. Er war Studentenschaftsvorsitzender und Kapitän der Rugbymannschaft und wirkte mit zwanzig wie der junge Jack Kennedy, allerdings ohne dessen Rückenprobleme. Man war sich darüber einig, daß er mit seinem guten Aussehen und dem im Überfluß vorhandenen Charisma jede Frau auf dem Campus haben konnte. Obwohl Susannah seine Annäherungsversuche zunächst abwehrte, war es, sobald George erst einmal ein Auge auf sie geworfen hatte, nur eine Frage der Zeit, bis sie seine Gefühle einfach erwidern mußte. Bald waren sie unzertrennlich.

Durch die Liebe blühte Susannah auf. Ihre Wangen glühten vor Erregung, und alles entzückte sie. Sie betete George an und war vollkommen davon überzeugt, daß er ihr Idealpartner sei. Ihr gegenüber ließ George nicht die Machoallüren raushängen, die sein Image auf dem Campus prägten, sondern zeigte sich von einer beständig rücksichtsvollen und zärtlichen Seite. In den seltenen Fällen, wenn er nicht an ihrer Seite war, blieb Susannah mädchenhaft schüchtern, bekam, wenn sein Name fiel, einen roten Kopf und betrachtete versunken die Pärchenfotos, die sich auf der Pinnwand über ihrem Schreibtisch angesammelt hatten.

Flüchtig betrachtet, war dies für Susannah eine Zeit äußersten Glücks. Sie hatte die Hand nach der Liebe ausgestreckt, und die Liebe war ohne all die Banalitäten und gemischten Gefühle gekommen, die die Bettgeschichten bestimmten, zwischen denen ihre Freundinnen hin und her hüpften. Trotzdem behauptet sie, zu dieser Zeit fürchterliche Angst gehabt zu haben. «Ich konnte nicht mehr klar denken vor Angst. Das alles war völlig neu für mich, und ich hatte keine Ahnung, was als nächstes passieren würde.» Ihre Befürchtungen hatten vielleicht damit zu tun, daß, ohne unser Wissen, die ersten Indizien für Georges baldigen Abgang auftauchten.

Als Susannah noch Zurückhaltung wahren und die Selbstkontrolle aufrechterhalten konnte, für die sie berühmt war, verzehrte sich George von ganzem Herzen nach ihr. Es ist eine alte Geschichte, und Sie haben sie alle schon gehört: Ab dem Moment, in dem sie sich erweichen ließ und die Aufmerksamkeit zu erwidern begann, die George ihr entgegenbrachte, oder sie manchmal sogar überbot, verlor dieser allmählich das Interesse. Ein solcher Wechsel ist für das unbewaffnete Auge oft nicht erkennbar, aber man spürt es im Bauch: Man spürt ein Schlingern im Magen, als wäre man einen Fahrstuhlschacht hinabgestoßen worden. Und sobald dieses Gefühl da ist, gibt es kein Halten mehr.

Sobald Susannah das Schlingern im Magen spürte, wußte sie instinktiv, daß es nur eine Frage der Zeit war, bis ihre Zauberwelt in Stücke gehen würde. Sie hatte schwer zu tun, äußerlich Haltung zu wahren, und war fassungslos, daß George ihren seelischen Aufruhr nicht mitbekam. George, der merkte, wie bemüht sie plötzlich um ihn war, tat, was Leute normalerweise tun, wenn sie beobachtet werden: Er versuchte, sich zu verdrücken.

Susannahs übertriebene Selbstbeherrschung, ihre ganz offen zur Schau gestellte Unabhängigkeit verdeckten (wie Hirschs schlauer Doktor schnell herausfinden würde) ihre fürchterliche, nicht mehr zu kontrollierende Sehnsucht. Und das hatte gute Gründe. Als sie sechs Jahre alt war, starb ihre Mutter relativ plötzlich und qualvoll an Krebs. Sie war ein Einzelkind und darum ihrer Mutter besonders nah gewesen, und obwohl ihr Vater es nur gut meinte und sie liebte, machte seine allgemeine Ratlosigkeit und dazu der Umstand, daß er um einiges älter als ihre Mutter war, ihn zu einem alles andere als vollwertigen Ersatz. Als Susannah zwölf war, starb auch er an Herzversagen. Sie kam zu Verwandten ihrer Mutter, die lieb zu ihr waren, ihr aber nie die Sicherheit ersetzen konnten, die sie bei ihren Eltern empfunden hatte. Wenn die Menschen, auf die sie sich verließ, unerklärlicherweise verschwanden, dann, so schloß sie, lag die einzige Kontrolle, auf die sie hoffen konnte, in ihrer völligen Unabhängigkeit.

Susannah hatte als Kind Schutz und Geborgenheit auf grausame Weise verloren, und deshalb sehnte sie sich nach der Sicherheit und Bestätigung, die George ihr zunächst zu geben schien. Sie arbeitete hart daran, unabhängig zu wirken, weil sie spürte, daß ihre Sehnsüchte riesenhafte Ausmaße hatten. Und sie befürchtete, daß, sobald sie sich einem anderen Menschen wirklich verletzbar zeigen würde, diese Schutzlosigkeit und die daraus resultierende mangelnde Sicherheit in eine Katastrophe münden würden.

Und genau das geschah. George blieb noch ein paar Monate mit ihr zusammen und reagierte immer kühler auf ihre Aufmerksamkeiten, dann stach ihm ein knackiges Ding aus dem zweiten Studienjahr ins Auge, und er verschwand.

Susannah hatte keinen Appetit. Sie bekam kein Auge zu. Sie schaffte es nicht, sich aus dem Bett zu schleppen und an den Kursen teilzunehmen, und sie litt unter derart schlimmen Angstzuständen, daß sie anfing, Valium zu nehmen, um sie im Griff zu behalten. Sie sah so grau und hohläugig aus, als wäre sie gerade einem Bild von Edvard Munch entstiegen. Sie war davon überzeugt, daß Georges Abtrünnigkeit das Ergebnis eines fürchterlichen, aber zu korrigierenden Mißverständnisses sei. Weil sie kaum Erfahrungen hatte, merkte Susannah nicht, daß sie die klassische Reaktion eines jeden Ritters auf eine Eroberung miterlebte: Nach einem kurzen Überblick über die Beute ergreift der wahre Krieger wieder das Schwert, verdrückt sich und sucht nach neuen Herausforderungen. Um George nahezukommen, hatte Susannah derart enorme Abwehrmechanismen ablegen müssen, daß es ihr, als er seinen Teil der Übereinkunft brach, erschien, als stünde sie völlig wehrlos da. Sonst war es zwar allen klar, daß George mit seiner neuen Liebschaft ganz glücklich war, aber Susannah gab sich der Phantasie hin, sie könne ungeschehen machen, was sie irgendwie angestellt hatte, und George dazu bringen, sie wieder zu lieben. So verfahren die Lage auch war, glaubte sie doch, sie könne George überzeugen, daß es ein Fehler gewesen sei, sie zu verlassen, und alles würde mit einem Schlag wieder wie vorher sein.

Um dieses schwachsinnige Ziel zu erreichen, wandte

Susannah genau die Taktik an, mit der George einst ihr Herz erobert hatte. Sie drückte auf den Wahlwiederholungsknopf des Telefons, bis er endlich ranging, lauerte ihm am Eingang seines Wohnheims auf und tauchte vor den Klassenzimmern auf, aus denen er kam. Zu seiner Schande muß gesagt werden, daß George, obwohl er nicht im Traum an eine Versöhnung dachte, ihre Aufmerksamkeit zu genießen schien und sie mit perverser Freundlichkeit grüßte, als wäre es nicht das fünfzehnte Mal, daß er ihr an einem bestimmten Tag über den Weg lief. Natürlich beflügelte sein ungehemmter Sadismus ihre Hoffnungen, das war für jedermann, und auch für George, offensichtlich. Erst als sie ihn zufällig erblickte, wie er gerade mit seiner neuen Flamme auf der Freitreppe der Bibliothek rumknutschte, war sie in der Lage, die Situation realistisch einzuschätzen: George war ein Schwein, und er war nicht allein.

Eine Weile sah es ziemlich düster aus. Susannahs Mitbewohnerinnen drängten sie, über ihre Gefühle zu sprechen oder einen der psychologischen Berater des College aufzusuchen, aber Susannah schien entschlossen, die Lage selbst in den Griff zu bekommen. Im Gegensatz zu Eva, die sogar während ihrer glücklichsten Zeit mit Sam ein wenig mißtrauisch blieb, bemerkte Susannah, daß sie, sobald sie ihre Hemmungen überwunden hatte, sich bedingungslos ihrem überwältigenden Liebesbedürfnis hingab. Als sie das einsah, beschloß sie, keine Wiederholung dieses Szenarios zu gestatten. Sie biß die Zähne zusammen, zog sich eigenhändig aus dem Sumpf, ging wieder zu den Kursen und war pünktlich bei ihren diversen Jobs. Ihr Ehrgeiz war entmutigend und beeindruckend mitanzusehen, und er bewirkte sehr erfolgreich, daß sie ihren Glauben wiederfand, daß man sich nur Kummer einhandelte, wenn man zu seinen Bedürfnissen stand.

Als das letzte Studienjahr beinahe um war, schien Susannah die George-Episode weggesteckt zu haben. Während die anderen mit dem Examen, der Abschlußarbeit und den Vorstellungsgesprächen nur klarkamen, wenn sie einen Becher Erdnußbutter auf ex aßen und mit der American-Express-Karte ihrer Eltern teure Psycho-Hotlines anriefen, erwarb Susannah in aller Ruhe ein konservativ geschnittenes, schwarzgraues Kostüm und ließ ihren Lebenslauf auf Bütten drucken. Während ihre Mitbewohnerinnen verbissen den Satz einübten: «Möchten Sie Pommes frites dazu, Sir?» und à la Lois Lane von einer Karriere in den schlechtbezahlten, aber glamourösen Branchen Journalismus und Werbung träumten, ging Susannah zu den Terminen mit den Firmenvertretern, die in Scharen auf dem Campus einfielen, und kam von diesen Treffen mit richtigen Stellenangeboten zurück. Als das Examen beendet war, machte sich Susannah auf nach New York City.

Und dort ist sie geblieben, als Wärterin eines beeindruckend gradlinigen, wenn auch wenig spannenden Lebens. Natürlich ist Susannah kein Holzklotz. Gelegentlich spürt sie die Versuchung, einem der Männer näherzukommen, die sie um Punkt sieben zum Abendessen abholen und nie über Nacht bleiben. Aber zum Glück weht neuerdings ein frischer Wind, denn Susannah erzählte kürzlich, sie hätte ein recht vertrauliches Telefongespräch mit David geführt, einem Börsenmakler, den sie gelegentlich trifft.

«Als ich zu ihm gesagt hab, ich würde nichts Ernstes von ihm wollen, dachte ich, er würde sauer sein. Aber statt dessen machte er was Komisches: Er hat gesagt, er würde gern mit mir Schlittschuh fahren. Ich fand das irgendwie süß», erzählte sie und wurde sittsamerweise rot. «Ich hab das seit Jahren nicht mehr gemacht und bin ständig hingefallen und auf ihn draufgeknallt. Aber er war so nett und hat so getan, als würde es ihm gar nichts ausmachen, unter meinem ganzen Gewicht aufs Eis gedrückt zu werden. Und hinterher haben wir Glühwein getrunken, und obwohl ich so erschöpft war, fühlte ich mich großartig. Und als ich mich rübergebeugt und ihn geküßt hab, hätte ich am liebsten gesagt: ‹Laß uns schnell zu mir gehen.›»

«Und, hast du's gesagt?» fragte ich und drückte beide Daumen.

«Ach, nein. Ich konnte nicht. Aber ich hätte gern. Und ich glaube, das hat er gemerkt.»

«Wann siehst du ihn wieder?» hakte ich nach und gab die Hoffnung nicht auf.

«Er kommt mich morgen besuchen. Er hat gesagt, wir sollten zu Hause bleiben und ein Video ausleihen. Meinst du, ich muß mir Sorgen machen?»

Ich log sie an und versicherte ihr, David hätte bestimmt nur Lust auf einen gemütlichen Abend vorm Fernseher. Dann legte ich den Hörer auf und war optimistisch, daß Susannahs Freund, wenn er wirklich so einfühlsam und realistisch war, wie es sich anhörte, ihr sehr behutsam nahebringen würde, daß der wohldosierte Kontrollverlust etwas absolut Schönes sein kann.

‹Kontrolle› ist das letzte Wort, zu dem man greifen würde, um Maggie zu beschreiben. Ihr normaler Plan besteht darin, keinen Plan zu haben, sich durch den Tag tragen zu lassen und allem aus dem Weg zu gehen, was den Partyzug entgleisen lassen könnte. Ihre Wohnung ist klein, spärlich möbliert und vermittelt den Eindruck, die Bewohnerin sei gerade erst eingezogen und noch nicht zum Auspacken gekommen. Aber das ist Maggie ganz recht, denn sie benötigt den Platz, den etwa Möbel einnehmen würden, um dem ständigen Zustrom von Partygästen und Leuten, die überraschenderweise über Nacht bleiben, Herr zu werden. Maggie krabbelt schläfrig aus dem Bett, steigt vorsichtig über die Leiber, die ihren Fußboden bedecken, und schleicht in die Küche, um Kaffee zu kochen. Üblicherweise leiden die Gäste an einem Kater oder erholen sich gerade von einer chemisch herbeigeführten einsamen Fiesta, aber Maggie wird damit spielend fertig, gießt methodisch Orangensaft in splitterfeste Gläser und richtet hübsche kleine Reihen Vitamin-B-Komplex- und Aspirin-Tabletten an.

Maggie wohnt in Los Angeles und ist von Kopf bis Fuß ein wasserstoffblondiertes, fröhliches *California Girl*, inklusive stetiger Bräune und einer Traumfigur. Sie arbeitet als PR-Frau für eine riesige Plattenfirma, kümmert sich um Interviews, Tourtermine und das öffentliche Image eines großartigen Hexenzirkels aus gitarrenschwingenden, bis aufs Skelett abgemagerten Rockstars. Maggie gehört zu den merkwürdigen Menschen, die Streß mögen, und sie mag Streß besonders gern, wenn das bedeutet, daß man zu Dutzenden von Prominentenparties geht und kreuz und quer im Land umherfliegt, um Rockkonzerte zu besuchen.

Maggie ist für ihren Job viel unterwegs, und ihre Reisen bestehen normalerweise aus einem Taumel von Cocktailparties und Essen auf Spesen. Obwohl sie ständig mit fremden Menschen umgehen muß, fühlt sie sich nicht, wie manche von uns, während dieser Begegnungen gezwungen, auf die Damentoilette zu fliehen und wie besessen die beginnenden Krähenfüße und sich ständig weitenden Poren in ihrem Schminksetspiegel zu betrachten. Nein, Sir: Maggie hält sich wacker im Epizentrum der Party und lacht ausgelassen über die Scherze von Plattenproduzenten und Grunge-Musikern. Maggie ist ein wildes Kind, und wilde Kinder legen keinen gesteigerten Wert auf Hemmungen.

Obwohl beruflicher Aufstieg ebenfalls zu den Dingen gehört, auf die Maggie keinen gesteigerten Wert legt, ist sie doch bei ihren Kollegen sehr beliebt. Das liegt zum Teil an ihrem großzügigen, gutmütigen Charakter und zum Teil an ihrer attraktiven Verpackung. Letzteres ist nicht unwichtig, wenn es darum geht, die sehr spezielle Klientel ihrer Firma zufriedenzustellen – da können Sie Heather Locklear fragen. Maggie ist eine unverbesserliche Optimistin, die das unangenehmste Ereignis in die schönste Geschichte verwandeln kann, und das meistens auf ihre Kosten.

Im Gegensatz zum Großteil ihrer Freundinnen hält sich Maggie, was Laster angeht – Zigaretten, oder ein gelegentliches Glas Wein zuviel –, sehr zurück, es sei denn, na klar, es geht um Männer. Sie kann den Ärger schon riechen, sobald er das Zimmer betritt, und das ist ein Geruch, der sehr anziehend auf sie wirkt. Seitdem ich sie kenne, ist sie mit drei Männern zusammengewesen: einem Ferrari-fahrenden Handelsvertreter der Kokainindustrie, einem waschechten und äußerst charmanten Alkoholiker und einem Bassisten, dessen Appetit auf stimmungsaufhellende Selbstmedikation mittels Glückspillen so unersättlich ist, daß seine bloße Existenz die Frage zu beantworten scheint, ob Reinkarnation möglich sei, und gleichzeitig auch das Rätsel um den Verbleib des Ur-Rockers Jim Morrison löst.

Generell sind diese Männer schwierig zu handhaben, und es ist schon offensichtlich, daß Maggie ein bißchen stolz darauf ist, daß sie sie handhaben kann. Obwohl sie zugibt, daß ihre Geliebten äußerst anstrengende Gesellen sind, beginnt sie doch jede neue Beziehung in begeisterter Unkenntnis des Ärgers, der vor ihr liegt. Betrachten wir ihr Verhalten aber wieder einmal mit dem weisen Blick unseres Lieblings-Kino-Analytikers, so wird schnell klar, daß Maggies «Unkenntnis» der diversen bedrohlichen Liebes-Wegweiser sehr bereitwillig kultiviert wird. Schließlich basieren ganze psychologische

Theorien auf der Idee, daß selbst die mieseste Laborratte fähig ist, aus Fehlern zu lernen. Maggies Verhaltensmuster in diesen Liebschaften ist stets das gleiche. Die nämliche knurrige kriminelle Energie, die sich später als problematisch erweist, ist es, die sie zu Anfang an jeder neuen Herausforderung reizt. Der Django-zahlt-heut-nicht-Gang, der bedrohlich verführerische Blick und die Pomade: das alles findet Maggie ungeheuer anziehend. Sie könnte normale Typen haben. Mit ihrer süßen, unbeschwerten Heiterkeit und den langen aschblonden Haaren könnte sie wahrscheinlich sogar Antonio Banderas haben. Ihre Freundinnen haben versucht, sie von diesem Typ Mann wegzulocken und zu Parties oder Essen mitgeschleppt, damit sie passendere Männer kennenlernt. Die Männer, die sie kennenlernen, mögen Maggie, sie rufen sie an und versuchen sich mit ihr zu verabreden, aber Maggie erfindet nicht mal Notlügen, um dem zu entgehen. Sie legt wie versteinert den Hörer auf, murmelt «Versager!» vor sich hin und sieht sich dann den ganzen Abend *C.O.P.S.* an, nur für den unwahrscheinlichen Fall, daß sie ihren momentanen Lover kurz zu sehen bekommt, wie er sich, besoffen und bis auf die Unterwäsche entkleidet, über die Motorhaube eines Autos beugt, während diverse Mitarbeiter des *Los Angeles Police Department* ihn von hinten mit Handschellen fesseln.

Maggies Laisser-faire-Einstellung ändert sich jedoch schlagartig, sobald sie ein ernsthaftes Verhältnis mit einem dieser Männer eingeht. Solch ein Umschwung wird durch plötzliche leidenschaftliche Bemühungen markiert, ihren Partner wieder in die Gesellschaft einzugliedern. Der Wechsel vom Cheerleader zur Drogentherapeutin löst einen Konflikt aus, den Maggie als äußerst unangenehm empfindet, so sehr geht sie in der Rolle der Gewährenden und Genießenden auf und lehnt die der Spielverderberin ab. Obwohl sie an dem Glauben festhalten muß, sie sei ein liberaler Mensch, hat Maggie doch in Wirklichkeit die recht konventionellen und gewöhnlichen Erwartungen von Hingabe und Verläßlichkeit, wenn es um die Liebe geht. Hat sie sich einmal auf einen Mann eingelassen, dann bringt sie eine unglaubliche Kraft auf, um die Kluft zwischen Unterstützung und Verleumdung ihres Liebsten zu überbrücken, indem sie das Verhalten dieses Mannes sich selbst und dem Rest der Welt gegenüber abwechselnd kritisiert und verteidigt. Irgendwann muß sie jedoch unweigerlich einsehen, daß die Böse-Jungen-Allüren, die sie an ihrem gegenwärtigen Liebhaber zunächst so anziehend fand, nur auf einem schlechten zweiten Platz hinter seinen anderen, zeitraubenderen und kriminellen Prioritäten landen.

Während der Trennungsphase von Cap, dem Bassisten, beschloß Maggie, sich ein wenig von dieser Beziehung zu erholen und für ein paar Tage zu mir zu ziehen. Ich hatte gerade selbst Liebeskummer, nachdem ich entdeckt hatte, daß mein damaliger Freund entschieden zuviel Zeit mit einer seiner Kolleginnen verbrachte. Obwohl ich mir ziemlich sicher war, daß ihre Freundschaft noch platonische Züge trug – die beiden teilten einige ernsthafte Interessen, und die Frau schien selbst glücklich in einer Beziehung zu leben –, hatte ich mich zu einer gewissen irrationalen und entschieden unattraktiven Eifersucht hinreißen lassen. Ich freute mich auf den Besuch und hoffte, Maggies Anwesenheit würde mich von meinen höchstwahrscheinlich selbstgemachten Problemen ablenken.

Maggie kam, und wir legten sofort mit einem Gespräch unter Frauen los. Ich reichte ihr eine Schale Vanilleeis mit Schweizer Mandeln, nahm mir selbst eine Packung Schokosplitter-Kuchenteig-Eis (eine Geschmacksrichtung, die es eigentlich nicht geben kann, die es aber trotzdem gibt) und

hörte zu. Die Sache mit Cap nahm allmählich deutlich katastrophale Züge an – irgendeine Geschichte über den kürz-
lichen Diebstahl mit anschließender Demolierung ihres Wa-
gens –, aber Maggie war noch nicht ganz so weit, zugeben zu
können, daß sie aufs falsche Pferd gesetzt hatte. Irgendwann
hatte sie keine Lust mehr zu sprechen und überredete mich,
meine eigene traurige Geschichte zu erzählen. Ich hatte ein
wenig Bedenken, ich würde ihre Zeit verschwenden, denn
ich wußte, daß ich mir das Problem größtenteils einbildete,
aber ich legte los und erzählte ihr von dem Kummer mit meinem Liebsten. Maggie hörte sich das mitfühlend an, und als
ich fertig war, versicherte sie mir, meine Bedenken seien un-
begründet, wobei sie aufmerksamerweise ein paar Beispiele
für die Treue meines Freundes beisteuerte, die mir entgangen waren. Ich war ihr dankbar und wußte zuverlässig, daß
ich mir das Problem nur einbildete.

Dann kehrte unser Gespräch zu den Einzelheiten von
Maggies Verhältnis mit Cap zurück. Noch während sie seine
Missetaten auflistete, fiel mir auf, daß Maggie sehr darauf
bedacht war, Cap für die ausgleichenden Qualitäten zu lo-
ben, die sie immer noch an ihm entdeckte. Mir war völlig
klar, daß es sich bei Cap um einen baßspielenden Vollidioten
handelte und daß Maggie von Glück sagen konnte, wenn ihr
zerstörtes Auto das Äußerste an Schaden war, den diese Beziehung anrichten würde. Also begann ich – ganz vorsichtig,
wie nur Freundinnen das können –, die Möglichkeit auszuloten, sie könne die Affäre beenden. Als ich ihr die Gründe
dafür aufzählte, waren die Argumente so überzeugend, daß
ich alles Taktgefühl vergaß. Ich war entschlossen, Maggie
klarzumachen, daß sie mehr verdiente, als sie von Cap bekam, und versuchte ihr ziemlich unhöflich den Gedanken
nahezulegen, daß Cap ein absoluter Versager sei, der sich nie
ändern würde.

Ich war tief in meine Eispackung vorgedrungen, genoß meine eigene Tirade und vergaß dabei, Maggie ins Gesicht zu sehen. Als ich das nachholte, sah ich zu meinem Erstaunen, daß sie blaß vor Wut war und ihre lieblichen Lippen sich zu einer scheußlichen Grimasse verzogen hatten. Ich wappnete mich für das, was jetzt kommen mußte, und mir wurde plötzlich klar, daß ich zu weit gegangen war. «Na ja», sagte Maggie kühl und lehnte sich in die Sofapolster zurück. «Cap mag manchmal schwierig sein. Aber wenigstens weiß ich, daß er mich nicht blamiert, indem er mich betrügt.» Das «Was nicht jeder von sich behaupten kann» hing schwer und bedrohlich in der Luft. Okay, das hat wirklich weh getan. Aber mal von mir abgesehen, war ich fasziniert von den raren Einblicken in Maggies Herz, die mir mein Mangel an Feingefühl ermöglicht hatte. In einem dieser Judd-Hirsch-Augenblicke erkannte ich, daß sie stinkwütend war – ja, in diesem Moment auf mich, aber auch sonst. Unter ihrem sonnigen, verständnisvollen Äußeren konnte Maggie jeden Augenblick in die Luft gehen. Als ich das registrierte, klärte sich alles auf, was ich vorher so rätselhaft fand: Maggies ausdauerndes Faible für wütende, unzufriedene Männer war ihre Methode, mit ihrer eigenen Wut umzugehen.

Indem sie sich Männer suchte, die mit allen möglichen destruktiven und verantwortungslosen Dingen beschäftigt waren, konnte Maggie stellvertretend all die rebellischen und ungehobelten Impulse ausleben, die sie sonst so gründlich verbarg. Um die beunruhigend bösartigen Gefühle, die in ihrem Innern gären, überzukompensieren, hat sie sich ein scharf bewachtes fröhliches Äußeres zugelegt. Aber die Wahrheit kommt immer ans Licht, wie unsere Mütter uns eingeschärft haben, und obwohl Maggie ihre dunkle Seite normalerweise verbergen kann, spielt sie bei ihrer Partnerwahl offensichtlich eine entscheidende Rolle.

Maggies wilder Lebensstil steht in scharfem Kontrast zu ihrer traditionellen Südstaatenkindheit. Sie wurde mitten in Texas von Eltern aufgezogen, denen ein anständiges Auftreten so wichtig wie die Luft zum Atmen war. Ihr Vater war Pastor, ihre Mutter eine pflichtbewußte, alles erduldende Pastorengattin, und die Lehren ihrer Kindheit scheinen sie überzeugt zu haben, daß unziemliche Gefühle wie Wut und Unzufriedenheit vollkommen inakzeptabel sind, besonders für ein nettes Mädchen aus Texas. Die Spätwirkungen ihrer Gute-Mädchen-Herkunft haben immer noch einen großen Einfluß auf ihr Liebesleben. Wenn Maggie ihre wütende Seite ausdrücken oder auch nur akzeptieren könnte, müßte sie sich möglicherweise keine Männer suchen, die das für sie erledigen. Sie könnte fähig sein, sich mit einem Mann einzulassen, der ihr mehr zu bieten hat als die Möglichkeit, die Kaution für ihn zu stellen.

Dummerweise ist Maggie Welten davon entfernt, ihre dunkle Seite wahrzunehmen, geschweige denn, sie in ihre Vorstellung von sich selbst einzufügen. Von meinem Hirsch-Durchblick dazu ermutigt, bat ich Maggie, ihre trotzige Bemerkung über mein Liebesleben zu erläutern. Ich sagte: «Es ist okay, ich weiß, daß du wütend warst. Ich hab mich unausstehlich benommen. Reden wir einfach darüber.» Statt erleichtert zu sein über die Möglichkeit, ihrem Ärger Luft zu machen, wollte mir Maggie hartnäckig weismachen, daß ich mich irrte und daß sie die Bemerkung nicht bös gemeint hätte. Sie hatte lediglich auf einen positiven Charakterzug Caps hingewiesen, das müßte ich doch gemerkt haben? Also gut, was ich merkte, war, daß sie sich mit Cap wieder vertragen und weitere Monate mit ihm verschwenden würde und daß ihr ungeratener Freund weiterhin dem Stimme verleihen durfte, was für Maggie unaussprechlich blieb.

Ja, liebe Leserin, in Zeiten wie diesen sehnt man sich nach dem hellsichtigen und beruhigenden guten alten Doktor Hirsch zurück. Judd konnte die Rüstung aufknacken, die wir angelegt hatten, und uns jene Charakterzüge aufzeigen, um deren Verdrängung wir uns erfolglos bemühten. Er würde uns behutsam dazu anleiten, jene Bestandteile unseres Selbst zu akzeptieren, die wir so ausdauernd und vergeblich zu verneinen suchten, denn Judd weiß, daß ein Aspekt der eigenen Persönlichkeit, den man ignoriert, deswegen nicht einfach verschwindet. Das macht es lediglich unmöglich, sich selbst wirklich zu akzeptieren.

Judd würde uns zu einem sehr angemessenen Stundensatz daran erinnern, daß die Nähe zu einem anderen Menschen so lange ein unrealisierbarer Traum bleibt, wie wir uns selbst nicht uneingeschränkt und ehrlich entgegentreten. Er würde aufzeigen, daß, selbst wenn wir jemanden finden, der unser vorgebliches Ich liebt, und nicht die wahre, vollständige Person, die wir sind, sich diese Liebe schal und unbefriedigend anfühlen wird, denn sie wird gänzlich von einem Menschen entfacht sein, der nicht existiert.

Es ist eine alte Wahrheit, aber nichtsdestotrotz eine gültige: In unserer Kultur sind Frauen einem enormen Druck ausgesetzt, sich einem gewissen Ideal weiblichen Wohlverhaltens zu beugen – freundlich und zurückhaltend zu sein, unser Verlangen und unsere Wut zu zügeln und, koste es, was es wolle, sich vernünftig zu benehmen. Dummerweise hat diese Forderung nicht viel mit der Tatsache zu tun, daß wir als ganz normale Menschen über die gesamte Bandbreite von Gefühlen und Impulsen verfügen, von Euphorie bis Verzweiflung, von Zufriedenheit bis Zorn. Man sollte sich nicht einbilden, wie Maggie es sicherlich tut, wir könnten unser Innenleben regulieren. Allein der Versuch bringt uns in Schwierigkeiten und verstärkt unsere Scham und unser

Minderwertigkeitsempfinden, und das sind Gefühle, die ein Dinner zu zweit bei Kerzenlicht ziemlich versauen können. Ein Mensch, der keine Ahnung hat, wer er wirklich ist, kann sich unmöglich für eine aufrichtige und vertraute Beziehung öffnen. Bevor man auch nur daran denken kann, eine Verbindung mit einem anderen Menschen einzugehen, muß man zunächst eine solche Verbindung zu sich selbst herstellen. Für diese Frauen wird das bedeuten, daß sie die zwanghaften Züge ihres Lebens unter die Lupe nehmen und herausfinden müssen, was mit diesem Verhalten verschleiert werden soll. Doch die Antwort wird, wie unser Freund Conrad schließlich erfährt, weit harmloser als das Schattenland der Ängste sein, das uns von erfüllenden emotionalen Bindungen fernhält. Und sobald wir uns selbst uneingeschränkt sehen können, können wir auch damit beginnen, dieses Selbst anderen Menschen zu öffnen.

7
Ein Pfund Fleisch

**Wie bindungsscheue Frauen die
Bikiniphobie für sich arbeiten lassen**

Ich erinnere mich noch recht deutlich an mein erstes *Weight-Watchers*-Treffen. Der große, in Neonlicht getauchte Raum, in dem Klappstühle aufgereiht standen, der Sichtschutz, hinter dem man eine schwarze, bedrohlich aussehenden Arztwaage erkennen konnte – das ganze Arrangement erinnerte an den großen und mächtigen Zauberer von Oz. Wir Dickerchen bezahlten für das Privileg, uns anzustellen und von verdächtig dünnen Gruppenleitern wiegen zu lassen, die mit pantomimischen Gesten auf unsere wöchentlichen Fortschritte reagierten: fröhliches Gesicht bei Gewichtsverlust, trauriges bei Zunahme, grimmige Anteilnahme, wenn sich nichts getan hatte. Sie hatten eine bezahlte Toleranz an sich, ein aufmerksames Mitgefühl, welches das Prinzip untermauerte, an das wir erinnert werden sollten: daß Gruppenwiegerituale mit Scham und Erleichterung einhergehen. Diese kollektive, äußerst öffentliche Überwachung schien dem katholischen Sakrament der Beichte einiges zu schulden, von dem ich damals im Religionsunterricht zum erstenmal hörte, denn ich war zu dieser Zeit gerade mal neun Jahre alt.

Ich weiß also, wovon ich spreche, wenn ich sage, daß ich mir nicht vorstellen kann, es könnte auch nur eine einzige Frau geben, die nie ihres Äußeren wegen gelitten hat. Unsere Gesellschaft gibt sich damit zufrieden, Männer nach ihrem überlegenen Intellekt oder ihrem Ehrgeiz zu beurteilen, aber wenn es um den Wert einer Frau geht, scheinen die zu beurteilenden Hauptpunkte die folgenden zu sein: A) Kann sie sich in ein Kleid Größe 34 zwängen? B) Hat sie sich durch Glück, Peeling oder ein Leben unter dem Sonnenschirm einen fältchenfreien, frischen Teint erhalten? C) Hat sie es geschafft – entgegen allen Erwartungen, bedenkt man die Legionen von Haarterroristen, die hinter jeder Ecke lauern –, einen Friseur zu finden, der etwas aus ihrer widerspenstigen Mähne machen konnte?

Frauen wird beigebracht, ihre körperlichen Merkmale als wichtigste Zahlungsmittel auf dem Marktplatz der Liebe zu betrachten. Das bedeutet: Wenn wir zufällig beim genetischen Poker die Arschkarte ziehen und mit krausem Haar dastehen, mit einer vorstehenden Nase oder eckigen Beckenknochen, können wir unsere Liebeshoffnungen auch gleich in die Tonne treten. Während uns einerseits bewußt sein mag, daß Attraktivität eine subjektive Größe ist – daß es unserem potentiellen Partner sogar gefallen könnte, daß wir eine Brille tragen –, müssen wir doch bloß *Melrose Place* einschalten, um daran erinnert zu werden, daß unsere Schenkel zu dick und unser Kinn völlig unmöglich ist. Und, mal im Ernst, wem wollen wir hier eigentlich was vormachen?

Weil die Gesellschaft so viel Wert auf das Aussehen einer Frau legt, ist es unvermeidlich, daß unsere Gefühle, was unser Äußeres angeht (Besorgnis, Stolz oder stolze Besorgnis) einen direkten Einfluß auf die Art haben, in der wir uns der Welt präsentieren. Unsere Beziehungen zu Familie und Freundinnen, unser Verhalten im Beruf, unsere romantischen Begegnungen – sie alle werden von der Scham, dem Selbstbewußtsein oder der Verzweiflung beeinflußt, mit der wir unsere körperliche Erscheinung betrachten.

Und wenn uns eine enge Bindung oder die Vertrautheit, die ihr vorausgeht, unangenehm ist, ist es nur logisch, daß wir unseren Körper benutzen, um dieses Unbehagen auszudrücken. Das funktioniert ungefähr folgendermaßen: Wir ermitteln den aktuellen Standard weiblicher körperlicher Perfektion (diverse Modezeitschriften oder die MTV-Sendung *House of Style* sind da verläßliche Hofbulletins), stellen fest, in welchem Maße unser Genpool mit diesem Modell kooperiert hat, und dann unternehmen wir alles menschenmögliche, unser natürliches Aussehen dem ermittelten Schönheitsstandard anzunähern. Das ist eine Version der Geschichte.

Wenn man jedoch bestrebt ist, Liebesbeziehungen zu vermeiden, oder nach dem Schleichweg aus einer Beziehung sucht, bietet einem dieses heilige Weiblichkeitsideal etwas, gegen das man rebellieren kann. Eine solche Rebellion kann viele Formen haben: Sie können zunehmen, sich keine Kontaktlinsen kaufen, sich nicht die Haarwurzeln nachfärben (falls sie nicht Heather Locklear sind, der es irgendwie gelingt, diesen umgekehrten Stinktierlook zu vermeiden) oder sich wie eine Karmeliternonne kleiden, die ihr Keuschheitsgelübde ablegen will. Eine Frau, die zu einer dieser Aktionen greift, kann problemlos ihr mangelhaftes Äußeres für ihren Singlestatus verantwortlich machen und wirkungsvoll dem beunruhigerenden Gedanken ausweichen, daß sie vielleicht lieber allein sein möchte. In dieser Ansicht wird sie von unserer Gesellschaft sicherlich massiv bestärkt werden, denn jede Abweichung vom weiblichen Schönheitsideal wird schnell als mutwilliger, übellauniger Akt der Abgrenzung gewertet. Und wer damit beschäftigt ist, sich abzugrenzen, hat keine Zeit für Verabredungen.

Ich weiß natürlich, daß es viele Frauen gibt, für die dieser Standard körperlicher Perfektion unerreichbar ist – sei es aus genetischen oder medizinischen Gründen oder weil sie derart dringende Probleme plagen, daß sie keine Zeit haben, sich in der Diätklinik von Jenny Craig einen Termin geben zu lassen. Das schließt noch nicht mal die Frauen ein, die auch nur die Idee eines solchen Standards für ausgemachten Schwachsinn halten, für etwas, über das man sich lustig macht oder das man links liegenläßt. Aber diese Weisen sind die Ausnahme. Die meisten von uns schlucken die herrschende Meinung unbesehen, man bleibe garantiert solo, wenn man nicht tipptopp aussieht. Und wer das nicht schafft, dem steht einiges an Kummer bevor, denn unsere Gesellschaft ist generell viel netter zu denjenigen mit makellosem Körper als zu den weniger Perfekten. Sie mag sie einfach lieber, das ist alles. Ist nicht persönlich gemeint.

Mal im Ernst, in einer idealen Welt müßte uns das nicht kratzen, denn wie könnten wir uns über eine Reihe von Standards aufregen, die nicht das geringste mit uns zu tun haben? Die Überzeugung, die Summe der Körperteile einer Frau ergebe ihr Ganzes, ist unglaublich unoriginell und deprimierend. Unglücklicherweise verführt uns diese Überzeugung dazu, alles Sinnvolle und Gerechte in der Welt aus den Augen zu verlieren und vor der Ansicht zu kapitulieren – manchmal aktiv, manchmal, als wären wir aus einem Fenster geworfen worden –, daß körperliche Perfektion bei Frauen einen moralischen Vorteil ausmacht. Das führt, egal ob unsere Gesichtszüge nun dem gegenwärtigen, vergänglichen Standard der Wohlgestalt entsprechen oder nicht, zu einer unnachgiebigen, äußerst giftigen Selbstkritik unseres Äußeren, die unsere Gedanken von ihrem wahren Fokus ablenkt, nämlich von dem unter der Haut.

Wenn Sie sich im Würgegriff des Selbstmitleids über ihren Körper befinden (so verständlich das auch ist, dank Kate Moss, die den Beweis darstellt, daß Gott sich tatsächlich über uns lustig macht) und ihren aktuellen Liebes-GAU auf Ihr inadäquates Erscheinungsbild zurückführen, dann stehen die Chancen exzellent, daß Sie unwissentlich Ihren Körper als Ticket für eine Flucht aus dem Land der festen Beziehung nutzen. Es sind weit eher die Überzeugungen über unsere sogenannten körperlichen Mängel sowie die Art und Weise, in der diese Überzeugungen unser Verhalten entstellen, als die Mängel selbst, die Fortschritte im Liebesleben verhindern.

Ich erinnere mich noch genau an das erste Weihnachten mit meinem gegenwärtigen Geliebten. Wir verbrachten ein paar festliche, verschneite Tage mit dem üblichen ausschweifenden Gelage aus Obstkuchen und gut gebutterter Maronenfüllung und kehrten mit Taschen voller Geschenke und dem traditionellen Freßkater nach Hause zurück. Mein Liebster stand am nächsten Morgen früh auf, um sein normales Leben wiederaufzunehmen, und schlüpfte in seine Jeans. «Hey», rief er aus, und seine Stimme klang verblüfft, «ich glaube, ich hab ein bißchen zugenommen.»

Ich war erstaunt. Für ihn schien das eine völlig neutrale Entwicklung zu sein, so wie man bemerkt, daß eine Glühbirne kaputt ist und ersetzt werden muß. Wo blieb die Schande, die Schuld, der Alptraum der Selbstverdammnis? Ich hatte auch zugenommen – wer hätte das nicht, wenn man sich fünf Tage lang beinahe ausschließlich von gezuckerter Schlagsahne ernährt? Aber diese Einsicht hielt mich unter der Bettdecke gefangen, und ich machte mich darauf gefaßt, den ganzen Tag mein Kugelbäuchlein zu umschlingen, zu weinen und mir stündlich zu überlegen, welche Kleidungsstücke aus meinem Schrank mir jetzt nicht mehr passen würden. Was für ihn ein interessanter Umstand war, der einem auffällt und auf den man vielleicht mit ein paar Tagen leichterer Kost reagiert, war für mich eine moralische Anklage, vor der es kein Entkommen gab. Daß sich der Körper meines Liebsten veränderte, war etwas Äußerliches und hatte mit seinem Ego nichts zu tun, während diese Veränderung bei mir die Macht besaß, meinen Wert zu bestimmen oder genauer gesagt: meine Wertlosigkeit.

Ich habe natürlich früh gelernt, daß Extrapfunde gern geschmäht werden, als ich nach einer Kinderkrankheit und der damit verbundenen Bettruhe (über die ich mich insgeheim freute, ersparte sie mir doch Wochen strapaziöser, unangenehmer Spiele draußen) ein bißchen pummelig war. Als ich mich erholt hatte, ging ich wieder zur Schule und lief prompt einem meiner Lieblingslehrer in die Arme, einem schroffen alten Kerl mit einem bissigen Sinn für Humor. «Sheila», begrüßte er mich lauthals: «Du bist ja so dick geworden!»

Da verstand ich möglicherweise zum ersten Mal, daß sich der eigene Körper in eine völlig falsche Richtung entwickeln und verändern konnte, was auf meinen augenscheinlich zutraf, weil ich so stattlich geworden war. Diese Information wurde im Verlauf meines Lebens auf vielerlei Arten untermauert und war für mich von entscheidender Bedeutung. Nicht nur, daß sie mir zeigte, auf welche Weise ich mein ohnehin angeschlagenes Selbstbewußtsein vollends ruinieren konnte, sie eröffnete mir darüber hinaus auch in späteren Jahren einen Ausweg, wenn ich nach einer passiven Möglichkeit suchte, einer Liebesbeziehung auszuweichen.

Wie bei den meisten Frauen war und ist das Verhältnis zu meinem Gewicht komplizierter als eine angeborene Disposition für ein gebärfreudiges Becken oder die ständige Verfügbarkeit von Kuchen im Küchenschrank meiner Mutter suggerieren mögen (obwohl ich nicht gerade behaupten kann, daß diese Faktoren besonders wohltätig gewirkt hätten). Weil wir in einer Gesellschaft leben, die Fett verabscheut, kann Übergewicht eine erstaunlich simple Methode sein, die eigene Isolation zu sichern. Das Bild der zusätzlichen Polster könnte nicht treffender sein: Polsterung bietet Schutz. Unglücklicherweise kann sie auch einen gewissen Ausschluß von äußerst wichtigen Erfahrungen bedeuten. Der Umgang mit dem anderen Geschlecht beispielsweise bleibt auf der Strecke, genau wie auch nur der leiseste Anflug von Wohlbehagen angesichts des eigenen Körpers. Wenn man bedenkt, daß Übergewicht in unserer fetthassenden Gesellschaft garantiert kritisiert wird, kann ein molliger Körper ein effektiver Schutzmantel vor größeren Sorgen sein, die mit so elementaren Dingen wie Persönlichkeit und Charakter zu tun haben.

In meinem Fall war der Kreislauf aus Gewichtszu- und -abnahme ein ständiger Begleiter, bis ich Mitte Zwanzig war. Egal, ob ich gerade eine Zeit relativer Schlankheit oder Fülle durchmachte – ich fand mich dick. Und dieses Bild von mir selbst teilte sich jedem potentiellen Lover sofort mit: Schon eine füllige Figur ist sicher ein prima Schutz vorm Erfolg in der Liebe, aber ich verschlimmerte zweifellos die ohnehin bescheidene Lage durch mein zunehmend negatives Selbstbild. Objektiv betrachtet hat der Umstand, wieviel oder wie wenig jemand wiegt, natürlich nichts mit dem Wert einer Person zu tun. Aber andererseits hatte Gewicht für mich nichts mit Objektivität zu tun. Bis ich in einer Therapie damit begann, all die schmerzlichen Urteile, die ich schon als Kind über mich selbst gefällt hatte, Stück für Stück wieder hervorzuholen, hatte ich keine Ahnung, in welchem Ausmaß ich mich auf genau das, was ich am meisten an mir haßte – mein Übergewicht nämlich –, verlassen hatte, um die Welt von meiner Wertlosigkeit zu überzeugen. Im Laufe dieses langwierigen, anstrengenden (und alles andere als abgeschlossenen) Prozesses, mich kennenzulernen und zu akzeptieren, habe ich eingesehen, wie sehr mein Gewicht als Schutz gedient hat, um meine Angst vor Nähe und Vertrautheit in Schach zu halten. Unsere Kultur hat mich dabei natürlich tat-

160

kräftig unterstützt, aber die Schwerstarbeit, mich tatsächlich unter diesem Pfund Fleisch zu verbergen, mußte ich selber leisten, und sie paßte perfekt zu meinem Wunsch nach Isolation.

Als ich vor einigen Jahren meine bessere Hälfte kennenlernte, wog ich für meine Verhältnisse gerade relativ wenig. Ich hatte eben die wohl ungesündeste Diät der Welt absolviert – die ich mir selbst ausgedacht hatte, wie ich gleich hinzufügen muß. Sie bestand aus einem halben, trockenen Brötchen morgens, gefolgt von einem Schälchen Pasta zum Abendessen. Wenn ich abends ausging, ließ ich die Pasta ganz ausfallen und begnügte mich mit Wodka ohne alles – dem, wie jede Waagenbesitzerin weiß, kalorienärmsten alkoholischen Getränk, das man bekommen kann. Ich kann diese Diät nicht empfehlen, denn sie war eindeutig die Ausgeburt eines kranken Hirns, aber für kurze Zeit zeigte sie Wirkung. Glücklicherweise kam diese Diät ohne sportliche Übungen aus (eine der Grundbedingungen einer guten Diät, wenn Sie mich fragen), denn während dieser Askesezeit war ich nicht mal in der Lage, allzu schnell aufzustehen.

Wie dem auch sei, als ich mich verliebte, hatte das alles ein Ende. Der Mann meiner Träume war ein begeisterter Koch und ein leidenschaftlicher Esser. Bis über beide Ohren verknallt, verfiel ich in einen stoffwechselbedingten Gedächtnisverlust und wurde zum Opfer des Diätwahns: Ich vergaß komplett, daß es nachteilige Auswirkungen auf meine Figur hat, riesige Portionen Lasagne mit ungezählten Gläsern Rotwein runterzuspülen. Ein paar Monate lang frönte ich einer gefährlichen Mischung aus ekstatischer Selbstvergessenheit und ernsthafter Freßsucht, bis ich eines Morgens erwachte und feststellen mußte, daß ich, wie aufgehender Brotteig, kräftig dabei war, meine Ausmaße zu verdoppeln.

Wie es mit der Verdrängung nun mal so ist, schob ich meine Gewichtszunahme ausschließlich auf den radikalen Wandel meiner Eßgewohnheiten. Wenn mein Geliebter mir einen riesigen Teller Kartoffelgratin vorsetzte – wobei die Liebe wirklich durch den Magen ging –, wer war ich denn, das abzulehnen? Die Monate vergingen, ich ersetzte meine Garderobe immer mehr durch eine, sagen wir mal, geräumigere und ignorierte standhaft das allzu naheliegende Motiv meiner Freßattacken, welches darin zu suchen war, daß Übergewicht ein vortrefflicher Weg zu Selbstmitleid und Isolation ist. Ganz genau, Freunde: Es wurde alles ein bißchen zu ernst und ein bißchen zu intim mit meinem Geliebten, und wie konnte ich ihn leichter dazu bewegen, die Biege zu machen und mich zu verlassen, ohne daß ich selbst eingreifen mußte, als mich in ein zweites Krümelmonster zu verwandeln?

Ich würde meine Kurzschlußreaktionen auf intime Beziehnungen vermutlich immer noch ignorieren und hätte mich längst bei soliden dreihundert Pfund eingependelt, hätte mich mein Freund nicht gezwungen, mein Verhalten einzugestehen. Erstaunlich, aber wahr: Er sprach mich auf meine Gewichtszunahme an. Daß gerade der Partner uns auf unseren zunehmenden Umfang hinweist, ist nicht gerade der Stoff, aus dem die Träume sind. Beim ersten Mal, als mein Geliebter das Thema behutsam streifte, schrie ich etwas im Stil von «Du sollst ewig in der Hölle schmoren!» und rannte tränenüberströmt aus dem Zimmer.

Es dauerte lange, bis ich auch nur mit einem Anflug von Vernünftigkeit über dieses Thema sprechen konnte. Aber mein Freund ließ nicht locker, und ich erkannte schließlich, daß er zwar an den Veränderungen meines Körpers interessiert war, meine alptraumhaften Assoziationen zum Thema ‹Gewichtszunahme› aber nicht teilte. Er wollte mich nicht verurteilen oder beschuldigen, sondern machte sich Sorgen, weil er wußte, daß ich schon früher meinen Körper als Waffe gegen die Nähe zu anderen Menschen eingesetzt hatte. Er wußte auch, was die Veränderungen, die er registrierte, für unsere Partnerschaft bedeuten würden. Vor dieser Auseinandersetzung hatte ich geglaubt, mein Widerwille, über Gewichtsprobleme zu reden, entspräche dem hart erkämpften, wiedererlangten Recht auf ein Privatleben und die Selbstbestimmung über meinen Körper. Und tatsächlich ist mir diese Kontrolle äußerst wichtig. Nichtsdestotrotz bemerkte ich, daß mein Freund nicht meinen Körper kontrollieren wollte, sondern eher gegen meine Tendenz anging, negative Gefühle über mich selbst bis zur Vollblüte zu nähren und dann in unserer Beziehung als Abschreckungsmechanismen einzusetzen.

Mein Gewicht ist für mich immer noch ein heikles Thema und wird es, bedenkt man meine Biographie, wohl immer bleiben. Ich verbringe eine ungeheure Menge Zeit damit, über meine körperlichen Unzulänglichkeiten nachzudenken: Es schmerzt mich sehr, daß ich nie diese lächerlich-erotischen langen Stockings zu einem Minirock werde tragen können; und ich kann ganze Tage mit dem Gedanken daran verschwenden, was ich gegessen oder nicht gegessen habe. Ich weiß nicht, ob ich mir je werde sagen können: «Der Körper ist nur ein Behältnis», und tatsächlich daran glauben kann. Gegenwärtig bin ich allenfalls in der Lage, die Ursachen dieser Besessenheit zu verstehen und ihre Auswirkungen auf mein Selbstwertgefühl zu beobachten. Die Neigung, mich in mein einsames, fleischiges Ego zurückzuziehen, ist nicht verschwunden, aber mein zunehmendes Verständnis dieses Problems sowie die steigende Bereitschaft, darüber mit den mir nahestehenden Menschen – besonders mit meinem Partner – zu sprechen, bewirkt, daß sich die Einsamkeit allmählich auflöst, die nach meinem Gefühl der größte Nachteil des Freßdilemmas ist.

Ich kenne Lila seit beinahe drei Jahrzehnten. Als ich mit fünf Jahren in den Kindergarten kommen sollte, kaufte meine Familie ein Haus am anderen Ende ihrer Straße. An unserem ersten Kindergartentag standen Lila und ich auf dem Rasen vor unserem Haus, während meine Mutter mit verheulten Augen blinzelte und Polaroid-Fotos schoß, bevor sie mit uns davonzockelte, auf daß wir formeller Erziehung teilhaftig würden. Mit fünf Jahren war Lila ein lockiges, wonniges kleines Mädchen, äußerst gesellig und von sonnigem Gemüt. Man merkte gleich, daß sie allen Leuten um sich her gefallen wollte. Aber schon in diesen jungen Jahren war ihre Sehnsucht, gemocht und akzeptiert zu werden, von großen Sorgen unterfüttert.

Lila war ein außergewöhnlich intelligentes Kind und hatte ein Zuhause, in dem solche Qualitäten gewürdigt wurden. Obwohl ihre Eltern aus beruflichen Gründen in die ländlich-vorstädtische Gegend gezogen waren, in der wir wohnten, gaben sie ihre städtischen Interessen nicht auf. Sie waren entschlossen, ihre Kinder umgeben von demselben hohen kulturellen Niveau aufwachsen zu lassen, mit dem sie selbst erzogen worden waren – ein unter den Familien in unserer Gegend etwas ungewöhnliches Ziel und eines, das Lilas angeborene Altklugheit noch verstärkte.

Während mein Elternhaus ganz auf Kinder eingestellt war, mit Zimmern, die nur dem Aufbau von Barbie-Dörfern und byzantinischen Sofakissen-Festungen dienten, drehte sich in Lilas Haus alles um die Freuden Erwachsener. Ein Besuch bei Lila war für mich etwas Exotisches und Aufregendes: Mozart aus der Stereoanlage, unaussprechliche, komplizierte französische Delikatessen zum Abendessen, dazwischen ab und zu ein Schlückchen vom Wein ihrer Eltern. Aber es war zugleich auch ein Ort, an dem Strenge herrschte: Es gab ausgefeilte Bestimmungen, welche Gegenstände berührt und welche nicht angefaßt werden durften, wie laut wir sprechen sollten; es gab sogar subtile Hinweise, welche Spiele angemessen waren und welche man besser vermied.

Während Lila zweifellos später den Ästhetizismus ihrer Eltern schätzenlernte und teilte, zog es sie als kleines Mädchen eher in eine kinderfreundliche Umgebung. Und da kam meine Familie ins Spiel. In unserem Haus waren Fast food und Fernsehen König, eine Regierungsform, die Lila augenblicklich als wohltätig anerkannte. Regelmäßig jeden Nachmittag tauchte ihr roter Lockenkopf an unserer Haustür auf. Weil meine Mutter den zweifelhaften Entschluß gefaßt hatte, einen kompletten Küchenschrank mit einer Fülle von süßen Köstlichkeiten und klebrigem Naschkram vollzustopfen, hatte Lila Gelegenheit genug, sich zu verproviantieren, bevor sie in mein Zimmer kam und den ganzen Nachmittag Wiederholungen von *Dr. med. Marcus Welby* und *Drei Mädchen und ein Junge* guckte.

Schon als Kind war mir klar, daß in Lilas Paradies etwas nicht stimmte. Ihr Vater war offenbar entschlossen, seine Kinder an hochgesteckten Erwartungen zu messen, die oft in keinerlei Verhältnis zu ihren jungen Jahren standen. Ein Resultat von Lilas Frühreife war, daß sie für ihr Alter einen unabhängigen, starken Willen zeigte, und vielleicht ruhten die Aufmerksamkeit – und der Hohn – ihres Vaters deswegen besonders oft auf ihr. Lilas Mutter, eine viel mitfühlendere Seele, versuchte im Konflikt zwischen ihrem Gatten und ihrer ältesten Tochter zu vermitteln, aber die beiden gerieten immer wieder aneinander.

Eine von Lilas bestechendsten Eigenschaften ist ihr unstillbarer Appetit: auf sinnliche Freude, auf enge Freundschaften, auf intellektuelle und ästhetische Anregungen. Sie spricht, ißt und liest mit allesverschlingender Intensität. Dieser gesunde Appetit hat sich in all den Jahren, die ich sie kenne, erhalten, und wahrscheinlich ist sie schon damit geboren. Gegen ihre alles kontrollierenden Eltern bewährte sich diese Sucht nach neuen Erfahrungen als ausgezeichnete Waffe.

Kurz nachdem ich Lila kennengelernt hatte, erzählte sie mir, sie würde sich für fett halten. Sie wurde stets zu einer strikten, äußerst gesunden Diät angehalten, und ihr Gewicht wurde genau (oder, wie ich sagen würde, grausam penibel) überwacht. Auf meinen Fotos aus jener Zeit, auf denen Lila und ich herausgeputzt in unseren Reifrock-Einschulungskleidern zu sehen sind, wirkt Lila prächtig: kräftig und gesund, und ganz ähnlich wie ich noch ein bißchen vom Babyspeck angerundet. Trotzdem erinnere ich mich nur an Lilas ständige Angst vor und ihr Verlangen nach Nahrungsmitteln, und an den mit Händen zu greifenden Ruch des Verbotenen bei jedem Bissen, den sie sich in den Mund schob. Ihr tägliches Auftanken am Naschschrank meiner Mutter enthüllte bereits den festen Willen, sich der Polizeistaatmethoden zu erwehren, die ihr Vater, was das Essen anging, mit aller Macht durchzusetzen versuchte.

Sobald Lila sich beim Essen die Sehnsuchts- und Verlustlektion draufgeschafft hatte, beschloß sie, das Erlernte in der Liebe anzuwenden. Obwohl Lila, ich und alle unsere Freundinnen bereits mit fünf oder sechs Jahren komplett auf unsere männlichen Klassenkameraden fixiert waren und sehnsüchtig auf ein Zeichen der Aufmerksamkeit oder Akzeptanz von ihnen warteten, stand Lila der Sinn nach Höherem, und sie erwählte sich den zweifellos begehrenswertesten, beliebtesten und unerreichbarsten Jungen zum Objekt der Begierde. (Es bedarf keiner Erwähnung, daß wir mit den Jungs in der ersten Klasse eh nichts hätten anfangen können.) Trotz alledem schien Lila ein besonderes Faible für ausdauernde Sehnsucht zu haben, denn die Jungs, hinter denen sie her war, hatten viel zu viel damit zu tun, ihre Popularität zu steigern (was oft erreicht wurde, indem sie sich ihren Mitschülerinnen gegenüber sadistisch aufführten), um auch nur an einer Pausenhoffreundschaft interessiert zu sein.

Eines Tages wurde das Hirngespinst ihres Vaters, was das Gewichtsproblem seiner Tochter anlangte, nicht gänzlich unerwarteterweise Realität. Dieser Mann hing derart hartnäckig dem Glauben an, Lila sei übergewichtig, daß sie, die folgsame Tochter, nicht anders konnte, als sich zu fügen. Außerdem hatte er durch seine Ansichten das Essen in eine derart große Verlockung verwandelt, daß Lila dem einfach nicht widerstehen konnte. Nicht eben förderlich war auch, daß Lilas Mutter, die in der Fehde zwischen ihrem Gatten und ihrer Tochter den Schiedsrichter machte, selbst einen ziemlich ausufernden Kampf mit der Waage führte.

Im allgemeinen neigen Frauen eher dazu, ihre Übergewichtigkeit zu hassen, während Männer sich lieber über das Übergewicht anderer Menschen – und besonders das von Frauen – lustig machen. Schmale Männer bekommen wahrscheinlich beim Austritt aus dem Mutterleib eine Karteikarte mit der Anweisung «Nicht vergessen: Fett ist das Knetgummi des Teufels» oder eine andere Nachricht dieses Kalibers in die Hand. Als Kinder hielten mein Bruder und ich Schokoladensplittereiscreme für den Sinn des Lebens. Ich weiß noch, wie wir am Küchentisch eine Art Showdown veranstalteten: Ich verputzte zwei Liter von dem Zeug, und er stillte sein Verlangen danach, indem er statt dessen fünf Pfirsiche aß, einen nach dem anderen. Er versuchte mir beispielhaft die Ansätze von Selbstdisziplin beizubringen, aber dummerweise war ich eine sehr schlechte Schülerin. Möglicherweise joggt er gerade jetzt seine täglichen acht Kilometer und überlegt, ob er sich bei der Ankunft zu Hause mit irgendeiner großen, saftigen, unwiderstehlichen Frucht belohnen soll.

Aber zurück zu Lila, deren Erfahrungen mit ihrem Körper dadurch besonders verkompliziert wurden, daß ihre beiden größten Sehnsüchte – Essen und Liebe – nicht gleichzeitig befriedigt werden konnten, sondern sich gegenseitig auszuschließen schienen. Lila verschlimmerte ihre ohnehin schlechte Situation noch, indem sie hartnäckig Spielplatzplagiate von Brad Pitt ins Herz schloß, die gar nicht merkten, daß sie existierte. In der Grundschul- und High-School-Zeit und selbst noch auf dem College waren die Männer, die ihr gefielen, unfehlbar die unnahbarsten Prachtexemplare weit und breit. Lila kompensierte das auf eine Art, die vielen von uns nur zu bekannt ist – sie wurde die unersetzliche Vertraute und platonische Freundin. Sie ordnete sich den Männern, die sie mochte, in ziemlich betrüblichem Maße unter und schreckte sogar vor der Geschmacklosigkeit nicht zurück, zwischen den Männern, die sie verehrte, und deren momentanen Angebeteten, die unweigerlich goldgelockte Cheerleader oder angehende Star-Stewardessen waren, als Liebesbotin zu fungieren.

Gleich mir hat Lila ihr Leben entweder auf Diät oder mit der Idee, eine Diät zu beginnen, verbracht. Seit unserem letzten Telefongespräch mögen Monate vergangen sein – trotzdem diskutieren wir, wenn wir gerade fünf Minuten miteinander gesprochen haben, unweigerlich die Einzelheiten unserer täglichen Nahrungsaufnahme. Es ist völlig egal, wer von uns beiden gerade beschlossen hat, das sinnlose Fasten ein für allemal aufzugeben; die andere muß lediglich ein paar wohlerwogene Worte flüstern (‹Badeanzug›, zum Beispiel, oder ‹fettfreie saure Sahne›), und schon legen wir los. Wir teilen enzyklopädische Kenntnisse über Gewichtsreduzierungsmethoden, seien es nun die der *Weight Watchers* (die einzige ansatzweise gesunde Form der Diät), *Diet Center* (das auf den Lebensmittelrationen basiert, die man in Dachau für ausreichend hielt) oder *Slim Fast*, die große, rote Notbremse unter den Diäten (die üblicherweise ein, zwei Monate vor Sommeranfang in Betracht gezogen wird). Wir haben nacheinander jede Modediät begonnen und wieder verdammt, die in Frauenzeitschriften auftauchte oder in Buchform erschien. Wir haben die Kopfschmerzen durchgemacht, das Herzrasen, die Lethargie und – Gott steh mir bei – die Rückfälle. Obwohl das zur Zeit ganz anders aussieht, hat es Zeiten gegeben, da waren wir schlank.

Weil wir beide schlank gewesen sind, wissen wir, daß dieser Zustand die Probleme der Welt oder unsere Probleme mit der Welt nicht wie von Zauberhand beseitigt. In seltenen Momenten geistiger Klarheit gehen wir sogar so weit einzugestehen, daß es manchmal eine Art Erleichterung ist, allen Kummer auf unsere vom Hunger total erschöpften (von uns selbst tatsächlich zur Strecke gebrachten) Körper zu schieben. Wir wissen sogar, daß es dort draußen bestimmt Männer gibt, die mit dem gesellschaftlichen Schlankheitswahn nichts anfangen können und lieber Fleisch als Knochen vorgesetzt bekommen. (Letzteres habe ich selbst einmal wirklich erlebt, als ich einige Male mit einem Mann ausging – einem äußerst attraktiven jüdischen Mel-Gibson-Doppelgänger, der dazu noch Arzt war –, der mir beim dritten oder vierten Rendezvous einen Korb gab, indem er sagte, er würde mich zwar sehr mögen, könne aber nicht mit mir zusammensein. Als ich wissen wollte, weshalb er so dächte – schließlich waren wir bisher prima miteinander klargekommen –, murmelte er irgendwas über körperliche Attraktivität. Ich sank kläglich auf meinem Stuhl zusammen und blickte mich nach der nächstgelegenen Tür um, aber mein Begleiter ignorierte meine Verzweiflung und sprach weiter. Das Problem, so schien es, war mein Gewicht. Der Stoff, aus dem die Alpträume jeder Frau gemacht sind, nicht wahr? Sie können sich also meine Überraschung vorstellen, als er mir erklärte, ich wäre für seinen Geschmack einfach nicht füllig genug. Wenn das keine völlig neue Herausforderung ist! Man stelle sich das bloß vor: Doppelte, ja dreifache Portionen, und das bloß, um einen Mann bei Laune zu halten. Dummerweise hatte der betreffende Mensch kein ausreichendes Vertrauen in meine Fähigkeiten zur Gewichtszunahme. Wäre er zwei, drei Monate am Ball geblieben, ich hätte ihm schon zeigen können, wie viele Fritten mit Ketchup und Mayo ein Mensch verdrücken kann. Aber ich schweife ab, wenn auch auf liebenswerte Weise.)

Lila hat sich darauf spezialisiert, Männer aufzustöbern, die den Geschmack jenes Gentlemans nicht teilen, der einfach verschwand (und all meine Träume vom Schlagsahneschlagen mit sich nahm). Gutes Aussehen ist natürlich subjektiv, und in einer vollkommenen Welt würde niemand nach seinem Äußeren beurteilt, ob es dem allgemeinen Schönheitsideal nun entspricht oder nicht. Aber wenn wir uns ständig zu Männern hingezogen fühlen, die scheinbar eben gerade einem Ralph-Lauren-Werbeplakat entstiegen sind, dann machen wir sie auf dieselbe Weise zum Objekt, die wir Männern ständig vorwerfen, und legen unserem Liebesglück gleichzeitig die exquisitesten Hindernisse in den Weg. Die Männer, die Lila mochte, sahen nicht nur phantastisch aus, sie erfreuten sich auch körperlicher Vollkommenheit, angefangen bei ihrem kieferorthopädisch festgeschraubten Lächeln, bis hinunter zur pfirsichzarten Haut ihres Hinterns. Für die äußerst scharfsinnige Lila mit ihrem derben Humor aber hatten sie keine Zeit, denn sie mußten ja schnell ins Fitneßstudio.

Indem sie sich immer wieder in Männer verliebte, die bereits bis über beide Ohren in sich selbst verliebt waren, hielt Lila jede Form von Intimität auf sichere Distanz. Man kann sich leicht ausmalen, warum sie vor einer wirklichen Beziehung mit einem Mann Angst hatte. Bei ihrem ersten Erlebnis der Nähe zu einem Mann hatte sie nicht nur was aufs Dach bekommen, es ging dabei auch hauptsächlich um die Kontrolle und Einschränkung ihrer Individualität. Indem sie wie nichts Gutes für unerreichbare – oder, neuerdings, schlicht unpassende – Männer schwärmt, kann sie die bittersüßen Gefühle einer Liebesaffäre genießen und gleichzeitig ihre emotionale Unabhängigkeit bewahren.

Lila ist inzwischen seit zwei Jahren mit einem Mann namens Ken zusammen. Ungefähr ein Jahr bevor sie ihn kennenlernte, krempelte sie ihr Leben komplett um, unterwarf sich einer Diät aus Broccoli und Eiswasser, trainierte wie eine Zehnkämpferin und versuchte allgemein, die Grenzen zwanghaften Verhaltens auszureizen. Sie kaufte sich einen kurzen Rock und hochhackige Schuhe, legte hellroten Lippenstift auf und ging ins Solarium. Und als Ken endlich Anstalten machte, fand Lila, der Aufwand hätte sich gelohnt.

Ken unterschied sich sehr von den meisten Männern, für die sie zuvor ein Faible entwickelt hatte. Er war groß und muskulös und hatte viele Jahre auf dem Bau gearbeitet, bevor er sich als Subunternehmer selbständig machte. Seine Leidenschaften – Bier, Sportsendungen, Bier – erschienen ihr unwiderstehlich exotisch und männlich, und neben seiner körperlichen Wucht fühlte Lila sich so zart wie ein kleines Blümelein. Sie war im siebten Himmel.

Ken hatte sehr genaue Vorstellungen über die Arbeitsaufteilung in einer Beziehung, die ungefähr folgendermaßen aussahen: Männer gehen arbeiten; Frauen gehen auch arbeiten und erledigen den ganzen Rest. Es war zunächst noch irgendwie lustig, Lila dabei zuzusehen, wie sie sich in der Rolle der Hausfrau versuchte – über Kochbüchern brütete, Ken dabei beobachtete, wie er ihren neuesten kulinarischen Triumph herunterschlang, und aufsprang, um seinen Teller abzuräumen oder ihm nachzuschenken. Aber nach einer gewissen Zeit erschien diese Pose der Knechtschaft nicht mehr lustig, sondern nur noch merkwürdig. Was trieb Lila, die mindestens vier Sprachen fließend spricht und in ihrem Mutteridiom von serbischer Politik bis zum Frühwerk Caravaggios über alles diskutieren kann, für diesen halslosen Fleischklops die Küchenmagd zu spielen?

Vielleicht fragte Lila sich das selbst, aber worüber sollte sie sich beschweren, wo sie doch so lange von einer Partnerschaft geträumt hatte? Natürlich war das zarte Stimmchen im Hinterkopf, das schnell mit dem Kommentar «kompletter Blödsinn» bei der Hand war, nicht unbedingt verschwunden, es ruhte sich nur eine Weile aus. Sie war im uralten Dilemma der Bindungsscheuen gefangen, sich für den Spatzen in der Hand oder die Taube auf dem Dach entscheiden zu müssen, und Lila suchte die Antwort dort, wo sie früher stets gelegen hatte: im Kühlschrank. Sie fing an zu essen. Und jeder Bissen brachte Trost und Freude und die Genugtuung zu wissen, daß Ken sich die Aufwölbung ihrer Taille nicht lange ansehen und in schlankere Gefilde entfleuchen würde.

Obwohl Ken sich nicht direkt begeistert von Lilas Figurverformungen zeigte, hatte er es dummerweise gar nicht eilig, die Biege zu machen. Wer würde leichtfertig ein Arrangement aufgeben, das einen nährt und umsorgt und bei dem man einzig nicht vergessen darf einzuatmen? Also war Lila wieder am Ball – und das wußte sie.

«Warum sollte er abhauen?» fragte sie resigniert, als wir das letzte Mal miteinander telefoniert haben. «Er hat doch alles, was er will. Ich weiß genau, daß ich diejenige bin, die

Schluß machen muß, aber ich bin wie gelähmt.» Sie schwieg eine ganze Weile. «Und wenn ich nie mehr einen anderen finde?»

Das wird nicht in alle Ewigkeit so weitergehen, aber im Moment hängt Lila fest. Bei Ken ist sie relativ sicher. Sie weiß, daß er nicht in der Lage ist, die feinen Nuancen ihres Seelenlebens auszuloten. Ihr ist auch bewußt, daß die Chance, mit ihm glücklich zu werden, ungefähr so groß ist wie die, eine Woche *Slim Fast* ohne Migräne durchzustehen. Lila sehnt sich nach Liebe, aber sie will dafür nicht ihre Identität aufgeben müssen. Sie will weiter ihrer eigenen Meinung folgen und sich nicht von einem anderen Menschen vorschreiben lassen, wer sie zu sein hat. Dummerweise glaubt sie noch nicht, es könnte Beziehungen geben, in denen ihre Meinung nicht als zu korrigierendes Anzeichen von Ungehorsam betrachtet, sondern eine willkommene Stimme darstellen würde. Wenn sie eines Tages glauben kann, daß eine solche Partnerschaft möglich ist, wird sie ihre Küchenschürze in den Kamin werfen, zum Telefonhörer greifen und das Essen auswärts bestellen.

Übergewicht ist eine kulturell definierte ‹Behinderung›, doch Lila und ich haben gelernt, daß es auch als Zeichensprache dienen kann, mit der Frauen ihre Abneigung gegen Intimität ausdrücken. Aber was ist mit den Frauen, die vorgeblich den kulturellen Standards der Attraktivität folgen und trotzdem unter Minderwertigkeitsgefühlen leiden, was ihren Körper anbelangt? Wir kennen sie alle: Die mit den Winzfüßen, die ihre stromlinienförmigen Schenkel betrachten und mitleiderregend über nicht vorhandene Fettpölsterchen jammern. Wenn Sie meinen unfehlbar schlechten Geschmack teilen, sind Sie vielleicht schon mal mit einer von denen einen Badeanzug kaufen gegangen. Wir einfachen

Sterblichen, die den halben Tag überlegt haben, das neue Aerobic-Trainingsvideo einzuschieben, es dann aber doch gelassen haben, oder die wir uns fragen, warum unser momentan amtierender Haarsadist der Meinung war, ein Mireille-Mathieu-Pony würde uns stehen, sitzen stumm daneben und hören zu, wie diese körperlich weiterentwickelten Wesen in offensichtlich ernsthafter Verzweiflung über frisch entdeckte Hindernisse auf dem Weg zu wahrer Schönheit debattieren. Man kann ihnen sagen, daß sie verrückt sind, aber als wahre Freundin sieht man schließlich ein, daß ihre Ängste, wie unerklärlich sie auch erscheinen, real sind.

Meine Freundin Elizabeth gehört zu diesen Frauen. Von Natur aus mit allen Attributen gesegnet, an deren versuchsweiser Erschaffung die Kosmetikindustrie ein Vermögen verdient – große, kakaobraune Augen, eine wehende, präraffaelitische Mähne, die Hüften eines sportlichen, heranwachsenden Knaben –, hätte Elizabeth alles Recht, von der Tyrannei körperlicher Minderwertigkeitsgefühle frei zu sein. Aber obwohl sie in vieler Hinsicht ein vernünftiger Mensch ist, wirkt Elizabeth, wenn es um ihr Aussehen geht, schlicht gesagt geisteskrank.

Elizabeth legt großen Wert auf ein gepflegtes Äußeres, obwohl sie wahrscheinlich auch dann überall vorgelassen würde, wenn sie sich wie eine Drecksau kleidete. Wir haben zusammengewohnt, und sie hatte von daher ausreichend Gelegenheit zu beobachten, wie nachlässig ein Mensch sein kann. Aber die von Hunden angesabberten Radfahrer-Shorts und übergroßen Herren-Flanellpyjama-Oberteile ihrer Freundin waren nichts für Elizabeth. Sie ist schon mit einem vollentwickelten Stilbewußtsein zur Welt gekommen, kann spontan beurteilen, ob ein Kleidungsstück (das oft an einem Plastikbügel baumelt) vorteilhaft aussehen würde, und ist zusätzlich in der Lage, besagtes Kleidungsstück dann

auch zu kaufen (statt eine Woche lang unter Entschlußman-
gelattacken zu leiden, nur um in den Laden zurückzukehren
und feststellen zu müssen, daß der betreffende Artikel inzwischen vergriffen ist). Mit ihrem unfehlbaren Kleidungsge-
schmack war Elizabeth stets diejenige, an die wir uns wandten, wenn es zu entscheiden galt, ob Plateausohlen nur eine
vorübergehende Modemasche waren oder ob Calvin Kleins
knielange Röcke eher einen Akt der Freundlichkeit oder des
Frauenhasses darstellten.

Elizabeth und ich lernten uns vor fünfzehn Jahren auf
einem College kennen, auf dem es so ziemlich wie in einem
Offiziersausbildungslager der Nazis zuging. Dieses kleine
neuenglische Idyll wurde von aggressiv-blonden jungen
Männern und Frauen bewohnt, die scheinbar von einer
schimmernden, aus Mahagoni gefertigten Segelyacht auf
dem Campus abgesetzt worden waren, und ähnelte im
Grunde dem, wie Hitlers geschlagene Armeen sich Argen-
tinien vorgestellt hatten. Es war keine Institution, an der
Individualität oder auch nur eigenständiges Denken hohes
Ansehen genoß, und man schätzte dort mehr das Erbe der
Brüderschaft, einen androgynen Kleidungsstil und die An-
wendung von Nietzsches Diktum: «Was mich nicht um-
bringt, macht mich stärker.» Es genügt wohl zu sagen, daß
Elizabeth und ich schnell Freundinnen wurden, wenn diese
Freundschaft auch ein wenig aus der Not heraus geboren war.

Das entscheidende Merkmal dieser akademischen Bastion
zur Sicherung von Privilegien war ihr leidenschaftliches Be-
kenntnis zur Einheitlichkeit. Bevor ich sie kennenlernte,
hatte ich andere Leute schon über Elizabeth reden hören, die
damals gerade jenen in Second-Hand-Läden immer noch populären Schick und den übertrieben großen Silberschmuck
für sich entdeckte, der ein paar Jahre später zur Grundaus-
stattung jedes Collegemädchens gehören sollte. Es wurmte

mich zwar, mir Sprüche über die «ungewöhnlich ausse-
hende» Frau aus der «Unterschicht» (sie stammte von Italie-
nern ab) anhören zu müssen, die später eine meiner besten
Freundinnen wurde, aber ich gewöhnte mich schnell daran,
von dieser fürchterlich engstirnigen Umgebung genervt zu
sein. Sie engte mich bereits ein wie die züchtige Strumpfhose, in die ich mich hineinquetschte, bevor ich an einer der
zahlreichen Feierlichkeiten des College teilnahm, die bloß
den Vorwand für Besäufnisse bildeten. Ich konnte damals
allerdings noch nicht wissen, daß Elizabeth von dem Gefühl,
eine Außenseiterin zu sein, welches sie mit offenbar mühe-
loser Grazie ertrug, schon reichlich mitbekommen hatte.

Elizabeth wuchs in einem Akademikerhaushalt auf. Ihr
Vater war ein angesehener Mathematikprofessor an einer
der berühmtesten Universitäten des Landes, und ihre Mutter
kehrte nach der Babypause an die Uni zurück, um ihren Doktor in Chemie zu machen. Der einzige Lebensinhalt ihrer älteren Brüder bestand in akademischen Glanzleistungen: Sie
brausten durch College und Studium und holten erst wieder
Luft, als sie sich Assistenzarztstellen an berühmten Lehr-
krankenhäusern gesichert hatten. Wie es bei jüngsten Ge-
schwistern oft vorkommt, war Elizabeth sehr gesellig – ein
Charakterzug, den sich ihre Familie nicht erklären konnte.
Weil sie zudem schlau und fleißig war, hätte man sie in einer
anderen Familie vielleicht für ein bißchen zu perfekt gehalten. Aber in ihrer eigenen, die vom Konkurrenzdenken so
ausschließlich bestimmt wurde, machte sie gerade die Fähigkeit, akademische und gesellschaftliche Aktivitäten miteinander zu vereinen, zur Zielscheibe der Wut ihrer Brüder, die
ihr offen vorhielten, sie sei eine ziemliche Dilettantin.

Mit der Zeit nahm Elizabeth diese Ansicht ihrer Brüder
in ihr Selbstbild auf und fand sich ausgesprochen verach-
tenswert. Der Umgang mit diesen Brüdern bildete aber das

Grundmuster ihres Umgangs mit dem anderen Geschlecht, und deshalb überrascht es nicht, daß sie dazu neigte, ihren Klassenkameraden gegenüber schüchtern und zurückhaltend zu sein. Obwohl sie sich weiterhin in der Schule gut machte, war sie überzeugt, das sei bloß purer Zufall. Insgeheim wußte sie, daß ein «ausreichend» alles war, worauf sie intellektuell hoffen konnte. Als sie aufs College kam, waren ihre Minderwertigkeitsgefühle längst außer Rand und Band geraten.

Zunächst fiel mir an Elizabeth auf, daß sich ihr Verhalten schlagartig änderte, sobald Männer anwesend waren. Wenn wir in unserem Zimmer allein waren oder über den Campus spazierten, war sie warmherzig und gefühlvoll, offenbarte sich schnell und steckte voller sarkastischen und respektlosen Humors. Aber sobald einer unserer Klassenkameraden auftauchte, zog sie sich sofort vollständig zurück. Auf Parties oder Bällen, wenn wir Schicht auf Schicht Wimperntusche aufgelegt und panisch den Kleiderschrank der anderen durchsucht hatten, trug Elizabeth gegenüber jenen Männern, über die wir den ganzen Nachmittag, auf unseren Betten hingefläzt, gesprochen hatten, ein überraschend eisiges Wesen zur Schau und zeigte eine kühle Ablehnung, die an Verachtung grenzte. Selbst ich, die mit Sicherheit wußte, daß eher Schüchternheit als Menschenfeindlichkeit dahintersteckte, war über die Perfektion ihrer Maske erstaunt, und jeder eventuelle Kandidat war ganz sicherlich davon überzeugt, daß es an Elizabeth' Theke keinen Hocker für ihn gab.

Erstaunlicherweise war Elizabeth genauso verrückt auf Jungs wie wir alle und konnte stundenlang von einem Blick träumen, den sie im Geschichtskurs erhascht, oder über eine Frage nachdenken, die ihr irgendein Typ in der Mensaschlange gestellt hatte. Sie merkte schon, daß ihre Widerborstigkeit gegenüber interessanten Männern nicht unbedingt bei ihrer Suche nach einer Romanze half. Aber obwohl sie einsah, daß ihr Verhalten für ihre Einsamkeit verantwortlich war, glaubte Elizabeth, daß ihr noch etwas anderes im Weg stünde, und dieses Etwas war ihr Aussehen.

Elizabeth war auf ihre äußere Erscheinung fixiert, besonders auf deren scheußliche Mängel, und sie glaubte, diese Last bei allen Begegnungen mit Männern mitzuschleppen. Die Beschäftigung mit ihrem Äußeren lenkte sie natürlich hinreichend von den beunruhigenderen Unzulänglichkeiten ab, die sie nach ihrer Überzeugung eines Tages ruinieren würden – und damit meinte sie ihre Intelligenz, Selbstdisziplin und ihren Charakter. Dadurch, daß sie bei jedem gesellschaftlichen Ereignis mit einer Maske vorgeblicher Feindseligkeit auftrat, wurde ihr Glaube immer stärker, ihr Äußeres mache alles kaputt. So konnte sie den Umstand ignorieren, daß ihre negative Ausstrahlung und nicht irgendein Aspekt ihres Äußeren sich dem Erfolg in der Liebe entgegenstemmte. Die Männer um sie her nahmen Elizabeth als schön und kaltherzig wahr, und das sprach nicht gerade für leichte Zugänglichkeit.

Weil ich mit Elizabeth zusammenwohnte, hatte ich hinlänglich Gelegenheit, ihre tägliche Routine zu beobachten, und ich beneidete sie um die Zeit, die sie sich allmorgendlich zum Anziehen ließ. Ihr kompliziertes und ausgedehntes Ankleideritual ließ mich glauben, sie rechne jeden Morgen, wenn sie das Haus verließ, mit einer wahren Fülle außerordentlicher und erfreulicher Ereignisse. Ich gebe zu, was das anging, war ich voreingenommen. Meine übliche Morgenroutine bestand darin, zwei Minuten bevor ich aus dem Haus mußte, aus dem Bett zu springen, ins Badezimmer zu stolpern, mir die Zähne zu putzen und in die verdreckten Klamotten zu schlüpfen, die eben von der Türklinke herabhingen. Ich wußte, daß ich keine Zeit auf die Frage verwandte, wie ich aussah, weil ich mich selbst haßte, aber ich hatte keine Ahnung, daß eine entgegengesetzte Zwanghaftigkeit auf dasselbe hindeuten konnte.

Jeden Morgen stand Elizabeth vor ihrem Kleiderschrank und starrte auf dessen Inhalt, mit einem Ausdruck ergreifender Hoffnung, die sich rapide in förmlich mit Händen zu greifende Panik verwandelte. Sie begann mit der Auswahl möglicher Kombinationen – Hosen und Jacketts, lange Röcke und Halstücher – und schlüpfte in trainierten Bewegungen in sie hinein und aus ihnen heraus. Muß ich erwähnen, daß jedes einzelne der Ensembles, das sie verwarf, gute Chancen gehabt hätte, ihr ein Foto in der Modebeilage der *New York Times* einzubringen? Als sich schließlich ein Berg von Ausschuß auf ihrem Bett gebildet hatte, langte Elizabeth bei der letztmöglichen und daher einzig akzeptablen Kombination an. Mittlerweile zitterte sie vor Anstrengung und Aufregung und war erledigt, ehe der Tag begonnen hatte.

Nachdem wir das Examen bestanden, die klösterlichen Mauern des College glücklich hinter uns gebracht hatten und nach Manhattan gezogen waren, begannen sich Elizabeth' Erfahrungen mit Männern – wenn auch nicht ihr Glück – zu ändern. Plötzlich sammelten sich die attraktiven Kandidaten vor ihrer Tür, und Elizabeth schien die Wahl unter allen möglichen und denkbaren Lovern zu haben.

Doch unglücklicherweise verlief ihr Liebesleben nach einem störenden Grundmuster. Zu Anfang schienen die Männer, mit denen sie eine Beziehung einging, sie unglaublich zu verehren. Sie machten ihr Komplimente und waren von ihren vielen Vorzügen verzaubert. Irgendwann aber schien sich jedesmal ein Umbruch zu vollziehen, und der warmherzig-liebevolle Galan verschwand allmählich aus dem Bild, bis er schließlich gar nicht mehr zu sehen war.

Die Beschäftigung mit ihrem Äußeren und seinen eingebildeten Macken gestattete Elizabeth einen recht oberflächlichen Umgang mit ihrem Innenleben. Bei diesem Grad der Entfremdung von sich selbst konnte sie natürlich den Männern, die sich in sie verliebten, keine tiefere Hingabe bieten. Es überrascht nicht, daß die meisten von ihnen frustriert aufgaben, wofür Elizabeth wiederum ihren Mangel an körperlichen Reizen verantwortlich machte.

Zum Glück brach doch noch etwas den Bann: Elizabeth hielt plötzlich den ganzen Aufwand, den sie betrieb, für Zeitverschwendung. Welche Hindernisse, körperliche oder sonstige, sich ihr auch in den Weg stellten – sie beschloß, erst einmal herauszufinden, was sie mit ihrem Leben anstellen wollte. Obwohl sie diesen Hindernissen so viel Aufmerksamkeit geschenkt hatte, wollten sich Liebe und Glück bisher nicht einstellen, was hatte sie also zu verlieren?

Das war ein absolut genialer Entschluß, denn er brachte die Möglichkeit einer vollständigen Verwandlung mit sich. Es war, als ob Elizabeth' Körper eine Phiole wäre, in dem ein Zaubergeist gefangen war, der nun, weil sie plötzlich begann sich den Bauch zu reiben, frei wurde – und mit ihm alles, was dort so lange gefangen war. Sie zwang sich dazu, ihre Gefühle für ihren Job als Investmentbankerin genau zu betrachten und zu akzeptieren, daß sie eigentlich überhaupt keine Lust zu dieser Arbeit hatte. Die Wissenschaften waren stets ihre wahre Liebe gewesen, besonders die Tiermedizin, aber sie hatte dieses Interesse bislang immer unterdrückt, weil ihre Ärzte-Brüder verächtlich darauf herabblickten und einfach der Meinung waren, die Pflege von Tieren stelle das akademische Pendant zu einem Job als Toilettenfrau dar.

Nachdem sie beschloß, sich eher auf ihr Inneres als auf ihr Äußeres zu konzentrieren, fiel es Elizabeth nicht sehr schwer, klar Schiff zu machen. Sie kündigte von heute auf morgen ihre Stelle, obwohl sie weder eine andere in Aussicht hatte noch genau wußte, was jetzt werden würde. Das ganze folgende Jahr lebte sie sehr sparsam und dachte viel nach.

Nach einer kurzen Zeit der Arbeitslosigkeit – die den fürchterlichen Monatsersten-Horror einschloß, den nur Arbeitslose wirklich würdigen können – beschloß sie, einen Aushilfsjob in einer Tierklinik anzunehmen und zu sehen, ob die Arbeit dort ihren Phantasien nahekam, die sie so lange im geheimen gehegt hatte. Als das zutraf, war sie derart erleichtert, daß sie dem Alptraum, sich für Veterinärmedizin zu bewerben und ein Leben lang Studiendarlehen zurückzahlen zu müssen, gelassen entgegensah. Sie bekam einen Studienplatz und erwies sich bald als äußerst begabte Studentin, die ständig Lob und Respekt erntete.

Elizabeth brauchte lange, bis sie der Befriedigung wirklich vertrauen konnte, die ihr die Arbeit an der Uni brachte, denn der Respekt und die Bewunderung, die man ihr zollte, drohte den lebenslangen Glauben an ihre Minderwertigkeit zu unterminieren. Aber schrittweise und Jahr um Jahr fühlte sich der Erfolg immer besser an. Die Beschäftigung mit ihrem intellektuellen und beruflichen Leben ersetzte einen Gutteil der unbefriedigenderen Auseinandersetzung mit ihrem Liebesleben. Und sobald sie wieder anfing, unter die Leute zu gehen, lernte Elizabeth natürlich endlich einen netten Mann kennen.

Als ich ein Kind war, hat mir meine Mutter (eine Frau, der das Verlangen, Kinder zu haben, gleichbedeutend mit dem Verlangen zu leben war) oft von Frauen erzählt, die Schwierigkeiten hatten, Nachwuchs auf diese Welt zu bringen. Doch merkwürdig, sobald es jene Frauen nicht mehr aushielten, auf ein Baby zu warten, und ein Kind adoptierten, wurden sie in Windeseile schwanger. Das sei alles eine Frage der Entspannung, versicherte mir meine Mutter, und obwohl ich über den Zusammenhang zwischen Fruchtbarkeit und verminderter Spermienproduktion Bescheid wußte, gab es, wenn ich mich in der Nachbarschaft umschaute, viele Belege aus Fleisch und Blut für diese Theorie. Offenbar kann man sie auch auf den Erfolg in der Liebe anwenden. Ich weiß natürlich, daß hinter Elizabeth' neuem Glück mehr steckt als nur der Umstand, daß sie sich von ihrer angestrengten Suche ablenken ließ. Indem sie beschloß, sich einer Aufgabe zu widmen, die ihr selbst viel bedeutete, konnte sie nicht nur neue Erfahrungen machen und ihr Selbstwertgefühl stärken, sie gestattete sich damit auch, zu einer Person zu reifen, die sich um ihre eigenen Interessen und Ziele kümmert. Es ist offensichtlich, warum eine solche Person, die mit ihrem Leben glücklich ist, auch auf andere attraktiver wirkt.

Elizabeth lebt inzwischen mit ihrem Freund zusammen, einem Mann, der sie liebt und der ebenso wie sie seine intellektuellen und persönlichen Interessen verfolgt. Die beiden scheinen ein anregendes und befriedigendes Gleichgewicht aus Zusammensein und Unabhängigkeit gefunden zu haben. Sie kämpft immer noch mit ihrem Äußeren, aber längst nicht mehr so zwanghaft wie einst. Sie hat das noch nicht gänzlich hinter sich, aber die Morgen, an denen sie jedes einzelne Kleidungsstück aus ihrem Schrank anprobiert, sind seltener geworden. Und obwohl es ihr offensichtlich hilft, daß ihr Freund sie einfach schön findet, hat sie doch eingesehen, daß der Friedensschluß mit ihren körperlichen Eigenheiten nicht von außen kommen kann. Sie hat hartnäckig und mit großartigen Resultaten darum gekämpft, ihren eigenen Verdacht auszuräumen, sie werde intellektuell überschätzt und sei eigentlich geistig eher minderbemittelt. Genauso ausdauernd muß sie nun gegen ihre Angst angehen, sie sei körperlich unattraktiv, denn mit dem Vertuschen ihrer angeblichen Mängel hat sie nun wahrlich genug Zeit verplempert. Jetzt sind erst mal wichtigere Dinge wie Selbsterkenntnis und die Akzeptanz der eigenen Persönlichkeit dran.

Ich will nicht so tun, als lebten wir in einer Gesellschaft, der die äußere Erscheinung egal ist – denn das ist ganz bestimmt nicht der Fall. Aber ich möchte behaupten, daß die Wichtigkeit, die man seinem Äußeren beimißt, völlig von einem selbst abhängt. Wenn Sie die Idee nicht in Frage stellen, daß Ihre äußere Erscheinung Sie bestimmt und begrenzt, dann wird das natürlich eintreten. Und wenn Sie beschließen, daß es andere, weit wichtigere Dinge gibt, auf die man sich konzentrieren muß, dann werden diese Faktoren den Lauf Ihres Lebens bestimmen.

Wenn wir uns daher auf die Mängel unseres Äußeren als Erklärung und Rechtfertigung für unser mangelndes Glück in der Liebe zurückziehen, entscheiden wir uns freiwillig, unserem Aussehen eine so große Wichtigkeit beizumessen. Und da Frauen rar gesät sind, die ihrem Äußeren gegenüber auch nur den Anschein von Objektivität wahren können, ist die Grundlage für unsere Ängste sowieso alles andere als solide.

Es ist gut möglich, daß Frauen, die unverhältnismäßig viel Zeit mit der Sorge verbringen, ihr Äußeres sei an ihrer Einsamkeit schuld, diese Selbstzweifel als eine Methode zur Vermeidung von Beziehungen einsetzen. Lila und ich haben das getan, als wir uns der emphatischen Liebe dieser Gesellschaft zu Twiggy anschlossen; Elizabeth hat das getan, indem sie die Tatsache ignorierte, daß sie in Wirklichkeit dem Schönheitsideal dieser Gesellschaft ziemlich genau entspricht, und sich trotzdem verrückt machte.

Daß körperliche Charakteristika ein Hindernis auf dem Weg zum Liebesglück darstellen, ist allein eine Frage der Einstellung. Mit anderen Worten: Wenn Sie sich gut fühlen, so wie Sie aussehen, reagieren andere Menschen in gleicher Weise darauf. Die übertriebene Aufmerksamkeit, was das Äußere und seine Mängel angeht, gleicht einer riesigen Nebelwand, die unser Augenmerk von dem wichtigeren Thema der inneren Entwicklung abhält und gleichzeitig das Atmen erschwert.

8
Wenn Frauen zuviel malen . . .

**Weibliche Kreativität als Weg zur Vermeidung
von Liebesbeziehungen**

W enn man über Frauen nachdenkt, die sich gegen eine
langfristige Bindung mit einem Mann sträuben,
sollte man kurz erwähnen, was genau eine solche Bindung
bedeuten kann. In der idealen Welt finden wir leicht einen
Partner, der uns mit offenen Augen ansieht und genau für
das verehrt, was wir sind. Bei diesem Traumpartner wären
Veränderungen oder Anpassungen absolut unnötig. Die
Kehrseite dieses Traums finden wir allerdings in unser sehr
realen und oft lähmenden Angst, daß, sobald wir uns jemandem versprechen, das genaue Gegenteil eintritt: Selbstver-
leugnung, Ich-Auflösung, Unterordnung unter den Partner
oder die Beziehung.

Die Frauen, die ich in diesem Kapitel beschreiben werde,
haben etwas Bezeichnendes gemeinsam: Sie sind Künstlerinnen. Es ist ihnen ernst damit, und sie sind mit ihrer kreativen Arbeit verheiratet. Ich glaube, es ist kein Zufall, daß sie
alle ihr ganzes Leben lang erhebliche Schwierigkeiten hatten,
sich auf eine enge Beziehung einzulassen. In der Tat hat nur
eine dieser Frauen eine Beziehung, in die sie allerdings gegen
ihren massiven Widerstand geschleppt werden mußte, obwohl sie verrückt nach dem Typ war.

Mit ihrer Berufswahl haben diese Frauen bewiesen, daß sie
zu einer Bindung fähig sind – und wahrscheinlich zu der
schwierigsten, zu der an sich selbst. Aber die Erfahrungen,
die sie gemacht haben, scheinen ihren Glauben zu belegen,

die Bindung an einen Mann und die Bindung an die Kunst schlössen sich gegenseitig aus. Was ist da los? Was bedeutet eine ernsthafte Beziehung wirklich für diese Frauen? Und was ist ihrer Meinung nach der Preis für eine solche Vereinigung?

Ich lernte Isabel vor vielen Jahren auf der Graduate School kennen. Sie war Kunststudentin, Malerin, und wurde an der ganzen Uni für schandbar begabt gehalten. Ihr Äußeres erinnert an eine vergangene Zeit; wäre sie in ein hochgeschlossenes Brokatkostüm geschlüpft, sie hätte den eigensinnigen, charismatischen Frauen geähnelt, für die Edith Wharton in ihren Romanen immer wieder gesellschaftliche Katastrophen in petto hat. Als ich sie auf dem Campus beobachtete, hielt ich sie für den sprödesten und distanziertesten Menschen auf Erden. Aber als ich sie kennenlernte, merkte ich, daß ihr kühles Äußeres einen rauhen, respektlosen Sinn für Humor und einen hinterhältigen Witz verbarg.

Unsere Freundschaft beruhte auf vielen Gemeinsamkeiten: Wir wuchsen beide in großen, von Frauen dominierten Familien auf, widmeten uns leidenschaftlich unserer kreativen Arbeit und waren bemüht, körperliche Aktivitäten auf das Mindeste zu beschränken wie etwa das Öffnen von Weinflaschen oder das Herbeiwinken eines Taxis. Aber das deutlichste Anzeichen, daß wir Freundinnen fürs Leben werden sollten, war, daß wir beide wirklich mädchenhafte Mädchen sein wollten – ein Umstand, vor dem es unseren ultraseriösen Kommilitoninnen graute. Regelmäßig entflohen wir den klösterlichen Mauern höherer Bildung, borgten uns den Wagen einer Freundin, brausten zum Einkaufszentrum und vertrieben uns den Nachmittag mit der Anprobe hochhackiger Schuhe und der Auswahl mörderisch-roter Lippenstifte. Unsere Lieblings-Nachmittagsgestaltung bestand darin, auf

Isabels Sofa rumzulungern, gekühlten Wein und Kartoffel-
chips in Reichweite, faul die neue *Vogue*-Ausgabe durchzu-
sehen und unserem Lieblings-Gesprächsthema zu frönen:
ob die Typen, die wir mochten, uns auch mochten.
Männer. Wir waren in fortgeschrittenen Semestern und
studierten die Künste. Unsere Studienfächer waren veritable
Ego-Nährböden, besonders für das männliche Ego. Damit
hatten wir alle Hände voll zu tun.

Schließlich sind die Stu-
denten auf der Graduate School bettelarm, und deshalb standen den hiesigen Männern die üblichen Macho-Spielplätze
nicht zur Verfügung, wie zum Beispiel bei einem aufregenden Rohstoffgeschäft eine schnelle halbe Million zu machen
und sich dann auf den Squash-Court zurückzuziehen, um
dort Dampf abzulassen. Obwohl ich nicht bezweifle, daß die
Uni voller gut angepaßter potentieller Liebhaber steckte, gelang es Isabel und mir doch auf großartige Weise, diejenigen
herauszufischen, die das nicht waren, sondern deren größtes
Vergnügen darin bestand (wenn sie nicht davon besessen
waren, berühmt zu werden), mit unseren Gefühlen zu spielen.

Genau wie mir war Isabel der Lockruf des attraktiven, unerreichbaren Mannes nicht fremd. Sie stand auf einen bestimmten Typ: dunkelhaarige, wohlgeformte Prachtkerle,
die Intelligenz ausstrahlten und deren schwerlidrige Augen
auf unglaubliche, höhlenartige emotionale Tiefe hindeuteten. Kompliziert, geheimnisvoll, rastlos: diese Männer
beschäftigten ihre beträchtliche Konzentrationsgabe, befrie-
digten sie aber im Gegenzug kaum. Denn außer ihrem ver-
wegenen, guten Aussehen hatten sie gemein, daß sie zu-
rückhaltende Charaktere waren. Isabel hatte Qualitäten, die
man unmöglich nicht bewundern konnte – körperliche
Reize, einen neugierigen und quicklebendigen Geist, künstlerische Begabung, tiefschwarzen Humor –, aber diese Män-

ner schienen merkwürdigerweise dafür nicht anfällig zu sein. Statt Liebe, Verehrung oder auch nur Freundschaft boten sie ihr den Reiz der Jagd, ungezählte Stunden intensivster Verhaltensanalyse und schließlich sehr viel Einsamkeit.

Kurz nachdem ich sie kennenlernte, konzentrierte Isabel ihre Aufmerksamkeit auf einen derart unzugänglichen und zurückhaltenden Mann, daß noch Jahre später die schlichte Erwähnung seines Namens stellvertretend für unser lächerlich schlechtes erotisches Urteilsvermögen stand. Eli, ein Bildhauer, war genau der Typ von zerstreutem Genie, dem Isabel nicht widerstehen konnte – selbst wenn es in diesem Fall deutliche Anzeichen gab, diese Verbindung besser zu vermeiden. Eli schuf regelmäßig Frauenskulpturen, die auf den ersten Blick wunderschön waren. Sah man aber genauer hin (was sich die extrem visuell orientierte Isabel nicht verkneifen konnte), fiel auf, daß Elis Lehmfrauen alle auf subtile Weise verstümmelt waren: ein fehlendes Ohr, Dellen in der Brust, die auf einen chirurgischen Eingriff hindeuteten, überzählige oder fehlende Finger. Ich will nicht sagen, es sei offensichtlich gewesen, aber es war offensichtlich.

Im Gegensatz zu mir trinkt Isabel keine drei Martinis und gibt nicht jeden Gedanken an Würde und an die Folgen der Würdelosigkeit auf, wenn sie sich in der Gegenwart eines Mannes befindet, den sie mag. Isabel ging ihre Rendezvous erheblich gefaßter an. Sie griff zu den normalen Tricks: Sie richtete es ein, daß sie ihm im Studentenclub oder im Kunststudio begegnete, und schickte Freunde los, um rauszufinden, was er an einem bestimmten Abend vorhatte. Sie warf sich ihm nicht an den Hals, denn das war ganz gewiß nicht ihr Stil. Und Eli seinerseits schien neugierig zu sein, wenn auch nur gelegentlich. Aber er war so mit seinen inneren, lehmbehafteten Dramen beschäftigt, daß man seine Zerstreutheit in Isabels Anwesenheit eher auf künstlerische Epiphanien als auf erotischen Entscheidungsmangel schieben konnte.

Daß die Erfolgsaussichten für diese Liebesgeschichte gering waren, bemerkte selbst ich, ein ausgesprochener Schwachkopf in Fragen der Liebe. Eli war zu Hingabe fähig, das stand außer Frage, und diese Hingabe landete, wie ein Bumerang, direkt bei ihm selbst. Er war zutiefst verliebt in seine eigene künstlerische Persönlichkeit. Und falls Sie Ihre Jugend nicht damit verschwendet haben, Rockmusikern und Dichtern nachzurennen: diese Form der Selbstverliebtheit schließt üblicherweise Banalitäten wie Rendezvous und feste Freundschaften aus.

Das alles war Isabel bewußt. Unglücklicherweise führte dieses Wissen nicht dazu, daß sie sich mit Grausen von Eli abwandte, wie das jeder normale Mensch getan hätte. Isabel stießen die unerfreulichen Charaktereigenschaften ihres Wunsch-Liebhabers nicht ab. Im Gegenteil: seine Selbstversunkenheit und Verschlossenheit waren genau der Grund dafür, daß sie ihn attraktiv fand. Einige qualvolle Monate lang schien die entfernte Möglichkeit zu bestehen, daß etwas passieren könnte – Eli verwickelte Isabel in kurze, intensive Gespräche, wenn er ihr begegnete, suchte auf übervollen Parties ihren Blick zu erhaschen und spielte gelegentlich auf irgendwelche mit Kunst in Verbindung stehenden Veranstaltungen an, die sie künftig gemeinsam besuchen könnten, wozu es aber irgendwie nie kam.

Und dann, ohne jeden richtigen Streit und ohne Erklärung, war Eli verschwunden. Also gut, nicht richtig verschwunden – er ließ sich immer noch in den Kursen und bei Vernissagen blicken –, aber verschwunden aus Isabels Gesichtsfeld. Das war besonders enttäuschend, weil Isabel ihn ja schlecht anrufen und um eine Erklärung bitten konnte.

«Warum hast du unsere Nicht-Beziehung beendet?» stellt keine sehr einnehmende Einleitung für eine flüchtige Unterhaltung dar. Das soll nicht heißen, daß Isabel sofort die Segel strich und sich umorientierte. Elis Verschwinden lieferte mindestens ein Jahr lang Stoff für qualvolle Analysen. Die nun seltenen Eli-Sichtungen brachten sie wochenlang ins Grübeln. Isabel wußte, daß sie in den Bereich der Pathologie vordrang, aber es sollte lange dauern, bis die Gewalt nachließ, die Elis Abstands-Theater auf ihre Hartnäckigkeit ausübte.

Von Kindheit an hatte sich Isabel sehr für Kunst interessiert. Daß sie sich selbst immer als Malerin verstand, war die entscheidende Konstante ihres ganzen Lebens gewesen, trotz der üblichen Selbstzweifel und Schaffenskrisen. Im Studium oder im eigenen Atelier beschäftigte Isabel sich selbst dann mit der Malerei, wenn sie beinahe keinerlei Feedback und keine Unterstützung erhielt. Sie hat ihr Leben absichtlich so eingerichtet, daß sie über die nötige Zeit und Einsamkeit verfügt, die ihre Arbeit erfordert. Die Bindung an die Malerei gehört zu ihrem Leben wie das Atmen und der Kaffee, sie ist absolut notwendig und unwandelbar vorhanden. Das äußere Drum und Dran des Künstlerlebens interessiert sie nicht besonders; sie will einfach nur malen.

Da ich zu der Zeit, von der ich erzähle, ähnlich unermüdlich mit Beziehungsverhinderungstaktiken beschäftigt war, neigte ich nicht dazu, über die Implikationen von Isabels Männergeschmack nachzudenken. Ich verstand nicht, daß ihr Faible für Männer, die sich nicht herabließen, sich mit ihr einzulassen, zu ihrer Angst paßte, was sie einer ernsthaften Beziehung alles zu opfern hätte. Und ich merkte auch nicht, daß Isabel, indem sie sich zu Männern hingezogen fühlte, die nichts Ernstes wollten, selbst ihre Angst unter Kontrolle hielt, eine ernsthafte Beziehung würde die Privatsphäre und fruchtbare Phantasie gefährden, die ihrer Meinung nach ihre Kunst erst ermöglichten. Ich dachte bloß, sie stünde eben auf fiese Typen.

Als sie ihr Studium abgeschlossen hatte, wurde Isabel an der Uni ein Job als Kunstdozentin angeboten. Sie nahm die Stelle hauptsächlich deswegen an, weil sie ihr ausreichend freie Zeit für ihre eigene Malerei bot. Kurz nachdem sie die Stelle angetreten hatte, frischte sie die Freundschaft zu einem Maler namens Andrew auf, einem Mann, den sie schon lange flüchtig kannte, in letzter Zeit aber aus den Augen verloren hatte.

Daß Andrew in sie verliebt war, merkten bald alle, nur Isabel nicht. Sie billigte zu, daß Andrew offenbar gern seine Zeit mit ihr verbrachte und daß sie viele gemeinsame Interessen hatten, von Francis Bacon bis O. J. Simpson, bestand aber darauf, daß Andrew lediglich auf eine platonische Freundschaft aus sei. Er war ein äußerst attraktiver Mann und hatte eine ganze Reihe offenbar fester Freundinnen gehabt, doch Isabel schien nicht verstehen zu können, daß er wirklich an ihr interessiert war.

Ihre absichtliche Blindheit Andrews deutlichen Signalen gegenüber erfüllte den Zweck, ihn eine Weile in Schach zu halten. Wenn jemand Annäherungsversuchen ständig ausweicht, verfällt man schnell auf den Glauben, diese Person sei eben nicht interessiert. Glücklicherweise wollte Andrew nicht kampflos die Bühne räumen – er war verrückt nach Isabel und wild entschlossen, sie nicht entkommen zu lassen. Als er immer offensiver wurde, bekam Isabel Angst. Zu einem Zeitpunkt, da Andrews Interesse noch nicht zu augenscheinlich war, als daß es bestritten werden konnte, hatte sie wie üblich heimlich für ihn geschwärmt. Aber als selbst sie es nicht mehr leugnen konnte, daß er ihre Gefühle erwiderte, kamen ihr plötzlich Zweifel.

Sie rief mich auf dem Höhepunkt der ganzen Sache eines Nachts an, und ihre Stimme bebte vor Angst. «Was mache ich bloß?» flüsterte sie. «Ich muß verrückt sein. Wir sollten bloß Freunde bleiben, denn ich weiß genau, daß das nicht klappen wird.» In all den Jahren, die ich sie kannte, hatte ich Isabel nie so panisch erlebt. Und obwohl ich Andrew noch nicht kennengelernt hatte, spürte ich, daß sie weniger Angst davor hatte, die Beziehung könnte schiefgehen, als daß sie klappen könnte. Es war offensichtlich, daß sie sich an die Wand gedrängt und in einer Situation gefangen fühlte, die ihr wirklich gefährlich werden konnte. Andrew, so schien es, war an mehr als nur an Isabels üblichem Verehrungsritual gelegen, mit dem sie die Männer als möglichst ferne Objekte ihrer Phantasie fixierte. Er wollte eine richtige Beziehung. Mit ihr.

Zum Glück hatte Andrew Geduld und war sich seiner Gefühle sicher, denn Isabel war nicht leicht rumzukriegen. Selbst als sie bereits zusammen waren, zeichneten sich die ersten paar Monate ihrer Beziehung durch einen Wechsel von Fortschritten und Rückfällen aus, letztere meist ausgelöst durch ihren ängstlichen Widerwillen gegen ein größeres Maß an Vertrautheit. Es dauerte lange, bis sie zu glauben vermochte, daß Andrew sie akzeptierte, so wie sie war, und daß er zwar Anteilnahme und Aufmerksamkeit von ihr verlangte, aber nicht wollte, daß sie sich selbst und die Arbeit, die sie machte, aufgab. Andrew war selbst Maler und verstand völlig, was es bedeutete, sich ausdauernd seiner Malerei zu widmen und die Rituale zu verteidigen, die dazu nötig sind. Es dauerte lange, bis Isabel sogar sich selbst gegenüber zugeben konnte, daß sie Andrew wirklich liebte. «Ich hab dagegen angekämpft», gesteht sie heute und lacht über sich selbst. «Ich hab mir eingeredet, ich könnte jederzeit Schluß machen. Bis ich schließlich gemerkt hab, daß ich das gar nicht wollte.»

Isabel hat jetzt eingesehen, daß die Elis der Vergangenheit

doch ihren Zweck erfüllten, für wie unglücklich sie sich auch damals hielt. «Diese Beziehungen, wollen wir's mal so nennen, fanden ausschließlich in meinem Kopf statt. Deshalb hatte ich alles fest im Griff. Ich hatte nie das Problem, daß sich der Mann eingemischt hat, und mußte auch nicht an ihn denken. Bloß wenn mir danach war.» Dieses Arrangement erfüllte seinen Zweck, denn es stellte ihre Schrullen nicht in Frage, besonders nicht ihren besorgniserregenden Hang zum Einsiedlerdasein. Auf gewisse Weise muß Isabel gefürchtet haben, daß diese andere Sorte von Beziehung, die, an der man wirklich teilnehmen muß, die Bindung an ihre Arbeit unterminieren würde. Und weil ihre Arbeit ein Grundbestandteil ihrer Identität ist, wollte sie dieses Risiko nicht eingehen.

Einen Großteil ihres Lebens hatte sie sich als jemanden gesehen, der ständig auf Hindernisse stieß und Pech in der Liebe hatte. Sie glaubte in Einklang mit der romantischen Kunstanschauung, dieses Leiden sei die Quelle ihrer Kreativität. (Viele junge Leute hängen dieser Theorie an. Später, wenn viel Zeit vergangen ist und die Haut ihre Elastizität allmählich einbüßt, beginnt man zu begreifen, daß eine Brieftasche voller Kreditkarten und ein dienstbeflissenes Au-pair-Mädchen die wahren Erfordernisse für eine erfolgreiche Künstlerkarriere darstellen. Aber ich schweife ab.)

Obwohl sie das während ihrer ausdauernden Eli-Nachtwachen abgestritten hätte, glaubte Isabel doch auf eine bestimmte Art, Leiden und Alleinsein, welche sie der Liebe wegen erdulden mußte, gäben ihrer Malerei Intensität und Leidenschaft und sicherten zugleich die Einsamkeit, die sie angeblich brauchte, um sich ihrer Arbeit widmen zu können. Da ist es kein Wunder, daß der Gedanke, sich mit Andrew einzulassen, ihr Angst einjagte: Es muß ihr vorgekommen sein, als müßte sie sich entscheiden zwischen der Liebe und dem, wie Wordsworth es nannte, «Innenblick, dem Glück des Einsamen». Oder, plaktativer gesagt, sie muß sich gefühlt haben, als hätte sie zwischen Andrew und sich selbst zu wählen.

Das Dilemma hob sich schließlich sehr schön auf, hauptsächlich, weil Isabel endlich beschloß, Vernunft anzunehmen. Sie atmete ein paar tausendmal durch, stellte fest, daß ihre Gefühle für Andrew zu tief waren, um sie außer acht zu lassen, und sprang über ihren Schatten. Und in den Jahren, die sie seitdem zusammen sind, hat sich Isabel tatsächlich geändert, wenn auch in einer Weise, mit der sie nicht gerechnet hätte.

Als ihre Beziehung zu Andrew von wilder Verliebtheit in eine Partnerschaft überging, in der sie Unterstützung, Liebe und Kraft fand, verfügte Isabel über weit mehr Energie für ihre Malerei als zuvor. Sie war nicht mehr dadurch abgelenkt, einem potentiellen Freund gefallen zu müssen, konnte sich besser konzentrieren und hatte einen klareren Kopf. Sie ist nicht nur produktiver als damals, ihre Arbeit hat auch völlig neue, originelle Wege eingeschlagen, seitdem sie sich aus der ewigen Frustration und dem emotionalen Chaos befreit hat. Vor kurzem wurde sie zu einer Gruppenausstellung in einer berühmten New Yorker Kunstgalerie eingeladen, und diese Einladung beinhaltet die Möglichkeit, von dieser Galerie vertreten zu werden. Und all das, weil sie die Zugbrücke runtergelassen und sich der Welt geöffnet hat...

Isabel kämpfte gegen die Liebe an, aber diese Liebe konnte trotzdem in ihr Leben eindringen. Karen hingegen hat den Kampf gegen die Liebe gewonnen. Karen ist eine Autorin, die ich vor ein paar Jahren kennenlernte, als sie in meine Nachbarschaft in Manhattan zog, um die Inszenierung eines ihrer Stücke am Off-Off-Broadway zu überwachen. Wie Isabel widmete sich Karen leidenschaftlich ihrer künstlerischen Arbeit. Nach harten, relativ isolierten Jahren, in denen sie sich in kleineren, billigeren Städten durchschlug, bekommt sie nun allmählich die kritische Aufmerksamkeit und das Lob, das ihr zusteht. In den letzten Jahren hat sie mehrere prestigeträchtige Theaterpreise gewonnen.

Karen sind die Opfer und Ausdauerleistungen, die ein solch zeitraubendes Unterfangen mit sich bringt, besser bewußt als irgend jemandem sonst – die Kakerlaken-verseuchten Wohnungen, die finanziellen Wundertaten, die jede unvorhergesehene Ausgabe erfordert, die entmutigenden Härten des öffentlichen Nahverkehrs – und sie begegnet ihren bisherigen Erfolgen mit einer gewissen zurückhaltenden Euphorie. Sie ist aufgeregt und dankbar und will alles in ihrer Macht Stehende tun, damit sich dieser Vorgeschmack der Berühmtheit in etwas Ähnliches verwandelt wie den Festschmaus in dem Film *Babettes Fest*.

Angesichts der Tatsache, daß das Thema ‹Liebe› in ihren Stücken einen so breiten Raum einnimmt, neigen die meisten Zuschauer dazu, Karen für die Aphrodite des Theaterlebens zu halten, für eine erfahrene Veteranin in den Grabenkämpfen der Liebe. Doch obwohl ihre Darstellung des Themas nüchtern und geistreich ist, hat sie in Wirklichkeit seit Jahren keine Beziehung mehr gehabt.

Glauben Sie mir, wenn ich Ihnen einfach versichere, daß Karen eine sehr attraktive Frau ist. Groß und wohlproportioniert, mit einem schönen Gesicht, das Zeitschriftenredakteure stets als herzförmig beschreiben, und dem zarten Teint mancher schwarzer Frauen, die noch für College-Studentinnen gehalten werden, wenn sie längst Großmütter sind. Außerdem legt sie viel Wert auf ihr Äußeres und schleppt sich jeden Morgen um sechs aus dem Bett, um sich für eine ausführliche Runde um den Block zu rüsten, die den Knorpeln in ihren Knien Gott weiß was für einen Schaden zufügt. Folglich hat sie einen dieser straffen Leiber, die man normalerweise nur auf Pin-up-Kalendern und an der Seite von Rockstars sieht. Nach dem Joggen denkt sie noch an ihre Dehnübungen (ein entschieden wichtiges Ritual, das viele von uns gern vergessen, um dann am nächsten Morgen aufzuwachen und festzustellen, daß sich unsere Beine wie versteinertes Holz anfühlen), und durch eine kurze Dusche erfrischt, setzt sie sich an den Schreibtisch und beginnt mit der Arbeit. Es ist entsetzlich.

Männer fühlen sich nicht allein von Karen angezogen, weil die Haut ihrer Oberarme keine Dellen aufweist, sondern auch, weil sie ihnen so viel Aufmerksamkeit entgegenbringt. Wenn man mit ihr spricht, hört sie zu und verarbeitet das Gesagte, bevor sie intelligent und sorgfältig antwortet. Und offen gesagt, hat die Berühmtheit, die sie in den letzten Jahren erlangt hat, auch nicht geschadet, was das Kennenlernen interessanter alleinstehender Männer angeht. Aber trotz der zahllosen Einladungen und Komplimente hat Karen immer noch keinen Mann. Sie stöhnt über ihr mangelhaftes Liebesleben und behauptet, wirklich eine Beziehung haben zu wollen. Aber irgendwas hält sie offensichtlich zurück.

Karens bisher ernsthafteste Beziehung endete vor drei Jahren. Sie hatte mit ihrem Freund Tom beinahe vier Jahre zusammengelebt, und obwohl sie es war, die irgendwann Schluß machte, ist es augenfällig, daß sie ihn nicht aus dem Kopf bekommt. Nach Karens Beschreibung war Tom umwerfend hübsch, äußerst kreativ und verfügte über eine erotische Ausstrahlung, der sie während ihrer ganzen Beziehung nie widerstehen konnte.

Karen traf Tom, einen kaum begabten Schauspieler, als er eine Rolle in einem ihrer Stücke bekam, das an einem Kleinstadttheater im Mittelwesten aufgeführt wurde, wo sie damals lebte. Die Anziehung zwischen den beiden war so übermächtig, daß sie seinen Avancen nicht widerstehen konnte, obwohl sie wußte, daß er den Ruf eines Don Juan weghatte. Eine Affäre begann, deren beeindruckendes Maß an leidenschaftlicher Dramatik von Toms stets schwankender Zugänglichkeit bestimmt war. Wenn sie an einem Tag die große Liebe seines Lebens war, beschloß er am nächsten, die ganze Idee der Monogamie sei barbarisch, und am Tag darauf verkündete er, er habe einen fürchterlichen Fehler begangen, und bat um ihre Vergebung. Diese Achterbahnfahrt wechselte mit Anfällen unglaublicher körperlicher Leidenschaft ab, denen Karen bereits damals anmerkte, daß sie von der drohenden Gefahr eines erneuten Umschwungs befeuert wurden. Toms launenhaftes Herz verursachte ihr erheblichen Kummer, aber ihre Traurigkeit wurde gemildert, wenn sie in ihren besseren Momenten spürte, daß er genau der richtige für sie war: Er teilte ihre Leidenschaft fürs Theater und ihre künstlerische Sensibilität, und körperlich war er unwiderstehlich.

Als Karen zu Anfang ihres vierten Jahrs ein Stipendium angeboten bekam, das eine einjährige Reise einschloß, mußte sie eine Entscheidung treffen. Sie wußte, daß ihre Beziehung zu Tom endlos so weitergehen konnte. Sie glaubte auch, daß die Zeit und Energie, die sie jeden Tag darauf verwandte, aus seinem Gefühlskuddelmuddel klug zu werden, sie von der Konzentration auf ihre Arbeit abhielt. Ihre Gefühle für Tom waren so stark, daß sie dachte, eine Trennung würde sie umbringen, aber die Alternative der ständigen Unsicherheit erschien ihr langsam die vergleichsweise schlechtere Wahl. Sie nahm das Stipendium an.

Karen überlebte die Trennung und hat sich, wenigstens beruflich, prächtig entwickelt. In den Jahren seit ihrer Trennung von Tom ist ihr Stil bemerkenswert gereift. Ihre neuesten Stücke erkunden immer empfindsamer und schonungsloser die verschiedenen Ebenen der menschlichen Gefühle und zeichnen sich durch eine strukturelle Komplexität aus, die Kritiker manchmal erschreckt. Selbst Karen kann nicht leugnen, daß ihre Arbeiten besser geworden sind.

Vor kurzem verabredete ich mich mit Karen auf einen Drink, nachdem ich mir eine Vorpremiere ihres neuesten Stücks angesehen hatte. Ich gebe zu, daß mich die Aufführung etwas überfordert hatte: Erst schien sie die Erfahrungen einer Frau zu verfolgen, die ihren erwachsenen Sohn ängstlich verdächtigt, ein chronischer Vergewaltiger zu sein, und schließlich offenbarte sie das schockierende Ausmaß der Komplizenschaft zwischen Mutter und Sohn. Nachdem ich Karen etwas atemlos gratuliert hatte, entschloß ich mich, sie zu fragen, ob es einen bestimmten Wendepunkt in ihrem Schaffen gegeben habe.

«Natürlich», antwortete sie reuevoll. «Alles hat sich geändert, seitdem ich die Männer aufgegeben habe.»

Als ich sie bat, das zu erklären, schwieg Karen kurz und sagte dann: «Als ich mit Tom zusammen war, habe ich scheußlich viel Zeit damit verbracht, die ganze Sache am Laufen zu halten. Entweder hab ich seine Stimmungen vorausgeahnt, hab gegen sie angekämpft oder ihnen nachgegeben. Und jedesmal, wenn er alles abgeblasen hat, weil er kalte Füße kriegte, war ich so am Boden zerstört, daß ich einfach ins Bett gegangen bin und drei Tage durchgeschlafen hab.» Sie schüttelte leicht ungläubig den Kopf. «Du kannst dir ja vorstellen, wieviel Zeit ich zum Schreiben hatte. In den vier Jahren habe ich es geschafft, ein halbes Stück zu schreiben.»

«Und als du ganz allein warst, konntest du arbeiten?»

«Na ja, zunächst nicht. Das Stipendienjahr war eine komplette Zeitverschwendung. In Paris habe ich sechs Monate lang auf dem Fußboden meines Hotelzimmers gehockt und Bonbons gelutscht. Aber als ich wieder zu Hause ankam – Tom war ausgezogen, nachdem wir uns getrennt hatten –, konnte ich mich hinsetzen und arbeiten. Ich bin in Europa so viel allein gewesen, daß ich mich wohl dran gewöhnt hab. Und an meiner Art zu Schreiben veränderte sich etwas, das merkte ich sofort. Ich fing an, viel tiefer zu greifen.»

Karen nippte an ihrem Drink und blickte nachdenklich. «Es war wirklich gut für mich, auf mich selbst gestellt zu sein. Es hat mich künstlerisch irgendwie unabhängig gemacht. Ich mußte niemandem mehr was vorspielen und hatte den Kopf frei, über alles mögliche nachzudenken. Das war unglaublich befreiend.»

«Und wie sieht's heute damit aus? Hättest du jetzt gern eine Beziehung?»

«Ja», antwortete Karen sofort. «Sehr gern sogar. Ich denke oft daran und mach mir Sorgen, daß die Zeit vergeht, denn wenn ich mit jemandem zusammenleben will, dann ist jetzt der richtige Zeitpunkt dafür. Es ist bloß so, daß ich mir nach all der Zeit, die ich allein verbracht habe, nicht mehr vorstellen kann, mich mit jemandem einzulassen, der mein Leben nicht schöner machen würde, als es eh schon ist, oder mit jemandem, der mich nicht unterstützt und der sein eigenes Leben noch nicht sonderlich gut im Griff hat. Aber dann sagt eine andere Stimme in mir, mein kleines Teufelchen, daß so eine Beziehung schrecklich langweilig wäre. So vorhersehbar. Ich glaube, ich würde die Aufregung vermissen und einfach das Interesse verlieren. Deshalb weiß ich nicht so genau. Ich hänge irgendwie fest.»

Karens Ängste sind so kompliziert, weil sich in ihnen gleichzeitig eine Sehnsucht offenbart – ein Widerspruch, dem Hitchcock mit *Vertigo* zu Berühmtheit verhalf. Die aufreibende Intensität ihrer Beziehung zu Tom hielt sie nicht nur von der Arbeit ab – und, was das angeht, auch davon, aus dem Haus zu gehen und sich zu ernähren –, sondern erregte sie auch und wirkte bedrohlich auf sie. Wenn die tiefe Zuneigung unseres Geliebten sich scheinbar so leicht an- und abschalten läßt wie ein Haushaltsgerät, tauscht man die Stabilität gegen den Kitzel der Schwerdramatik ein. Und Dramatik, wie erschöpfend die Raserei auch ist, macht oft süchtig. Karens Beziehung zu Tom ließ sie glauben, daß wahre Liebe mit Intrigen und Unsicherheit einherginge, und davor schreckte ihr wachsendes Selbstbewußtsein zurück. Andererseits hat sie Zweifel, daß eine Liebesbeziehung auch mal eine aufbauende Erfahrung sein kann, und macht sich Sorgen, daß ihr Faible für wilde Liebesdramatik sie in solch einem Fall zu einer unpassenden Bewerberin für diese gesündere Art der Verbindung machen würde.

Karen empfindet das Fehlen eines Partners in ihrem Leben als schmerzlichen Mangel. Es ist lange her, daß sie jemanden hatte, den sie mitten in der Nacht losschicken konnte, um Eis zu kaufen, nach dem sie rufen konnte, wenn sie einen Schwarm Silberfische auf dem Badezimmerboden entdeckt hatte, oder mit dem sie einfach ins Bett gehen konnte. Sie ist noch nicht ganz an dem Punkt angelangt, wo sie einsieht, daß die Dramatik, nach der sie sich so sehnt, woanders besser aufgehoben ist – auf der Bühne nämlich. Und sie sieht auch nicht ein, daß sie bei einer erneuten Hochleistungs-Romanze wie der mit Tom gerade mal eine Woche bräuchte, um unwillig den Kopf zu schütteln und ihre Sachen zu packen.

Karens nächster Schachzug – der sie auf ein neues Niveau der Liebesbeziehung führen wird – benötigt einiges an blindem Vertrauen. Ihre Unfähigkeit, über den eigenen Schatten zu springen – aus der Deckung zu gehen und darauf zu vertrauen, daß eine Beziehung das Leben verbessern kann, statt einen davon abzulenken –, sorgt dafür, daß sie Single bleibt. Aber sie wird diesen Sprung ins kalte Wasser wagen, denn die gute Beziehung, die sie zu ihren eigenen Gefühlen aufgebaut hat, wird ihr dabei helfen, auch in Liebesdingen in die richtige Richtung zu gehen, genau wie es ihr bei ihrer künstlerischen Arbeit geholfen hat.

Im Kampf zwischen Liebe und Arbeit ist in Janes Leben die Arbeit der klare Sieger. Im Gegensatz zu Isabel und Karen hat Jane nur sehr wenig Erfahrung mit Männern, und auf den ersten Blick scheint sie ihr Leben auch ohne einen Partner sehr schön eingerichtet zu haben. Sie verdient reichlich Geld als freiberufliche Lektorin und hat ausreichend Zeit, sich ihrer großen Liebe zu widmen: dem Gedichteschreiben. Über die Jahre sind ihre Gedichte in immer prestigeträchtigerer Form erschienen, und kürzlich hat sie das Nonplusultra poetischer Genugtuung erlebt: eine Veröffentlichung im *New Yorker*. Ihr erster Gedichtband ist beinahe fertig, und einige der Zeitschriftenredakteure, mit denen sie in den letzten Jahren zusammengearbeitet hat, haben ihr angeboten, bei der Veröffentlichung in einem Verlag behilflich zu sein, sobald sie soweit ist.

Jane ist in Massachusetts als dritte Tochter einer alten, angesehenen, aristokratischen Bostoner Bildungsbürgerfamilie aufgewachsen. Sie wurde inmitten des Komforts und der Privilegien von Eltern erzogen, deren Kiefernmuskeln stets geheimnisvollerweise gespannt waren, wenn sie sprachen. Janes Vater und Mutter beschäftigten eine Menge Personal, gingen oft auf Reisen und brachten Jane bei, mit dem Glöckchen neben dem Bett zu schellen, wenn sie das Kindermädchen herbeirufen wollte. Bereits als kleines Mädchen fühlte sie sich von der strengen, konservativen Haltung ihres Elternhauses eingeengt und provozierte den Unwillen ihrer

Familie, indem sie sich Freunde suchte, die ihre Eltern, so erinnert sie sich, öfter als einmal als «Pöbel» bezeichneten. Jane ging in Chicago aufs College, ein Entschluß, der allgemeine Bestürzung auslöste, wo doch die ersten Adressen Mount Holyoke und Wellesley gleich in der Nähe lagen. Und nach ihrem Abschluß blieb sie einfach dort und widerstand den wiederholten Versuchen der Familie, ihr das Heimkommen zu versüßen. Sie wohnte mehrere Jahre in der Innenstadt von Chicago und beschloß dann, ein entzückendes, wenn auch etwas baufälliges Bauernhaus gut eine Stunde nördlich der Stadt zu kaufen. Nicht zufällig besitzt Janes Busenfreundin Carol fünf Meilen weiter ebenfalls ein Haus.

Jane und Carol lernten sich auf dem College kennen und waren augenblicklich dicke miteinander. Jane strahlt, statt sich körperlich von ihrem Ursprung zu entfernen, eine gewisse kühle Reserviertheit aus: Man kann die Pause förmlich spüren, die sie sich gestattet, bevor sie auf etwas reagiert. Carol andererseits ist ein impulsives Wesen, überschäumend, gefühlsbetont und völlig unfähig, sich zurückzuhalten. Auf dem College verbrachte Jane die meisten Abende im Eichhörnchenbau ihres gemeinsamen Schlafzimmers, las Milton und Dryden und versuchte, die formalen Geheimnisse der Sestine, einer fürchterlich komplizierten italienischen Gedichtform, zu ergründen (übrigens ein vergebliches Unterfangen, falls Sie das nie probiert haben). Carol andererseits zog lieber an den meisten Abenden durch die Kneipen und Jazzclubs der Stadt und kam selten vor dem Morgengrauen nach Hause gestolpert.

Nach dem College bekam Carol eine Stelle in der Sozialarbeit, die ihrem Studienfach entsprach, und Jane erhielt allmählich Aufträge als freiberufliche Lektorin. Die beiden lebten weiterhin zusammen, und wie zu Collegezeiten scheute Jane vor dem gesellschaftlichen Leben zurück. Obwohl sie mit ihren schönen Gesichtszügen und der beneidenswerten Figur – die genetische Belohnung für jahrhundertelanges Reiten – der Papierform nach vielleicht die Attraktivere ist, waren die Männer eher hinter Carol her. Jane gesteht zwar ein, daß es manchmal hart war, Carol zuzusehen, wie sie sich Abend für Abend fertigmachte, Make-up auflegte, Parfum versprühte und eine bestimmte, gerade mal so noch sittsame Strumpfhose suchte, besteht aber gleichzeitig darauf, Carols regelmäßige Abwesenheit aus der Wohnung habe ihr viel Zeit gelassen, sich auf die Lyrik zu konzentrieren.

«Wenn Carol nicht so gesellig wäre, hätte ich vermutlich nie was zustande gebracht. Wenn sie abends zu Hause war, hab ich immer alles stehen- und liegengelassen und mit ihr Filme geguckt. Wir lagen wie zwei gestrandete Wale auf dem Sofa und hatten riesige Tüten Chips auf dem Schoß. Carol lackierte sich immer die Zehennägel, und normalerweise hat sie mich rumgekriegt, das auch zu tun. Es war unmöglich, irgendwas Sinnvolles zu tun, wenn sie in der Nähe war.»

Kurz nachdem Carol eine neue Stelle als Sozialarbeiterin in einem örtlichen Krankenhaus angetreten hatte, lernte sie Gary kennen, den Kinderarzt der Klinik. Nach nur wenigen Verabredungen verkündete Carol, sie sei unsterblich verliebt und könne es kaum erwarten, daß Gary um ihre Hand anhalte. Wie sich herausstellte, mußte sie nicht lange warten: Kaum drei Monate später waren die beiden verlobt.

Jane freute sich für ihre Freundin und plante gemeinsam mit ihr die ausgeklügelten Hochzeitsfeierlichkeiten, von denen Carol schon lange träumte. Sie begleitete sie auf ihren Expeditionen durch die Brautmodengeschäfte, um ein Hochzeitskleid zu finden, zu potentiellen Örtlichkeiten für den Empfang, zu Fotografen und Floristen. Sie stand Carol bei den vor der Zeremonie unvermeidlichen Streitigkeiten mit ihrem Verlobten zur Seite und bot auch Gary nicht selten eine

Schulter, an der er sich ausweinen konnte. Als ich sie fragte, ob sie nicht ein bißchen neidisch auf die ganze Aktion gewesen sei, verneinte sie das.

«Auf eine komische Art und Weise dachte ich wohl, das wäre auch meine Hochzeit. Ich nahm an jeder Entscheidung teil und war richtig aufgeregt. Gary war auch anders als die meisten Freunde, die Carol gehabt hat, denn er wollte offenbar wirklich mit mir befreundet sein. Früher sind die Typen hergekommen, um Carol abzuholen, und haben so getan, als ob ich ein Möbelstück wäre, um das sie einen Bogen machen müßten. Gary hat sich hingesetzt und erzählt, oder er hat mich gefragt, ob ich nicht mitkommen wolle. Manchmal haben wir drei es uns einfach zu Hause nett gemacht. Es war wirklich schön.»

Carol zog bei Jane aus und bei Gary ein. Ihr neues Zuhause lag nur acht Häuserblöcke von ihrer alten gemeinsamen Wohnung entfernt, und die drei Freunde verbrachten weiterhin viel Zeit miteinander. Irgendwann beschlossen Carol und Gary aber, sich ein Haus zu suchen, das sie kaufen konnten. Weil Gary auf dem Land aufgewachsen war, erkundete das Paar eine ländliche Gegend nördlich von Chicago. Nach ein paar Monaten der Suche fanden sie das perfekte Haus für sich.

Erst als Jane erfuhr, daß Carol und Gary so weit wegziehen würden, daß man sie nicht mehr zu Fuß besuchen konnte, spürte sie, was Carols Ehe wirklich bedeutete. Trotz Carols ungezählter Verhältnisse hatte Jane jahrelang geglaubt, die beiden wären ein Team. Und selbst nach der Hochzeit kam es ihr vor, als wäre Gary einfach ein Mitglied in diesem Team geworden. Bei dem Gedanken, sie könnten einfach auf und davon ziehen und sie ganz allein zurücklassen, wurde Jane vor Angst ganz wirr im Kopf. Sie fühlte sich verlassen, zwang sich zur Konzentration aufs Schreiben und arbeitete bis tief in die Nacht. Nur wenn sie absichtlich steif vor der Schreibmaschine saß, konnte sie vergessen, daß sie zum erstenmal seit Jahren wirklich allein war.

Obwohl sie nur eine kurze Flugstrecke von Boston entfernt wohnte (nicht daß Flugstrecken einem Menschen wie mir überhaupt kurz erscheinen können, der dafür bekannt ist, bei einer absolut sicheren Landung «Wir stürzen ab!» zu kreischen), kam Jane nur selten und kurz nach Hause. Sie liebte ihre Mutter sehr, aber es war nicht leicht für Jane, viel Zeit mit ihr zu verbringen. Ihre Mutter kam ihr so verloren vor, so völlig unfähig zur Selbstbehauptung, daß sie im Grunde keine eigenen Meinungen oder Einstellungen besaß. Jane sah deutlich, daß diese äußerste Neutralität ein Ergebnis der Anstrengungen ihrer Mutter war, ihrem schwierigen und anspruchsvollen Gatten in langen Ehejahren alles recht zu machen.

Jane hat verschwommene Erinnerungen an die Zeit, als ihre Mutter jung war, ihre Kinder neckte, ihnen die Texte ihrer Lieblingslieder beibrachte und sich auf den Boden hockte, um mit ihnen zu spielen. Sie erinnert sich auch gar nicht so verschwommen an die Wut, die ein solches Verhalten bei ihrem Vater auslöste, der sehr genaue Vorstellungen äußerte, wie eine anständige Hausfrau und Mutter sich zu benehmen hatte. Im Verlauf der Ehe beobachtete Jane, wie ihre Mutter allmählich viele Dinge aufgab – ihre berufliche Karriere, Freundschaften und außerhäusliche Interessen und schließlich einen erheblichen Teil ihrer Persönlichkeit –, und das alles in Erfüllung ihrer Ehepflichten. Es nimmt kaum Wunder, daß Jane, dieses Beispiel vor Augen, auch dem flüchtigsten Kontakt mit Männern aus dem Weg ging.

Jane identifizierte sich so stark mit ihrer Mutter, daß es ihr vorkam, als sei jede Kritik, jedes Verbot, das ihr Vater austeilte, auf sie gemünzt. Also hatte Jane eine ziemlich unglückliche Kindheit. Erst als sie begann, Gedichte zu lesen und später zu schreiben, lernte sie eine Art von Freiheit außerhalb der tyrannischen Kontrolle ihres Vaters kennen. Für Jane war die Fähigkeit, ihre Phantasie zu erkunden und eigene Ideen und Gefühle wahrzunehmen, so berauschend, wie für manche Menschen Extremskifahren oder Fallschirmspringen sein mag. Und selbst noch als Erwachsene umgab sie ihr Schreiben und die unabhängige Identität, die es repräsentierte, mit einem Schutzwall. Sie glaubte, sie könne den Versuch nicht wagen, irgend jemandem nahezukommen, der letztlich von ihr verlangen würde, jemand anderes zu sein.

Das soll nicht heißen, sie hätte die selbstgesuchte Einsamkeit freudig akzeptiert. Ihre Abhängigkeit von Carol und dem erfüllteren Leben, das diese führt, ist dafür ein ziemlich deutliches Indiz. Keine sechs Monate nachdem Carol und Gary ihr Haus gekauft hatten, beschloß Jane, selbst ein Haus in dieser Gegend zu erwerben. Und als Carol ihr erstes und dann ihr zweites Baby bekam, erschien Jane den Kindern wie eine zweite Mutter, die sich fürsorglich um sie kümmerte. Obwohl sich dieses Arrangement merkwürdig anhören mag (es scheint ein bißchen die Voraussetzungen für eine Fortsetzung von *Die Hand an der Wiege* zu bieten), sind Carol und Gary wirklich überglücklich, daß Jane an ihrem Leben teilnimmt. Für die beiden gehört sie einfach zur Familie.

Doch für Jane stellt sich die Lage nicht unbedingt so glücklich dar. Sie kümmert sich um Carols und Garys Familie, weil sie gerne selbst eine hätte und dem so am nächsten kommt. Sie sagt über ihre Freunde: «Ich beobachte sie manchmal, Carol und Gary, und frage mich, ob hinter ihrer Fröhlichkeit etwas Dunkles verborgen liegt. Irgendeine Macht, die er über sie hat und die ich einfach nicht mitkriege.» Diese Bemerkung zeigt deutlich, daß Jane immer noch glaubt, eine solch dauerhafte Beziehung verlange mindestens einem der beiden Liebenden einen hohen Preis ab. Unglücklicherweise glaubt sie, ausgerechnet die eigene Identität sei der Preis, den man für eine Beziehung zu zahlen habe. Wenn sie Carols und Garys Partnerschaft beobachtet, kann sie sehen, daß das nicht unbedingt der Fall ist. Aber sie wird ihre Angst nicht abschütteln können, wenn sie sich nicht in ihrem eigenen Leben für die Nähe zu einer anderen Person öffnet und bereit ist, selbst diese Erfahrung zu machen.

In einer Welt, die Künstler oft abschätzig behandelt, kann es eine große Herausforderung darstellen, sich dauerhaft einer kreativen Arbeit zu widmen. Augenscheinlich wird diese Hingabe an die Kunst durch verschiedene Faktoren im Leben des einzelnen erleichtert. Es ist ganz vorteilhaft, ausreichend Zeit für einen gelegentlichen stichhaltigen Gedanken und genug Geld für Lebensmittel zu haben. Nachbarn, die nicht dazu neigen, bis zum Morgengrauen Salsa zu hören, sind von Vorteil, ebenso wie Künstlerbedarf- oder Papierwarengeschäfte, bei denen man anschreiben lassen kann. Für einen jungen Künstler kann jedes der aufgezählten Elemente den Unterschied zwischen Fertigstellung und Scheitern eines Projekts ausmachen. Und weil dieses Scheitern traurigerweise dazu führen kann, daß man seinen Kopf so lange auf den Fußboden knallt, bis man sich eine Stammhirnverletzung zuzieht, würden die meisten künstlerisch tätigen Menschen wohl darin mit mir übereinstimmen, daß diese kleinen Dinge einiges bedeuten.

Wenn es aber um den einen Faktor geht, der einem das Leben wirklich erleichtert – die Anwesenheit eines unterstützenden, liebenden Partners –, reagieren viele Künstlerinnen auf diese Möglichkeit, als müßten sie ihre Hände in einen dröhnenden Müllschredder stecken. Sie glauben (manchmal wissentlich, wie in Isabels und Karens Fall; manchmal nicht, wie Jane), daß die Nähe zu einem Partner ihre künstlerische Arbeit beträchtlich einschränken würde. Aber die Frustrationen und Konflikte, die die Versuche, einer intimen Partnerschaft auszuweichen, mit sich bringt, können der Kreativität weit größere Hindernisse in den Weg legen.

Natürlich läßt sich die Theorie, die Anwesenheit eines gutherzigen Partners erleichtere die alltägliche Plackerei und steigere die Erfolgsaussichten einer Künstlerin erheblich, auch auf Bereiche außerhalb der Kunst anwenden. Man muß nicht die Sixtinische Kapelle ausmalen, um von einem funktionierenden Liebesverhältnis zu profitieren. Wie Isabels Erfahrungen zeigen, kann eine gesicherte Beziehung und das daraus folgende Nachlassen der Angst vor Liebe befreiend wirken, und man kann sich produktiver und mit größerer Befriedigung auf seine Ziele besinnen, egal welche das auch sein mögen.

9
Frei wie ein Vogel

**Bindungsangst und der Traum
vom neuen Ich**

E s ist schon eine ernste Sache, sich an jemanden zu binden, denn der Entschluß, ein richtiges Liebespaar zu
werden, hat Auswirkungen auf alle Bereiche unseres Lebens. Wenn wir jemand anderem die Tür zu unserem Herzen
öffnen, lassen wir uns auf mehr ein als nur auf die vollständige Neueinkleidung unseres Geliebten oder das Zulegen
eines besorgten Gesichtsausdrucks, wann immer das Wort
‹Baseball› im Gespräch fällt. Der Begriff der Bindung legt
nahe, daß wir willens sind, einem anderen Menschen Zugang zu unserem privaten, wohlbehüteten, geheimen Ich zu
gewähren. Das kann ein äußerst unangenehmes Unterfangen sein, denn es erfordert, daß wir unserem Liebsten nicht
nur die tolle Stewardeß präsentieren, die exzellente Drinks
mixt und auf die Farbe ihrer Haarwurzeln achtet, sondern
auch diese andere Person, das nicht so nette Mädchen, das in
einem Mordprozeß die Verteidigung auf der Basis des prä-
menstruellen Syndroms mit Befriedigung und persönlichem
Wohlwollen registriert. Der Entschluß, dem Menschen, der
uns wichtig ist, vollen Einblick in unser Ich zu gestatten,
bringt die Möglichkeit mit sich, daß unser Partner, sobald er
unser ganzes Ich sehen durfte, beurteilen kann, ob er oder sie
die Realität dessen, was unser ungeschminktes und manchmal nicht sonderlich artiges Ego ausmacht, annehmen oder
ablehnen will.

Im allgemeinen steckt hinter dieser generellen Entblößung

die Hoffnung, unser Partner werde uns, nachdem wir unser zu selten gewaschenes Haar heruntergelassen haben, in unserer ganzen Mangelhaftigkeit annehmen, worauf wir dann die wahre, sichere Akzeptanz erfahren dürfen. Dies ist jedenfalls der Standpunkt der Grußpostkartenindustrie. An diesem Punkt sollte die Gänsehaut der Unsicherheit und Verzweiflung, die gleich unter der Oberfläche unseres knallhart sonnigen Äußeren lauert, unter dem bedingungslos liebenden Blick unseres Partners für immer verschwinden oder mindestens auf ein handhabbares Niveau abflauen.

Aus offensichtlichen Gründen kann die grausame Alternative zu diesem Szenario – nämlich mit einem Lebwohl oder einem kalten Blick über die Schulter zur Tür rausgeschmissen zu werden – unser Nähebedürfnis mächtig hemmen. Unsere Gesellschaft hat schließlich das Intimspray für Frauen erfunden. Warum sollten wir darauf vertrauen, daß nicht plötzlich Funkstille im Telefonhörer herrscht oder der Mann fürs Leben nicht desertiert, wenn wir die figurformende Strumpfhose ausziehen (und unserem Freund beweisen, daß der Begriff ‹Wampe› geschlechterübergreifend existiert) oder zugeben müssen, daß wir nicht wissen, wer momentan Außenminister ist?

Allein die Möglichkeit, unser Liebster könnte uns wie ein geifernder Hund anfallen, sobald wir ihm unsere wunden Punkte und Macken offenbaren, kann Grund genug sein, den Impuls zur Enthüllung in Schach zu halten. Aber es gibt auch Frauen, denen die Möglichkeit der Ablehnung, so schlimm sie für den Rest von uns sein mag, lächerlich erscheint, verglichen mit der wahren, nie endenden Angst, die sie wie die Haie nie zur Ruhe kommen läßt. Im Gegensatz zu den Künstlerinnen aus dem vorhergehenden Kapitel, die Angst hatten, eine Liebesbindung könnte ihre kreativen Fähigkeiten vernichten, fürchten diese Frauen, sie würden von dem Moment an, in dem sie sich an einen anderen Menschen binden, in einen Permafrostschlaf versetzt, auf Dauer in ihrer inneren Entwicklung gestoppt, um neue Erfahrungen betrogen und würden ihr ganzes schönes Potential verlieren. Das ist kein Scherz. Die spinnen.

Das soll nicht heißen, daß diese Frauen keine Beziehungen hätten. Sie werfen sich immer wieder in leidenschaftliche Vereinigungen, überzeugt davon, im Paradies angelangt zu sein und endlich den Richtigen gefunden zu haben. Aber man kann sich darauf verlassen, daß sie früher oder später, ganz egal, wie wirklich wunderbar ihr gegenwärtiger Mann ist, das Verlangen verspüren, wieder frei zu sein. Sie fangen an, sich eingeengt oder gefangen zu fühlen, beginnen, zwanghaft die Fehler ihres Freundes aufzulisten, und schwärmen wie besessen von anderen, «passenderen» oder «interessanteren» romantischen Möglichkeiten. Für diese Frauen kommt eine dauerhafte Bindung der Gefangenschaft und Verflüchtigung ihres Egos gleich. Es spielt eigentlich keine Rolle, ob sie mit Denzel Washington oder George Clooney zusammen sind: Wenn der Zeitpunkt kommt, an dem es ernst wird, geraten sie in Panik.

Warum brechen diese Frauen beim Anblick einer zweiten Zahnbürste in ihrem Badezimmer vor Angst zusammen? Warum löst bei ihnen die Einladung zur Hochzeit einer Freundin das Gedankenspiel aus, während der Trauung aufzuspringen und Widerspruch einzulegen? Warum fühlt sich für sie die Vereinigung mit einer anderen Seele nicht wie eine Erweiterung oder ein Erblühen an, sondern wie der sichere, unausweichliche Tod?

Ich lernte Kate auf der Graduate School kennen, wo sie sich, im Gegensatz zu mir, eifrig auf einen Beruf in einer lukrativen Branche vorbereitete: der Justiz. Sie mietete in dem verschneiten Tal im Norden des Staates New York, wo wir damals wohnten, ein Apartment am anderen Ende unseres Häuserblocks, und ich sah sie oft in ihrem roten Schal und ihren Fausthandschuhen herumstapfen und die gut dreißig Zentimeter Neuschnee räumen, die sich allnächtlich auf dem Bürgersteig ansammelten. Meine Mitbewohner und ich besaßen keine Schaufel, aber wir zollten gelegentlich dem rauhen Klima Tribut, indem wir halbherzig eine Handvoll Salz auf die Eingangsstufen streuten und ungeniert das Beste hofften. Ich weiß noch, wie ich aufrecht an meinem Fensterplatz saß, während die Wintersonne langsam unterging, Bier trank, Zigaretten rauchte und mich fragte, wo in aller Welt Kate ihre unglaubliche Energie herhatte.

Als ich sie besser kennenlernte, wurde mir klar, daß ihre Selbstdisziplin und ihr Wille nicht auf ihre Haushaltspflichten beschränkt waren. Kate war damals Jurastudentin im zweiten Jahr und teilte ihre Zeit erfolgreich zwischen der strapaziösen Arbeit an der Uni, der Herausgabe einer Jurazeitschrift und zwei Jobs auf, mit denen sie ihren Lebensunterhalt bestritt. In der Hoffnung, sich mit ihrem Abschluß eine gutbezahlte Stelle sichern zu können, hatte Kate bedenkenlos die üblichen riesigen Studentendarlehen akzeptiert, um die Studiengebühren der Uni bezahlen zu können. Allmonatlich, wenn die Zeit kam, den Scheck für die Miete auszuschreiben und die Heizkosten zu bezahlen, war ihre Pein förmlich mit Händen zu greifen, sobald sie versuchte, die finanziellen Mittel zusammenzukratzen, um ihren bescheidenen Lebensstil finanzieren zu können. Trotz der finanziellen Probleme ließ ihre Entschlossenheit nie nach, sich den akademischen Pflichten zu widmen. Ich war, damals wie heute, wild entschlossen, jeder Arbeit aus dem Weg zu gehen, und unterbrach ihre Studien oft mit dem Vorschlag, wir sollten einkaufen gehen oder uns mal wieder *Zeit der Zärtlichkeit* auf Video ansehen; aber Kate durchschaute meine Tricks und lehnte stets strikt ab. In ihrer Freizeit war der Umgang mit ihr äußerst amüsant; aber von ihren ernsten Geschäften ließ sie sich nicht ablenken.

Wenn man den Männertyp in Betracht zieht, auf den sie stand, war es gar nicht so schlimm, daß Kate kaum Zeit fand, sich ihrem Sozialleben zu widmen. Das Juraseminar war mit größenwahnsinnigen Beckmessern angefüllt, die sich allabendlich mit der Vision einer Berufung an den Obersten Gerichtshof in den Schlaf lullten und gegenüber ihren Kommilitoninnen und der entsetzlichen Konkurrenz, die sie darstellten, deutlich wutschäumenden Widerwillen empfanden. Keiner Herausforderung ausweichend, suchte sich Kate unweigerlich den abstoßendsten dieser Anwärter, das versoffenste und frauenfeindlichste Exemplar, um ihn mit äußerster Hingabe zu verehren. Ich übertreibe nicht, wenn ich sage, daß, je rüpelhafter ein Typ war, Kate ihn nur um so anziehender fand. Hätte man sie ausgequetscht, sie hätte ihren momentanen Schwarm als «temperamentvoll» oder «lebhaft» bezeichnet. «Typen, die leicht zu kriegen sind, langweilen mich», sagte sie, gähnte mit aufgesetzter Langeweile und tat so, als würde sie nicht den Eingang der Kneipe im Auge behalten, in der wir saßen, um zu verfolgen, ob ihr Schwarm des Tages sich herablassen würde zu erscheinen. Sie hob mit vorgetäuschter Verachtung die Augenbrauen und fragte schleppend: «Wo bleibt denn da die Herausforderung?»

Zu ihrem Glück blieben die meisten Beziehungen, auf die sie aus war, rein hypothetisch, denn die Männer, die ihr gefielen, widersetzten sich hartnäckig jedem engeren Verhältnis. Aber trotzdem ließen sie sich gelegentlich nicht ungern auf ein amouröses Tête-à-tête ein, besonders nach

einer durchzechten Nacht. Kate hatte hart daran zu knabbern, daß ein Mann, der über Nacht blieb, nicht automatisch Lust verspürte, sagen wir mal, auch zum Frühstück zu
bleiben. So oft sie sich auch von der alkoholisierten Gesellig-
keit eines Galans in die Irre führen ließ, schien sie unfähig,
aus dieser Erfahrung zu lernen. Dieses spezielle Unvermögen brachte Kate, ihren Freundinnen und möglicherweise
auch den verkaterten Kerlen, die sich um sechs Uhr morgens durch ihren Hinterausgang davonschlichen, viel Ärger
ein.

Als Kate schließlich Nick kennenlernte, einen Mann, der
Lust hatte, nach einer Rolle im Heu auf ein paar Waffeln da-
zubleiben, ging ein Seufzer der Erleichterung durch die
Runde. An der Uni ein Jahr hinter Kate zurück, war Nick
offenbar dankbar, eine erfahrene Begleiterin zu haben, die
ihn in alles einweihte, ihm bei seinen Seminararbeiten half
und seine blankgelegten Nerven beruhigte. Und Kate, über-
lastet wie sie war, schien froh, dem nachzukommen. Sie warf
sich auf das heimische Glück – was nicht schwer fiel, da Nick
buchstäblich nach der ersten Verabredung bei ihr einzog –,
und es dauerte Wochen, bis jemand von uns sie wieder zu
Gesicht bekam.

Als sie schließlich einwilligte, eine kleine Dinnerparty zu
schmeißen, um ihren neuen Günstling vorzustellen, war die
Spannung groß. An dem verabredeten Abend beschloß ich,
etwas früher hinzugehen, um ihr bei den Essensvorbereitun-
gen zu helfen. Ich gestehe, ich hatte gehofft, ein, zwei Minuten mit Kates Liebstem sprechen zu können, aber das erwies
sich als unmöglich, denn er war nicht vom Fernseher loszu-
reißen, weil ein Basketball-Spiel übertragen wurde. Während Kate mit Servietten und Silberbesteck hantierte, stand
ich in der Küche rum und blickte verstohlen ins Nebenzim-
mer hinüber, wo Nick, in geisterhaftes Fernsehlicht getaucht

und an einer Bierdose nuckelnd, aufmunterndes Fangejohle
von sich gab.

Die Lage wurde nicht besser, als die anderen Gäste erschienen. Wir standen in der Küche und tranken Wein, und
Kate stellte das Essen auf den Tisch. Nick wartete bis zum
letzten Moment, um sich auf seinen Platz fallen zu lassen,
und behielt mit einem Auge heimlich den Fernseher im
Blick, der leise gestellt war. Er schlang sein Essen herunter,
schluckte ordentlich Bier dabei, grunzte, wenn ihn die anderen ins Gespräch einbeziehen wollten und verließ dann
eilends den Tisch. Als wir uns von Kate verabschiedeten,
hörten wir Nick brüllen: «Wiedersehn!»

Okay, er war also offensichtlich ein Versager. Wenigstens
war das für uns offensichtlich, aber scheinbar nicht für Kate,
die sich, statt sich das Gegrummel ihrer Freundinnen über
das schlechte Benehmen ihres neuen Lovers anzuhören, auf-
fällig zurückhielt. Weil sie jetzt mit Nick zusammenwohnte,
hatte sie natürlich sowieso kaum noch Zeit, sich mit anderen
Leuten zu treffen; schließlich mußte sie stundenlang die Arbeiten ihres Liebsten abtippen und dafür sorgen, daß er sau-
bere Socken anhatte. Solche Aufopferung kostet normalerweise viel Zeit, und Kate wäre nie vor selbstgesetzten Pflichten zurückgeschreckt.

Obwohl Kate selten über die Mittel verfügte, sich selbst
ausreichend zu ernähren, markierte ihr Verhältnis mit Nick
das Ende ihrer finanziellen Zurückhaltung. Sie häufte Schulden an, um stets das Importbier und die Lendenfilets im
Haus zu haben, die Nick brauchte, um eine harte Studier-
nacht zu überstehen. Während die alte Kate sich gezwungen
hatte, bei sechzehn Grad zu leben, sorgte sich die neue um
Nicks zarte Konstitution und drehte die Heizung bis zum
Anschlag auf. Man muß wohl nicht hinzufügen, daß Nick
es nicht einsah, das gemütliche Heim finanziell zu unterstüt-

zen – nicht daß Kate ihn drängte, Gott behüte –, denn in diesem Fall hätte es für ihn verdächtig nach ernsthafter Beziehung gerochen – eine Verantwortung, für die er (trotz der Stapel frisch gebügelter Wäsche in seiner Kommode) ganz entschieden nicht zu haben war.

Trotz der augenscheinlichen Nachteile, die es mit sich bringt, sein Heim mit einem gefühllosen Straßenkadaver zu teilen, schien Kate allem Anschein nach die Vorteile einer Vollzeit-Liebe zu schätzen. Schließlich hatte sie jetzt einen festen Freund – jemanden, mit dem sie gemeinsam auf dem Sofa lernen und an den verschneiten Morgen erwachen konnte, wenn der Gedanke, unter der Bettdecke hervorzukriechen, einfach unerträglich war. Und obwohl sich Nick manchmal teuflisch aufführte, machte er doch nur, was ein Nutzer eben macht – er nutzte. Weit geheimnisvoller war, was Kate (abgesehen von der Möglichkeit, bei einem gruseligen Film seine Hand zu halten) an einem Partner attraktiv fand, der ihr bereits schwieriges Leben noch erheblich schwieriger machte und dessen Pupillen offenbar nicht in der Lage waren, auf sie zu fokussieren, wenn sie nicht gerade mit einer Riesenportion Essen vor ihm stand.

Den Uneingeweihten und Unwissenden wäre Kate vermutlich als der Inbegriff der grauen Maus erschienen, überfließend vor Selbsthaß und Zweifeln, wild nach männlicher Aufmerksamkeit in irgendeiner Form, wie schäbig auch immer. Aber man sollte sich nicht mit solch einfachen Erklärungen zufriedengeben, schon gar nicht, wenn man *Akte X* gesehen und dabei ein, zwei Lektionen darüber gelernt hat, daß die Dinge oft komplizierter sind, als sie erscheinen. Wer unsere Mission der Analyse und Zersetzung konventioneller Argumente akzeptiert hat und die Worte ‹grasbewachsene Bodenwelle› nicht oft genug ins Gespräch einflechten kann, der läßt sich nicht mit aus der Hüfte abgefeuerten Erklärungen abspeisen.* Wir alle suchen die Wahrheit, und wir wollen Antworten. Nicht wahr?

Unser erstes Indiz dafür, daß Kate sich selbst belog, tauchte auf, nachdem sie schon ein paar Monate mit Nick zusammen war. Während es ihm in der Anfangsphase der Beziehung offenbar gefallen hatte, daß seine Hausmaus nach seiner Pfeife tanzte, begann ihn Kates Ausdauer plötzlich zu frustrieren. Seine Gefühle ihr gegenüber schienen inniger zu werden, berichtete sie, als sie eines Nachmittags bei mir Zuflucht suchte und eine Tasse Kaffee trank. Er wollte, daß sie sich näherkamen. Er (Schock!) hatte sich in sie verliebt. Kate überbrachte diese Nachricht, als beschriebe sie eine Bande von Blutegeln, die es irgendwie geschafft hatten, sich an ihrem Bein festzusaugen. Und es dauerte nicht lange, da bekam die Nachbarschaft ein Spektakel geboten: Nicks Hab und Gut wurde auf dem Bürgersteig aufgestapelt und von dem frischgebackenen Single abgeholt.

Kate beschwerte sich selten darüber, daß sie im Morgengrauen rausmußte, um bei einem ihrer diversen Teilzeitjobs Frühstück zu servieren oder perlengeschmückten Erstsemestermädels die Benutzung der Bibliothek zu erleichtern; also hätte man leicht annehmen können, sie sei eben mit jener Malocher-Konstitution gesegnet, die solche Entbehrungen erträglich macht. Sie spielte ihre Rolle ausgezeichnet und ähnelte, was ihre Arbeitsmoral anging, Mutter Teresa.

---

* ‹Grasbewachsene Bodenwelle› – allein diese beiden Worte lassen das Herz jedes leidenschaftlichen Verschwörungstheoretikers höher schlagen, und vor seinem inneren Auge entfaltet sich in Sekundenschnelle das Szenario des Attentats auf John F. Kennedy, der in Dallas – wie jeder weiß, der sich nicht mit oberflächlichen Erklärungen abspeisen läßt – von einem ‹zweiten Schützen› ermordet wurde, der ihm hinter eben dieser Bodenwelle auflauerte.

217

Wenn sie sich zu einer ihrer Tätigkeiten aufmachte, mußte man schon sehr genau hinsehen, um die schmalen Sorgenfalten auf ihrer Stirn oder den verbissenen Zug um den Mund zu entdecken, die besagten, daß im Reich alles andere als Frieden herrschte. Unter ihrer säuberlich-angenehmen Hülle schlug das Herz einer Aufrührerin. Es machte ihr keinen Spaß, sie war nur ehrgeizig, und das ist ein himmelweiter Unterschied. Ihr Widerwille war der metaphorische Ziegelstein, der den Damm noch hielt, doch die kleinste Regung konnte einen Schwall von Dingen ans Tageslicht bringen, die sie krampfhaft zu verbergen suchte.

Je besser ich Kate kennenlernte, desto erstaunter war ich über gewisse Einzelheiten aus ihrer Vergangenheit. Für jemanden, dessen Küchenschrank im allgemeinen zwei Schachteln No-Name-Makkaroni mit Käse enthielt und der zwischen den Mahlzeiten Eiswürfel lutschte, schien sie eine äußerst exotische Kindheit gehabt zu haben. Als wir einmal auf dem Sofa hockten und uns im Kulturkanal eine Sendung über Gertrude Stein ansahen, zeigte Kate auf ein entzückendes Kalksteingebäude im selben Häuserblock und sagte, mit neun Jahren hätte sie mal einen Sommer lang in diesem Haus gewohnt. Und als ich sie breitgeschlagen hatte, mit mir ein aufwendiges thailändisches Abendessen zu veranstalten, für dessen Zubereitung ich liebend gern meine Studienzeit verschwendete, erzählte sie mir beim Essen, wie sie sich daran erinnerte, während eines Bangkok-Aufenthalts fürchterlich krank gewesen zu sein.

Kate hatte eine sehr exklusive, unerschwingliche Privatschule besucht, und sie tat nichts lieber, als in Erinnerungen an ihre Zeit dort zu schwelgen, als sie Reitunterricht bekam und Griechisch lernte. Es war nicht leicht, diese aristokratischen Erzählungen mit ihrer gegenwärtigen Dickens-Existenz in Einklang zu bringen, und eines Abends, als sie außer sich war, weil man ihr wieder mal den Strom abgestellt hatte, hielt es mich nicht mehr, und ich fragte sie, ob ihre Eltern ihr nicht ein bißchen Geld zuschießen könnten, um ihr aus der Patsche zu helfen.

«Spinnst du?» war ihre Antwort. «Die können nicht mal ihre Hypothek abbezahlen. Die ziehen wahrscheinlich bald bei mir ein.» Mit bitterer Stimme redete sie sich die traurige Geschichte des finanziellen Sündenfalls ihrer Familie von der Seele.

Kate, so schien es, war in eine wirklich wohlhabende Familie hineingeboren, Generation auf Generation Dividendenschecks, und im Laufe ihres kurzen Lebens hatte Kate das Geld, all das schöne Geld, einfach verschwinden sehen. Ihr Vater hatte es gewagt, die Börse in den Clinch zu nehmen, und die Börse hatte obsiegt.

Der Abstieg von der Millionärin zur Tellerwäscherin hatte dramatische Auswirkungen auf Kates Lebensstil. Als ihr Vater sich seinen ersten Job suchen mußte, zerschnitt sie ihre Platin-Kreditkarte und versuchte, mit dem Faktum klarzukommen, daß ihre Zukunft entschieden anders aussehen würde, als sie sich das vorgestellt hatte. Ihre Bewerbungen für Havard und Yale, die Europareise vor dem College und das schwarze MG-Cabrio, auf das sie ein Auge geworfen hatte, konnte sie in die Tonne treten. Ebenfalls dahin waren die gesicherten Privilegien und die vorbestimmte Karriere, die seit ihrer Geburt ein integraler Bestandteil ihres Selbstverständnisses gewesen waren.

Kate war als Mitglied der herrschenden Klasse erzogen worden, und einen solchen Vorrang gab sie nicht leichtherzig auf. Das war die wirkliche Demütigung, an der sie litt, seit ihre Eltern in die Armut abgerutscht waren: ein böser Traum, aus dem sie eines Tages erwachen wollte. Die arme Kate beugte sich nicht dem Schicksal, sie wartete hartnäckig auf den richtigen Augenblick, in dem ihr wahres Leben weitergehen würde, und schwindelte sich in der Zwischenzeit als Bettlerin durch.

Aber, werden Sie sich fragen, was hat das mit Nick oder einem der anderen potentiellen Liebhaber zu tun, mit denen sie das Pech hatte, während unserer akademischen Abenteuer aneinanderzugeraten? Mehr, als Sie vielleicht denken. Kate hatte das Unerträgliche erträglich gemacht, indem sie in sich eine scharfe Trennung vollzog – in die öffentliche Kate, die frohgemut ins Einkaufszentrum ging, um sich bei der örtlichen Saftbar zu bewerben, und in die private Kate, die glaubte, daß sie eines Tages ihre persönlichen Rückschläge wettmachen würde, wenn sie in einen Gerichtssaal schlenderte und vor entsprechend eingeschüchterten Geschworenen und Richtern kühl einen Fall durchargumentierte. Ihr Ehrgeiz war von geradezu religiöser Inbrunst, und in gewisser Hinsicht war das angemessen, denn sie hatte ihre eigene und die Erlösung ihrer Eltern im Hinterkopf. Ihre Leidenschaft ging nicht so sehr auf den finanziellen Gewinn, obwohl sie sich auf den Tag freute, an dem ihr Bankkonto überquellen würde, sondern eher auf die Wiedergewinnung ihres Gefühls (und symbolisch auch das ihres Vaters) für persönliche Legitimität und Erfolg.

Weil sie so viel Kraft darauf verwandte, ihre beiden Gesichter – das öffentliche und das private – am Leben und getrennt zu halten, war es für Kate von enormem Vorteil, Abstand zwischen sich und potentiellen Partnern zu halten. Obwohl ihre Beziehung zu Nick dem ungeschulten Auge als enge Vereinigung erscheinen mochte – sie lebten schließlich zusammen –, unternahm Kate alles, um ihre wahren Bedürfnisse und Sehnsüchte vor Nick zu verbergen. Indem sie sich entschloß, sich mit Nick einzulassen, dessen kommunikative Fähigkeiten weniger als minimal entwickelt waren und der sich auf dem emotionalen Stand einer Stechmücke befand, konnte Kate mit einiger Sicherheit davon ausgehen, daß ihre inneren Barrieren unversehrt bleiben würden. Erst als er ihrer gegenseitigen Haushalts-Scharade überdrüssig wurde und tatsächlich auf eine engere Verbindung aus war, hielt sie es für nötig abzuspringen.

Kate kann keinem Mann nahekommen, denn das würde voraussetzen, daß sie sich selbst näherkommt und aufrichtig zu sich selbst ist. In der Zwischenzeit, statt stolz und zufrieden auf die Leistung zu schauen, mit der sie die Rückschläge, die das Leben ihr beschert hat, wettzumachen versucht, kann Kate weiter an der Erniedrigung knabbern, daß all diese Anstrengungen überhaupt nötig sind. Gegenüber den Realitäten ihres gegenwärtigen Lebens – den finanziellen Hilfen, Studiendarlehen und schlechtbezahlten Dienstbotenjobs – empfindet sie einzig das leidenschaftliche Bedürfnis, sie hinter sich zu bringen. Wirkliche Nähe zu einem Partner würde bei ihr das Gefühl des Gefangenseins auslösen, denn um einer anderen Person tatsächlich nahezukommen, müßte sie sich eingestehen, daß ihr Leben wirklich so ist, wie sie es lebt, und die Frustration und Enttäuschung zulassen, die sie so hartnäckig wegzustecken versucht. Indem sie sich auf Beziehungen beschränkt, die über flüchtige Begegnungen nicht hinausgehen, kann sie auch die Distanz zu sich selbst aufrechterhalten und geschützt in der Traumwelt leben, ihr gegenwärtiges Dasein sei ein vorübergehendes Höllenstadium, aus dem sie, wenn sie lange genug die Luft anhält, unversehrt wieder auftauchen wird. Solange sie nicht willens ist, die vor ihr liegende Realität anzugehen und zu verstehen, daß ihre Arbeit zur Verbesserung dieser Realität übermenschliche Ausmaße angenommen hat, so lange wird sich Kate mit den Freuden der Jurisprudenz zufriedengeben müssen, denn groß verabreden wird sie sich nicht.

Während sich Kate mit Männern einläßt, die sie schlecht behandeln, zieht Lydia Männer vor, die sie selbst mißbrauchen kann. Jedenfalls erzählen die Männer das so. Lydia ist der klassische Fall einer Femme fatale, einer Frau, derentwegen Männer den Kopf verlieren und bei der sie nur allzu oft bereit sind, auch ihr Herz herzugeben.

Als Investmentbankerin in einem absolut männlich dominierten Gewerbe läßt Lydia geradezu eine See von Männern ihre Ellenbogen spüren. Und diese Männer, jedenfalls die meisten dieser Männer, mögen – ja, tatsächlich – mögen Lydia wirklich gern. Denn was sollte man an ihr schließlich nicht mögen? Beinahe eins achtzig groß, hat Lydia herrliches rotes Haar, das ihren Rücken hinabwallt, und himmelblaue Augen, die vor Verschmitztheit blitzen. Es ist ihr trotz ihres Geschlechts gelungen, in ihrer sonst frauenfeindlichen Firma stetig aufzusteigen, und mit dreißig Jahren bekleidet sie einen ehrfurchtheischenden Posten, der ihren beneidenswerten Maßen korrespondiert.

Trotz oder vielleicht wegen ihrer phantastischen Erscheinung hat Lydia nicht viel Glück beim Aufrechterhalten längerfristiger Beziehungen. Sie behauptet, sie würde gerne, und viele hatten das Glück, kurze Zeit der Gentleman zu sein, auf dem ihre schmeichelhafte Aufmerksamkeit ruhte. Aber egal wie hübsch oder charmant (oder reich, bei ihrem beruflichen Umfeld) ein bestimmter Mann auch ist – sie bringt es nicht fertig, es länger als ein paar Monate mit ihm auszuhalten. Früher oder später wandert ihr Blick zum nächsten potentiellen Liebsten weiter, und sobald das geschieht, hält Lydia im allgemeinen nichts mehr zurück.

Während die Männer um sie her ihre Arbeit mit der Ernsthaftigkeit eines Hirnchirurgen versehen, geht Lydia viel leichtherziger und pragmatischer mit ihrem Beruf um. Sie arbeitet hart, aber wenn Feierabend ist, ist Feierabend. Kein

Geschrei über abgesackte S & L-Pfandbriefe, kein Buhlen um die Bewunderung ihrer Kollegen nach einem besonders gelungenen Geschäft; sie packt ihren Kram zusammen und verschwindet. Während ihre Mitarbeiter diese Laisser-faire-Einstellung oft rätselhaft finden, sieht Lydia das so: «Ich bin hier, um Geld zu verdienen, nichts weiter, und das mache ich. Die Arbeit an sich interessiert mich nicht besonders, und meine Geschäfte haben nichts mit mir zu tun, deswegen verstehe ich nicht, wie man sich von seinem Job so auffressen lassen kann.»

Lydia interessiert sich, ehrlich gesagt, weit mehr für ihr Privatleben. Und deshalb ist es ein Glück, daß sie so viel davon hat. Ein nicht untypischer Abend verläuft so, daß sie nach Feierabend mit einem Mann ein paar Cocktails trinkt, dann losflitzt, um einen anderen zu einem romantischen Essen zu treffen, und den Abend mit demjenigen beschließt, der ihr am besten gefällt. Sie geht mit ihm tanzen oder nimmt einen Absacker, und weil sie beschlossen hat, daß der letzte Mann des Abends ihr Favorit ist, wird er sie nach Hause begleiten dürfen.

Ja, es stimmt: Zwischen Lydias Laken ist ordentlich was los. Im Gegensatz zu Frauen, denen Gelegenheitssex ein Greuel ist, genießt Lydia eine Nacht zu zweit am meisten, wenn sie weiß, daß sie nicht verpflichtet ist, ihren Partner am nächsten Tag – oder überhaupt – wiederzusehen. Während sie behauptet, einen festen Freund haben zu wollen, kann einem die Sorgfalt nicht entgehen, mit der sie zwischen den verschiedenen Favoriten nur ein Minimum an Tagen zuläßt, damit man sich gar nicht erst aneinander gewöhnt. Wenn sie diese Regel auch gelegentlich durchbricht, ist sie doch mit dem Ergebnis nie besonders zufrieden.

Ein Beispiel: Als ich Lydia kennenlernte, war sie mit Alex zusammen, einem Justitiar, den sie durch ihre Arbeit kennengelernt hatte. Alex war ungefähr zehn Jahre älter als Lydia, eine umwerfende Erscheinung und dazu noch ziemlich flott, wenn er einem wie ein moderner Cary Grant den Stuhl zurechtschob oder Feuer gab. Zu den Freundinnen seiner Geliebten war er so aufmerksam und gentlemanlike wie zu ihr selbst. Lydia war seit drei Monaten mit Alex zusammen, und die Sache schien langsam ernste Formen anzunehmen. Vielleicht wegen seines fortgeschrittenen Alters oder weil er merkte, wen er vor sich hatte, war ihr Verhältnis rasch von gelegentlichen Zusammenkünften zu einer richtigen Liebesgeschichte gewachsen.

Alex wollte heiraten, aber er war zu schlau, das offen zu zeigen. Er wußte, daß es Diplomatie und Taktgefühl brauchte, um Lydia das Jawort abzuringen, und er gab sich alle Mühe, sie zu keiner Entscheidung zu drängen. Trotzdem zögerte er nicht, sie übers Wochenende in exotische Gegenden zu entführen oder in exklusive Juwelierläden zu begleiten, um teuren Schmuck zu erwerben.

Obwohl es für Lydia nicht neu war, extravagant verwöhnt zu werden, war sie doch ein bißchen beeindruckt von dem, was Alex ihr auf einem silbernen Tablett servierte. Kurzfristig von seiner Limousine abgeholt und zum Flughafen chauffiert zu werden, in der Privatresidenz eines Botschafters zu Abend zu essen, beinahe täglich ihre Lieblingsblumen geschickt zu bekommen: Lydia konnte nicht anders, als davon überwältigt zu sein. Und wenn sie ein wenig unruhig war oder sich langweilte, konnte Alex' Privatmasseurin Wunder wirken und ihre müden Lebensgeister wieder aufrichten.

Lydia hatte zu diesem Zeitpunkt schon eine Menge Männer kennengelernt, sie hatte mit einer Menge Männern geschlafen, und eins wußte sie mit Sicherheit: Stets stimmte irgendwas an ihnen nicht. Nicht unbedingt etwas Dramatisches, kein intolerabler Charakterfehler, nur ein, zwei Makken, die sie irgendwann störten. Doch was Macken anging, hatte Alex vergleichsweise wenig zu bieten. Sicherlich konnte er manchmal etwas langweilig sein, und nach einer durchzechten Nacht schnarchte er, aber verglichen mit den Vorteilen, die er bot – seiner Großzügigkeit und grenzenlosen Liebe –, waren das wahrhaft zu vernachlässigende Beschwerden. Lydia wollte einen erfolgreichen, unabhängigen Mann heiraten – sie konnte den Gedanken nicht ertragen, ein Hungerleider-Künstler könnte sie aussaugen, während er sich mit seinen ‹Zu-gut-für-diese-Welt›-Schöpfungen abplagte –, und Alex war ganz gewiß beruflich erfolgreich. Die Monate vergingen, und Lydia wurde sich immer sicherer, daß ihre Antwort ja lauten könnte, wenn er damit herausrücken und die Frage stellen würde.

Als Alex eines Morgens über vom Personal bereiteten Brioches und Kaffee verkündete, er müsse geschäftlich für ein paar Tage verreisen, freute sich Lydia auf die Zeit allein, um sich zu sammeln, Freundinnen wiederzusehen und so weiter. Sie war hoch erfreut, als eine dieser Freundinnen erwähnte, sie würde am Wochenende eine Party veranstalten, und Lydia dazu einlud. Lydia durchsuchte ihren Kleiderschrank nach einem angemessen festlichen Outfit (wobei ihr auffiel, daß sie in letzter Zeit nur übertrieben maßgeschneiderte Hosenanzüge getragen hatte) und ließ sich einen Friseurtermin geben.

Es war einige Zeit her, daß Lydia ohne Alex' Begleitung ausgegangen war, und auf der Taxifahrt zur Wohnung ihrer Freundin spürte sie eine altbekannte, fast überwältigende Spannung in sich aufsteigen. «Es war merkwürdig», erzählte sie später. «Ich fühlte mich wieder ganz wie die alte, und das ausgerechnet in einem Taxi. Ich wußte wieder, wer ich bin.»

225

Ich habe nie eine Frau gekannt (oder einen Mann, was das angeht), der oder die gegen die ganz besondere Euphorie immun gewesen wäre, die es mit sich bringt, auf einer Party anzukommen und zu wissen, daß alles möglich ist. Die Chance, daß man wahrgenommen und liebenswert, charmant und interessant gefunden wird, ist wie die Möglichkeit, als neuer, einnehmenderer Mensch wiedergeboren zu werden. Obwohl man weiß, daß man am nächsten Morgen einen Preis dafür zu zahlen hat (daß man sich wie Aschenputtel fühlt – nach dem Ball und bevor der Prinz um ihre Hand anhält – und noch dazu mit einem gediegenen Kater im Gepäck), ist es doch beinahe unmöglich, der magischen Spannung der Möglichkeiten zu widerstehen.

Für die meisten Leute ist diese flüchtige Verwandlung ein gelegentliches Vergnügen; nicht die Grundlage des Selbstverständnisses, sondern ein verlockender Zuckerguß auf dem Kuchen des Lebens. Nicht so für Lydia, die solche Begegnungen braucht, wie Marathonläufer ihre körpereigenen Endorphine – sie sind unabdingbar und machen süchtig. Als sie im Taxi Richtung Süden brauste, merkte Lydia, daß sie diese freudige Erregung zu lange nicht verspürt hatte. Es war eine äußerst bestärkende Erfahrung, die sie, während Alex um sie warb, bitter vermißt hatte.

Wenn man in einer Stimmung so selbstbewußter Erwartung eine Party betritt, stehen die Chancen ausgezeichnet, daß diese Stimmung belohnt wird. Ob bewußt oder nicht, strahlt man in dieser Geistesverfassung ein gewisses «Komm rüber» aus, eine Art unfehlbares Radarsignal, das alle in Frage kommenden Flirtpartner deutlich wahrnehmen. Und an diesem Abend fiel Lydia, als sie den Raum betrat, die Umstellung von der beinahe verheirateten Dame zur verführerisch alleinstehenden Stimmungskanone so leicht, wie sie ihrem bis zu den Füßen reichenden Lagerfeld-Mantel entschlüpfte. Als sie sich durch den Raum zu den Getränken vorgekämpft und dabei mehrere Freundinnen begrüßt hatte, standen schon diverse Männer erwartungsfroh Schlange und hielten ihr jeweils einen Cocktail entgegen, der allein zu Lydias Erfrischung bestimmt war.

Lydia mag das Epigramm «So viele Männer, so wenig Zeit» nicht so lachhaft absurd vorkommen wie uns anderen, die wir die normale Welt (und nicht die der Claudia Schiffers) bewohnen. An diesem speziellen Abend konnte Lydia unter einer wahren Kompanie von Männern wählen, und jeder Erwählte hätte den Glückstaumel eines Lottohauptgewinns dabei empfunden. Lydia nutzte ihre überfüllte Tanzkarte, flatterte von Mann zu Mann, und alle trugen sie das (für Lydia) attraktive Merkmal, ihr völlig unbekannt zu sein. Um einen Satz von David Mamet abzuwandeln: Lydia mochte Männer, sie mochte alle Männer, aber besonders mochte sie Männer, die sie nicht allzu gut kannte.

Sobald ihr Blick auf Nate fiel, wußte sie, worauf sie Appetit hatte. Fünf oder sechs Jahre jünger als sie, besaß Nate den mürrischen, unfaßlichen Sex-Appeal des jungen Marlon Brando und verfügte, da er Scotch aus der Flasche trank, vermutlich über ebensoviel Temperament. Nate durchwanderte als fleischgewordene Herausforderung den Raum und kam Lydia immer näher, die cool vorgab, ihn gar nicht wahrzunehmen. Als er den Mund aufmachte – einen Mund, dem die korrektiven Möglichkeiten der Zahnheilkunde gänzlich fremd waren – und ein reizender Cockney-Akzent daraus hervorströmte, wußte Lydia, daß sie auf Gold gestoßen war.

Lydia hatte die vergangenen sechs Monate über sittsam und kultiviert an Alex' Seite gesessen, während er die Weine eines bangen Maître kostete, und deshalb war Nates Einladung, ihn auf die Feuerleiter zu begleiten und dort Feuerwasser mit ihm zu trinken, äußerst verführerisch. Sie konnte sicher sein, daß keine Erwähnung einer feindlichen Übernahme oder einer hübschen kleinen Villa auf St. Bartholomew ihre Konversation trüben würde. Nates Kenntnisse würden wahrscheinlich nur berühmte Fußballschlägereien und Charles-Bronson-Filme umfassen. Lydia war im siebten Himmel.

Nates lange Beine baumelten von dem verrosteten, schmiedeeisernen Gitter, auf dem sie saßen, und er hatte eine berauschende Mischung aus Barschheit und Rätselhaftigkeit an sich; er war jemand, der nicht so schnell mit seinen Absichten rausrückte, wenn er denn welche hatte. Während die anderen drinnen nach ihrer Telefonnummer gierten, mußte sich Lydia bei Nate Mühe geben, seine Aufmerksamkeit zu erhalten. Und genau so mochte sie es, denn wo war der Triumph, wenn man ein abgekartetes Spiel gewann? Außerdem forderte Nates Zurückhaltung von Lydia, aus sich herauszugehen und charmanter und betörender zu sein, als selbst sie es für möglich gehalten hatte. Als Nate also die Flasche absetzte, um sie zu küssen, fand sie, daß sie sich das wirklich verdient hatte, daß sie geprüft und für gut befunden worden war.

Und so begann Lydias Doppelleben. Es war nicht das erste Mal, daß ihre Existenz in der Mitte gespalten war – und sicherlich auch nicht das letzte. Dieses Mal verkomplizierte der Umstand, daß sie mit Alex zusammenwohnte, die Logistik ihres Betrugs ein wenig. Trotzdem schien sie der wilden, leidenschaftlichen Erregung nicht abschwören zu können, die sie jedesmal in Nates Gegenwart empfand. Gleichzeitig war ihr der Gedanke unerträglich, auf Alex' überschwengliche, beruhigende Aufmerksamkeit zu verzichten.

Wenn sie Nate traf, fühlte sich Lydia von all den kleinlichen, das Vergnügen mindernden Zwängen weiblichen guten Benehmens befreit. Keine gediegenen High-Society-

228

Cocktailparties, keine Mozart-Konzerte im Lincoln Center –
Nate traf sie in immer ranzigeren Kneipen und zögerte nie,
sein geliebtes Motorrad mit in den Laden zu schieben. Regelmäßig verschwand er in einem Hinterzimmer, um Billard zu
spielen oder Drogen zu kaufen – Lydia hatte keine Ahnung,
was er da trieb, während sie auf ihrem Barhocker hin und her
rutschte, ihre Getränke selbst bezahlte und die kunstlosen
Avancen der übrigen Gäste abwehrte. Aber wenn er zurück-
kehrte und den Arm um ihre Taille legte, durchlief sie ein
Schauer, weil sie, und sei es nur kurz, Anspruch auf diesen
Wilden erheben konnte.

Währenddessen war Alex am heimischen Herd zusehends
verstimmt über Lydias mysteriöses Benehmen: Mitten am
Abend mußte sie plötzlich weg und ließ Verabredungen zum
Essen in letzter Minute platzen. Und obwohl sie ursprüng-
lich beabsichtigt hatte, ihr sorgsam organisiertes Doppelspiel
aufrechtzuerhalten, nervten Alex' besitzergreifende Art und
seine Beschwerden sie immer mehr und trieben sie zu unvor-
sichtigem Verhalten. Als sie eines Abends wußte, daß Alex
bis nach Mitternacht außer Haus sein würde, nahm sie Nate
mit zu sich nach Hause.

«Mit Nate war es dermaßen geil», erzählte sie später, «und
ich hab gedacht, wenn ich ihn in Alex' und mein Haus mit-
nehme, würde es den Kitzel irgendwie noch steigern. Ich
glaube, ich wollte bloß mal sehn, wie schlimm ich's wirklich
treiben konnte.» Genau das erfuhr sie, als Alex ihren Freund
und sie erwischte. Er kam früher nach Hause, weil seine Verabredung, der angegriffenen Gesundheit seines Gastgebers
wegen, früher zu Ende war. Auf dem Höhepunkt der dann
folgenden Auseinandersetzung warf Alex mit einer Baccarat-
karaffe nach Nate, woraufhin der sich weise entschloß zu verschwinden und im Krebsgang aus der Wohnung krabbelte.

Alex hatte keine Lust, sich eine Erklärung für Lydias Taktlosigkeit oder ihre Entschuldigungen anzuhören, vielleicht, weil er ahnte, wie halbherzig die ausgefallen wären. Er hatte bloß noch Lust, Lydia beim Packen und Gehen zuzusehen, und das tat sie. Sie ging in ein Hotel, setzte sich in ihrem Zimmer aufs Bett und fragte sich zweifellos, ob sie Nate anrufen sollte, damit er zu ihr kam.

«Ich bin sauer auf Alex», sagte sie kurz nach der Trennung, als wir in ihrem beigen Hotelzimmer saßen und Immobilienanzeigen studierten. Obwohl sie behauptete, sie wolle eine Wohnung finden, litt sie doch offensichtlich nicht unter dem Hotelaufenthalt und genoß die plüschige Anonymität ihrer vorübergehenden Umgebung. «Seit dieser Nacht ist er absolut eiskalt zu mir. Aber das liegt daran, daß er sich scheußlich fühlt und es mir nicht zeigen will.»

Sie lehnte sich in ihrem großzügig gepolsterten Sessel zurück und trank ein Schlückchen Cappuccino. «Aber in Wirklichkeit tut es mir nicht leid, daß es vorbei ist. Ich hätte es anders beendet, wenn ich die Wahl gehabt hätte. Nicht so grausam. Aber ich sehe jetzt ein, daß ich daran fast erstickt wäre.» Viele von uns hätten eine Methode gefunden, sich an diese Art Sauerstoffmangel zu gewöhnen, ging sie doch mit dienstbeflissenem Personal und unbegrenzten Garderobespesen einher. Und während wir alle Horrorgeschichten über materialistisch gesinnte Frauen kennen, die von herrschsüchtigen Männern gekauft, anschließend ihres Selbstwertgefühls beraubt werden und sich ihr Leben ruinieren lassen, gehörte Alex doch nicht zu dieser ganz speziellen Bruderschaft. Er war von Lydias Unabhängigkeit und Ehrgeiz entzückt und hatte viele eigene Interessen – berufliche und private –, die ihn in Anspruch nahmen.

Lydias Unzufriedenheit ließ sich nicht mit irgendeiner Handlung oder Einstellung des Mannes begründen, mit dem sie zusammengelebt hatte. Das Problem war viel tiefgreifender und hatte mit der schlichten Existenz von Alex oder irgend jemand anderem seines Kalibers zu tun. Ganz gleich, wie ideal ein jeweiliger Partner ihr erschien, sobald das Wort ‹Partner› auf ihn zutraf, wurde die Luft um Lydia erschreckend dünn. Nach der Trennung von Alex traf sie Nate weiterhin, gab aber zu, daß sein Verhältnis zu ihr eine lose sexuelle Freundschaft bleiben würde.

Lydia behauptet nach wie vor, sie würde gerne jemanden kennenlernen, heiraten und irgendwann Kinder bekommen. Sie flirtet weiterhin aggressiv und sucht offenbar einen Mann, der ihren speziellen Ansprüchen genügen würde. Aber sobald eine Beziehung dann ernste Züge annimmt, wird sie unweigerlich gereizt und rastlos, und früher oder später findet sie sich im Bett eines anderen Mannes wieder.

In dieser speziellen Phase ihres Lebens ist Lydia offenbar nicht in der Lage, der enormen Befriedigung zu entsagen, die sie empfindet, wenn ein funkelnagelneues männliches Augenpaar sie zum ersten Mal ansieht. Sie kann auf das Gefühl, das ihr der Blick dieser Augen vermittelt – daß nämlich ihr Leben nicht festgelegt ist, sondern immer noch einmal von vorn beginnen könnte –, nicht verzichten. Die Idee, sich dauerhaft an einen anderen Menschen zu binden und zu akzeptieren, daß dessen Bild von ihr, kombiniert mit ihrem Selbstbild, wahrscheinlich einen ziemlich genauen Umriß ihrer Persönlichkeit ergibt, empfindet sie wie eine Kapitulation – als müßte sie sich fortan mit einem Leben in Zeitlupe zufriedengeben, und all die aufregenden Möglichkeiten wären verweht wie der Trockeneisnebel nach einem *Black-Sabbath*-Konzert. Solange sie die Lücke zwischen dem häuslichen Glück, nach dem sie sich angeblich sehnt, und ihrer Unfähigkeit, die einfachsten Grundregeln persönlicher Treue einzuhalten, nicht überbrücken kann, sollte Lydia wahrscheinlich ihren unstillbaren Drang nach persönlicher Verwandlung

unter die Lupe nehmen. Gut möglich, daß sie dabei entdek-
ken würde, daß sie selbst es ist, die ihren eigenen ungeheuer
hohen Maßstäben nicht gerecht wird – und nicht die Männer,
die sie immer wieder vor den Kopf stößt.

Meine brillante, alles erduldende Lektorin hat mich gebeten,
nicht weiter zwanghaft die Familiengeschichten nachzuer-
zählen, auf die ich immer wieder zurückgekommen bin,
während ich die Frauen in diesem Buch porträtiert habe.
«Lebe in der Gegenwart», fordert sie vernünftigerweise und
in unbeschwerter Unkenntnis der trügerischen Schwierigkeiten einer solchen Forderung. «Mach ich, mach ich», brumme
ich und wünschte wieder einmal, alle würden mir zustimmen, daß sich die wirklich wichtigen Ereignisse im Leben zwischen der Geburt und dem zehnten Lebensjahr zutragen und
jedes Rätsel über eine Person gelöst werden kann, beobachtet
man eine Viertelstunde lang seine oder ihre Familie.

Speziell in Cynthias Fall wäre es ein hoffnungsloses Unterfangen, würde man die Auswirkungen der formenden Jahre
ihres Lebens außer acht lassen. Ihre frühen Jahre geben eine
Geschichte her, die anziehend auf die Autoren von Erstlings-
romanen wirken dürfte: Pathos und Melodramatik, gänzlich
unverfälscht. Und obwohl ich weiß, daß dies ein Buch über
Bindungsängste und nicht über lausige Kindheiten ist, bin
ich fest davon überzeugt, daß die Lektionen, die Cynthia in
ihrer Kindheit lernen mußte, die Grundlage ihrer heutigen
Bindungsangst sind.

Cynthia wuchs als Kind mexikanischer Immigranten in
Südkalifornien auf. Ihre Eltern waren als Jugendliche aus
dem winzigen, verarmten Dorf geflohen, in dem sie geboren
waren, und kamen mit großen Hoffnungen in die Vereinig-
ten Staaten. Aber die Schwierigkeiten des Spracherwerbs
und die dünngesäten Jobs machten die erträumte Integra-

tion unmöglich. Statt sich auf ein Kleinbürgerleben als Laden-
inhaber umzustellen und zu sparen, damit sie ihre Kinder
nach Harvard schicken könnten, rutschten Cynthias Eltern
unaufhaltsam in den finanziellen Ruin und Schlimmeres.
Als sie ihr erstes Kind bekamen, war die Lage trostlos.
Cynthias Vater, der Ernährer der Familie, war dem zeitweili-
gen, aber überzeugenden Beistand der Drogen anheimgefal-
len und ging schnell von der gelegentlichen Tüte Marihuana
zur weit weniger gelegentlichen Ladung Heroin über. Wenn
er high war, war ihr Vater lieb und freundlich, wenn auch
kaum bei der Sache. Aber seine chemische gute Laune ließ
nach und machte einer gräßlichen Panik Platz – so lange, bis
Nachschub organisiert war. Weil Geld ein Dauerthema blieb,
mußten Cynthia und ihre Schwestern oft schnorren gehen,
sich etwas von genervten Nachbarn leihen oder Kleinig-
keiten stehlen. Als kleines Kind waren diese Vorfälle für
Cynthia ein Quell schrecklicher Scham, denn sie wußte selbst
damals schon etwas vom Gesellschaftsvertrag und spürte die
Neigung der Umstehenden zu hämischen Bemerkungen.
Während ihr Vater begeistert seinem privaten Kreislauf
aus Gelagen und Erholungen frönte, hatte ihre Mutter eine
eigene Methode klarzukommen. Sie verließ nicht körperlich
die Familie, zog sich aber in eine lebhafte Traumwelt zurück,
in der sich Vorkommnisse wie solche, daß ein Kleinkind im
Badezimmer auf den Vater trifft, der sich einen Schuß setzt,
nicht ereigneten. Weil ihre Familie, im Gegensatz zu der ihres Gatten, in Mexiko bescheidenen Wohlstand genossen
und sie den Entschluß zur Flucht allein aus Liebe zu ihrem
neuen Partner getroffen hatte, verfügte Cynthias Mutter
nicht über die Steherqualitäten, die so vielen Neuankömm-
lingen in diesem Land den Weg ebnen.
Das also waren die Optionen, wie sie sich Cynthia in ihrer
Kindheit darstellten: Man konnte sich entweder für den

Wechsel zwischen der Euphorie und den Qualen der Sucht entscheiden oder sich in ein Glück zurückziehen, das mit der wirklichen Welt um einen her in keiner Beziehung stand. Cynthia entschied sich für ein wenig von beidem. Obwohl sie das chemische Vergessen verabscheute, nach dem ihr Vater ständig hungerte, entwickelte sie doch ein Faible für den Gedanken der Flucht. Die Version ihrer Mutter, wie schlecht sie sich auch mit dem Lebensalltag und der Fürsorge für eine Familie vertrug, erschien ihr entschieden konkreter. Sie erinnert sich, wie sie stundenlang bei ihrer Mutter saß, die ihre Töchter um sich geschart hatte und sich in schwelgerischen Erinnerungen an ihre eigene idyllische Kindheit oder in Vorstellungen vom unbegrenzten zukünftigen Glück ihrer Töchter erging.

Cynthia nahm sich die Phantasien ihrer Mutter zu Herzen. Obwohl die Familie selten genug Geld besaß, um Lebensmittel zu kaufen oder die Stromrechnung zu bezahlen, widmete sie sich wie besessen der Idee eines besseren Lebens. Sie machte sich wie manisch an ihre Hausaufgaben und trieb, wenn sie nicht lernte, so viele Jobs auf, wie sie nur konnte. Mit vierundzwanzig hatte sie sich selbst durchs College geschleppt und eine gutbezahlte Stelle bei einer riesigen Rechtsanwaltskanzlei ergattert.

Als ich Cynthia kennenlernte, wußte ich natürlich nichts über ihre Vergangenheit. Ich wußte, daß sie freundlich und liebenswert war und daß ich sie um ihre prachtvolle Mähne beneidete. Cynthia ist mit vollem schwarzem Haar gesegnet, bei dessen Anblick irischstämmige Mädchen zum Priester rennen und sündhaften Neid beichten müssen. Ihre Haare fallen herab wie ein samtener Vorhang und sind so dick und blauschimmernd, daß man sich in der Spiegelung Lippenstift auflegen könnte. Sie ist recht groß und hält sich mit einer Art spitzschultriger Würde. Will man Cynthia beschreiben, fallen einem gleich Worte wie ‹Anstand› und ‹Haltung› ein, und tatsächlich ist sie stets sehr darauf bedacht, die Form zu wahren. Während offensichtlich ist, daß ihr Ordnungssinn und ihre Tüchtigkeit dabei halfen, die schwierigen Jahre ihrer Kindheit hinter sich zu lassen, muß man schon genauer hinsehen, um zu bemerken, daß der Motor ihres Fortschritts zu einem neuen Leben in der Willensstärke liegt, die gleich unter dem selbstsicheren Äußeren verborgen ist.

Cynthia ist es nie schwergefallen, anziehend auf Männer zu wirken. Aber es fällt ihr schwer, das romantische Interesse der allermeisten Männer zu erwidern, von den hinterhältigsten und selbstsüchtigsten Kerlen mal abgesehen. Sie weiß über diese Neigung Bescheid; sie weiß, daß ihr schlechter Geschmack sie hinführt, wo keine geistig gesunde Frau jemals hingehen würde; aber trotzdem geht sie dorthin, und zwar immer wieder. Theoretisch würde Cynthia gern einen sympathischen Mann kennenlernen, mit dem sie ein Leben aus gemeinsamen Interessen und Glücksmomenten aufbauen könnte. In der Praxis aber trinken ihre Freunde meistens morgens um zehn schon vor der Glotze Bier und fragen sich, wann Cynthia wohl endlich mal Frühstück machen wird oder ob sie nicht Lust hätte, auf dem Weg zur Arbeit kurz im Wettbüro vorbeizuschauen.

Im Gegensatz zu Frauen, die sich am Anfang einer Beziehung Illusionen hingeben und sich einreden, ihr neuer Partner sei der Wiederauferstandene, nur um drei Monate später festzustellen, daß sie mit einer modernen Version von Charles Manson liiert sind, schätzt Cynthia die Männer, auf die sie ein Auge wirft, absolut richtig ein. Sie weiß, daß die Männer jenseits von Gut und Böse sind, in ihrer Beschäftigung mit dem eigenen Bauchnabel stillstehen und keinerlei Lust haben, sich zu ändern. Sie begreift, daß sie genau das anziehend findet.

«Ich sag mir jedesmal, ich muß doch wohl verrückt sein, denn sobald ich so einen Typen kennenlerne, weiß ich genau, wie das laufen wird. Ich hab das oft genug durchgemacht, um Bescheid zu wissen. Aber diese Verantwortungslosigkeit, darin steckt eine Freiheit, die mich anzieht. Wie sehr ich mich auch verliebe, wie sehr ich mich kümmere, ich weiß im Grunde, daß es diesen Typen egal ist. Und ich glaube, ich möchte wohl auch ein bißchen so sein.»

Es fällt schwer, einen klaren Kopf zu behalten, wenn man ständig neue Bier-Sixpacks besorgen muß oder nicht ans Telefon gehen kann, weil die Gläubiger des Freundes dran sein könnten, aber Cynthias Bemerkungen lassen tiefer blicken, als sie ahnt. Sie will etwas, das diese Männer haben, und dabei handelt es sich nicht um die zwanghafte Schmuddeligkeit oder die Unfähigkeit, ein Arbeitsamtformular auszufüllen. Cynthia will deren Freiheit. Ihr scheint diese Freiheit genau die Erleichterung und das Glück zu bieten, das die Fluchtphantasien ihrer Kindheit versprachen.

Sie hat ein paarmal versucht, sich auf eine Beziehung einzulassen, die so aussieht, wie sie es sich letztlich vorstellt. Sie hat sich, wenn auch selten, mit Männern verabredet, die in der Lage waren, Cynthias Fähigkeiten zu schätzen, emotional an der Partnerschaft teilzunehmen und eine gutbezahlte Stelle zu behalten. Doch obwohl sie für den Moment mit diesen Beziehungen zufrieden war und wußte, daß (im Gegensatz zu ihren anderen Kandidaten) eine tiefere Verbindung und Zukunft möglich war, dauerte es nicht lange, bis sie da rauswollte. Denn diese Frau, die zu Hause beinahe jede Form von Unfreundlichkeit und Ausbeutung toleriert, kann es nicht ertragen, wenn ein Geliebter sich ihr ganz widmet. Wirklich angesehen zu werden – nicht abschätzig, wie sie etwa in einem Zahnseide-Bikini aussieht, sondern von einem Mann, der sie liebt und ihre Anwesenheit und ihre Eigenheiten schätzt – löst in Cynthia ein Gefühl des Gefangenseins aus. Sie ist besorgt über ihr Faible für Mistkerle und Versager, aber das ist nur ein Symptom für das wirkliche Problem. Die Mißgeburten, mit denen Cynthia sich immer wieder einläßt, sind einfach nicht in der Lage, mit ihren blutunterlaufenen Augen zu sehen, wer sie wirklich ist, und deshalb kann sie bei ihnen ihre vollkommene, ungetrübte innere Freiheit aufrechterhalten.

Cynthia ist mit der Vorstellung aufgewachsen, die Trennung zwischen Phantasie und Realität sei so entscheidend wie die zwischen Leben und Tod. Und die Flucht aus den elenden Lebensumständen, die ihr die zwanghaften Spinnereien ihrer Mutter boten, mögen sicherlich ein- oder zweimal Cynthias Leben – zumindest ihr Seelenleben – gerettet haben. Das Problem besteht darin, daß sie, obwohl es ihr gelungen ist, eine entschieden bessere Welt für sich zu schaffen, den Gedanken, diese Welt gänzlich zu bewohnen, nicht ertragen kann, weil sie bei der Idee des ‹wirklichen Lebens› scheußliche Assoziationen hat. Würde sie eine Beziehung mit einem Mann, der den Aufwand wert ist, beginnen und aufrechterhalten, dann könnte ihr Partner für sie eine Art Spiegel sein, in dem sie sich mit aller Klarheit erkennen würde. Und dann müßte sie ihr Phantasieleben aufgeben, das ihr so vollständig erlaubt, sich von sich selbst und ihren Erfahrungen zu trennen.

Wie ich schon sagte, wußte Cynthia jedesmal genau, was ihr bevorstand, wenn sie sich wieder mal auf eine desaströse Beziehung eingelassen hatte. Doch sie mußte die Illusion am Leben erhalten, sie sei zu allem in der Lage und alles könne sich jederzeit ändern. Sie mußte sich Männer suchen, die nicht fähig oder willens waren, sie zu beurteilen, weil ihr Blick von dringlicheren Sorgen getrübt war, wie zum Beispiel, die *Kentucky-Fried-Chicken*-Schachtel aufzubekommen, bevor der

Inhalt die Pappe durchweicht. Für Cynthia war eine bekannte Größe gleichbedeutend mit einer feststehenden Größe, mit jemandem, dem der Wechsel in ein wesentlich besseres Leben nicht mehr möglich war.

Aber sie ist weiterhin optimistisch. Sie begreift allmählich besser, daß man die Phantasie mit dem Leben versöhnen muß und aus Erfahrungen lernt – aus ihren platonischen Freundschaften, aus der Befriedigung, die ihr die Arbeit verschafft, und aus der Sorgfalt, mit der sie ein schönes und gemütliches Zuhause für sich einrichtet –, daß die Phantasie die Realität besser und schöner machen kann und daß sie sich nicht anstrengen muß, die beiden auseinanderzuhalten. Sobald sie diese Tatsache akzeptiert hat, wird ihr der Gedanke an einen festen Partner nicht länger bedrohlich erscheinen, und sie wird die Bande von romantischen Holzköpfen auf die Mohnfelder zurückschicken, wo sie hingehören.

Als widerwillig Erwachsene haben wir alle das eine oder andere Mal angesichts der Banalität unseres Lebens eine Art von schockiertem Abscheu empfunden, besonders, wenn wir es mit den grandiosen Phantasien über unser zukünftiges Erwachsenenleben verglichen, die uns als Teenager am Leben erhielten. Als wir vierzehn waren und immer wieder Queens *Bohemian Rhapsody* auf unserer preiswerten, amerikanischen Stereoanlage hörten, hielt uns einzig die Vorstellung, wie wir zehn Jahre später leben würden, davon ab, den Kopf in die Backröhre zu stecken: Wir würden unsere schicke, aber bezahlbare Studiowohnung mit Batikvorhängen und Van-Gogh-Drucken dekorieren, in einem bunten Rayonkleid vor einem mannshohen Spiegel stehen und darauf warten, daß der Mann dieses Abends klingelt, und würden einen kompletten Küchenschrank voller exquisiter Spirituosen besitzen.

Deshalb ist es ein bißchen schockierend, wenn man merkt, daß das Erwachsenenleben weniger damit zu tun hat, erstklassige Moderatorinnenjobs auszuschlagen und über ein verlängertes Wochenende nach Paris zu jetten, und mehr damit, schicksalsergeben den Wecker auf sieben Uhr zu stellen, damit wir nicht zu spät zu unserem schlechtbezahlten Sekretärinnenjob kommen. Für uns gibt es keine Audrey-Hepburn-mäßigen, vanillefarbenen Röhrenhosen aus Leinen und kein Frühstück bei *Tiffany's*, sondern schon eher die abgelegten Flanellpyjamas unseres Vaters und das Mikrowellenmenü aus der Plastikschale.

Wenn wir schon Schwierigkeiten haben, uns mit dem äußeren Drum und Dran unseres manchmal alles andere als glamourösen Lebens abzufinden, so ist es eine um so größere Herausforderung, mit der Enttäuschung über den Menschen klarzukommen, der wir geworden sind und der nicht im entferntesten den Kindheitsphantasien darüber entspricht, wie wir einmal sein würden. Tatsächlich ist es so anstrengend, daß wir uns manchmal auf eine hartnäckige Verleugnung oder Ablehnung der Person kaprizieren, die wir sind. Und wenn das eintritt, wenn wir die Wirklichkeit ablehnen und uns in Phantasien einspinnen, ergibt es irgendwie einen Sinn, daß intime, bindende Beziehungen keine brauchbare Option darstellen. Wenn Sie, um Ihr Leben ertragen zu können, an dem Glauben festhalten müssen, an der nächsten Straßenecke warte die Chance auf eine tiefgreifende Änderung und persönliche Verwandlung, dann ist das letzte, was Sie brauchen können, die Last einer wirklichen Beziehung – nämlich einer, die voraussetzt, daß Sie sich mit der Realität dessen, was Sie sind, versöhnen und willens sind, dieses Ich zu zeigen und anderen zu öffnen.

Wenn man hauptsächlich der Idee anhängt, die Metamorphose in eine akzeptablere Person stünde unmittelbar bevor, können zwischenmenschliche Bindungen einfach nicht entstehen. Ob Sie die Umstände Ihres Erwachsenenlebens unerträglich finden, ob Sie sich immer wieder zwanghaft in den Augen ständig wechselnder Liebhaber neu entdecken müssen oder ob Sie noch nicht gemerkt haben, daß Phantasie keinen Ersatz für die Wirklichkeit, sondern ihre Steigerung darstellt: Wenn eine oder alle dieser Bedingungen Ihnen bekannt vorkommen, kann es gut passieren, daß Ihnen wahre, befriedigende Liebe weiter fremd bleiben wird.

TEIL 3

10
Das ultimative Beziehungsquiz: Wie groß ist Ihre Bindungsangst?

M ein Faible für Prominenten-Mordprozesse wird nur noch von meiner Liebe zu den Tests übertroffen, die regelmäßig in Frauenzeitschriften auftauchen. Falls Sie Ihr ganzes Leben in einer Höhle mit den Schriftrollen vom Toten Meer und nicht auf Ihrem umklappbaren Schlafsofa mit der Lektüre der *Cosmopolitan* verbracht haben: Die Beantwortung dieser Fragebögen soll der Selbsterkenntnis auf die Sprünge helfen. Je nach Art der Fragen wird uns die Möglichkeit eröffnet, allerhand geheime, unangenehme Tatsachen über uns zu erfahren, zum Beispiel wie stinkfaul wir in Wirklichkeit sind (allen Anstrengungen zum Trotz, Geschäftigkeit vorzutäuschen) oder wie groß die Wahrscheinlichkeit ist, daß unser verschwenderischer Umgang mit Geld uns zu hauptberuflichen Kriminellen machen wird. Aber größtenteils sind diese Quizfragen dazu bestimmt, uns über unsere katastrophalen Neigungen aufzuklären, was die Liebe angeht.

Wenn wir es uns mit einem Stift in der Hand auf dem Sofa gemütlich machen oder uns in einer kalten Kabine auf der Büro-Damentoilette hinkauern, werden wir mit knappen, scharfsinnigen Einblicken in die dunkle Unterwelt unserer Psyche belohnt – mit einer veritablen Straßenkarte unserer verborgenen Impulse. Und im Gegensatz zu normalen Karten, die mit unleserlichen Straßennamen vollgedruckt sind, wird uns niemand in einem beängstigend engen, überhitzten Auto anschreien, weil wir die entscheidende Abzweigung übersehen haben.

Suchen Sie sich also einen Stift, schenken Sie sich ein Glas Wein ein, setzen Sie sich, und machen Sie es sich gemütlich, um die folgenden Fragen zu beantworten:

1. Sie kommen auf eine Party, haben vor Aufregung Herzflattern und vertrauen darauf, daß die bis zum Knie reichende Lycra-Unterwäsche der Werbung gerecht wird und Ihre ‹Problemzonen› buchstäblich um Zentimeter reduzieren kann. Ein schneller Blick durch den Raum verrät Ihnen, daß mindestens drei alleinstehende Männer anwesend sind. Auf welchen gehen Sie zu?

a) Auf den einsamen Typ, der auf dem Teppich sitzt, Arme und Beine verschränkt und sich aus der hinter einem Stuhlbein versteckten Flasche Scotch heimlich ein großes Glas einschenkt.

b) Auf den Gentleman, der freimütig Ihren Busen bewundert, während er langsam und liebevoll mit einer anderen Frau tanzt.

c) Auf den süßen Kerl mit der umgedrehten Baseballkappe, der Ihnen schüchtern durch den Raum zulächelt, während er beiläufig die überfüllten Bücherregale des Gastgebers inspiziert.

2. Sie haben es genossen, dreimal mit einem äußerst attraktiven, hinreißenden, entschieden geheimnisvollen Mann auszugehen, und das, obwohl der Betreffende Sie bei der letzten Verabredung anderthalb Stunden zu spät abgeholt hat. Der Abend des sehnsüchtig erwarteten vierten Rendezvous ist gekommen, und diesmal scheint er überhaupt nicht auftauchen zu wollen. Sie...

a) sagen sich: ‹Es hat nicht sollen sein›, schalten den Anrufbeantworter ein, schieben irgendeinen Merchant-Ivory-Film in den Videorecorder und machen sich eine riesige Schüssel

Popcorn mit Butter. Dann steigen Sie ins Bett, sehen sich den Film an und überlegen bei jedem Kostüm, das Sie auf dem Bildschirm erblicken, wie Sie darin aussehen würden. Falls das Telefon klingelt, ignorieren Sie es.

b) werden hysterisch und rufen fünf Freundinnen an, eine nach der anderen, analysieren am Telefon drei Stunden die möglichen Hintergründe seines Fernbleibens und fragen sich, ob Sie kurz ein paar Krankenhäuser der näheren Umgebung anrufen sollten.

c) lenken sich ab, indem Sie eine Liste mit Kindernamen erstellen, die am besten zum Nachnamen Ihres Nicht-Freundes passen.

3. Der Mann, mit dem Sie seit drei Monaten zusammen sind – und an dem Sie auf Teufel komm raus nichts Widerwärtiges entdecken können –, schlägt plötzlich vor, Sie sollten Ihre Wohnung aufgeben und zu ihm ziehen. Sie reagieren, indem Sie . . .

a) Ihr gesamtes Hab und Gut verkaufen und sich um die Aufnahme in das Zeugenschutzprogramm bewerben, das Ihnen eine neue Identität verschaffen wird.

b) ihm antworten, für einen Umzug wäre es zwar vielleicht ein bißchen früh, Sie würden sich aber freuen, eine seiner Kommodenschubladen für Ihre Morgenausrüstung in Beschlag nehmen zu dürfen.

c) sich betrinken und seinen besten Freund verführen.

4. Sie gehen eines Abends mit Freundinnen aus. Mysteriöser- und wunderbarerweise erscheinen ständig attraktive Männer auf der Bildfläche, laden Sie zu einem Drink ein und fordern Sie zum Tanzen auf. Gegen Ende des Abends buhlen zwei Kerle rührend hartnäckig um Ihre Aufmerksamkeit. Sie bekommen mit, daß einer der Männer, Mike, beinahe zwei-

hundert Meilen entfernt wohnt und nur übers Wochenende in der Stadt ist, um Freunde zu besuchen. Der andere, Ike, besitzt eine Wohnung fünf Häuserblocks südlich von Ihrem Apartment. Als es langsam Zeit wird zu gehen, ...

a) legen Sie heimlich eine Hand auf Mikes Knie und fragen ihn, ob an dem Gerücht etwas dran sei, in der Cocktailbar seines Hotels würden die besten Martinis der Stadt gemixt.

b) bitten Sie Mike, Ihnen noch etwas zu trinken zu holen, und schreiben in seiner Abwesenheit diskret Ihre Telefonnummer auf die Innenseite von Ikes Streichholzbriefchen.

c) blicken Sie Mike verträumt an und bitten ihn, seine Heimatstadt zu beschreiben – eine Stadt, in der Sie nie waren und wo Sie nie hinwollten, weil Sie sie bisher für den langweiligsten Ort der Welt hielten. Während er erzählt, geraten Sie unsinnigerweise bei der Idee ins Schwärmen, dort zu leben.

5. Sie schuften seit fünf langen Jahren an Ihrer Version des großen Gegenwartromans und lassen selbst den Mut nicht sinken, als Sie kellnern müssen, um die Miete bezahlen zu können. Ihre Eltern, die ihre einstmals großen Hoffnungen zusehends herunterschrauben, meinen, sie hätten es wenigstens warm gehabt, wenn sie das Geld für die Collegegebühren verbrannt hätten. Plötzlich teilt sich Ihr Rotes Meer, und Sie erhalten ein Angebot von einem großen Verlag. Als Ihr Lebensabschnittspartner anruft, ...

a) verlangen Sie, daß er sofort rüberkommt und Sie zur Feier des Tages zu einem hirnrissig teuren Abendessen ausführt. Sie sagen ihm, er solle sich darauf einstellen, über Nacht zu bleiben.

b) teilen Sie ihm mit, daß Sie, einer Klausel Ihres Buchvertrags folgend, augenblicklich nach Manhattan ziehen müßten, um Ihrem Verleger für improvisierte Lektoratssitzungen zur Verfügung zu stehen. Sie versprechen zu schreiben, sobald Sie sich eingerichtet haben.

c) täuschen Sie einen italienischen Akzent vor und versichern ihm hochnäsig, er habe sich verwählt.

6. Ein mordsmäßig attraktiver Kollege, den Sie schon lange aus der Ferne verehren und über dessen sämtliche Schritte Sie diejenigen Ihrer strapazierten Freundinnen, die sich immer noch von Ihnen anrufen lassen, auf dem laufenden gehalten haben; ein Mann, der, wäre er ein bißchen aufmerksamer, Sie wegen Bespitzelung hinter Gitter bringen könnte, steht auf der Büro-Weihnachtsfeier plötzlich vor Ihnen und fragt, ob er Sie zu einem Cocktail einladen darf. Instinktiv...

a) geben Sie vor, taubstumm zu sein.

b) informieren Sie ihn geflissentlich – obwohl ein leeres Weinglas in ihrer Hand baumelt –, daß Sie keinen Alkohol trinken.

c) reichen Sie ihm das Glas und sagen lächelnd: «Ich nehme das gleiche wie Sie.»

7. Eines Morgens, als Sie gerade Ihr Job-Outfit anlegen und in das Kleid schlüpfen, das Sie am Abend zuvor sorgfältig in der ‹Dicke-Zeiten›-Abteilung Ihres Kleiderschranks ausgesucht haben, bemerken Sie, daß die Nähte allmählich aufgehen. Sie rupfen auf gut Glück Kleider von den Bügeln und geraten zunehmend in Panik, bis Sie plötzlich verstehen, wie die Sängerin Karen Carpenter in ihrem begehbaren Schrank einem Herzanfall erliegen konnte. Als Sie endlich, verspätet, im Büro ankommen, bellt Ihr Boß zur Begrüßung Ihren Namen. Sie lassen die Abmahnung über sich ergehen, kehren an Ihren Schreibtisch zurück, setzen sich vor den Computer,

denken kurz an die mannigfachen, offenbar wertlosen akademischen Abschlüsse, die Sie hinter sich gebracht haben, und machen sich dann an die Arbeit.

Nach acht langen Stunden Büro, als gerade ein Ende in Sicht ist, werden Sie daran erinnert, daß Ihre Anwesenheit bei einem wichtigen Kundenempfang vonnöten ist. Sie beißen die Zähne zusammen, reißen sich am Riemen und machen sich auf den Weg zur Party. Als Sie dort ankommen, ...

a) durchmessen Sie sofort gut sichtbar den Raum und begrüßen die Kunden in der überschwenglichsten und werbewirksamsten Weise. Anschließend machen Sie den blickgeschützten Hintereingang ausfindig und schlendern gemächlich in diese Richtung. Draußen auf der Straße winken Sie ein Taxi ran und brausen mit Vollgas zur Wohnung Ihres Freundes, um sich ein wenig schwerverdiente besondere Aufmerksamkeit zu gönnen.

b) schleichen Sie zur Band hinüber und bemühen sich um Blickkontakt zu dem vollgedröhnt glotzenden, komplett tätowierten und absolut unerquicklichen Schlagzeuger.

c) werfen Sie einem anderen Gast ein bezauberndes Lächeln zu, dessen einschüchterndes Auftreten Sie vermuten läßt, er habe unter seinem schlechtsitzenden Sakko eine Schußwaffe verborgen. Sie sind ganz Ohr, während er Sie mit seinen komplizierten, ausgefeilten Verschwörungstheorien ergötzt. Als er plötzlich aufbrechen will, bieten Sie an, ihn zu begleiten.

8. Ihr bester schwuler Freund, ein brillanter, aber noch namenloser Textildesigner, dem hoffnungslos verliebt hinterherzulaufen Sie entscheidende Jahre gekostet hat, bittet Sie inständig, auf eine schicke Modeindustrieparty mitzukommen. Obwohl Sie wissen, daß die meisten Gäste wunderschöne schwule Männer sein werden und Ihnen also ein flirt-

freier Abend bevorsteht, willigen Sie ein, Ihren Kumpel zu begleiten. Sie betreten die Gala und kippen sofort ein Glas Champagner. Urplötzlich...

a) beschließen Sie, daß es vielleicht voreilig war, anzunehmen, *alle* äußerst gutgekleideten und prächtig gebräunten Partygäste würden ausschließlich die Gesellschaft von Männern suchen.

b) beginnen Sie, unauffällig eine Gruppe von Männern zu belauschen, die direkt hinter Ihnen steht. Sie hören mit an, wie zwei der Männer den dritten im Scherz mit seiner Heterosexualität aufziehen und Sprüche wie «hier fehl am Platze» fallen. Sie wechseln die Position und stellen diskret fest, ob Grund zur Aufregung besteht. Sie beschließen: allerdings! Sodann gehen Sie auf die drei zu und strecken lächelnd die Hand aus.

c) bemerken Sie, daß der Barkeeper Michelangelos ‹David› wie aus dem Gesicht geschnitten ist. Entschlossen, nicht in einer Welt leben zu können, in der solch atemberaubend schöne Männer Waschbrettbäuche Brüsten vorziehen, versuchen Sie die nächste Dreiviertelstunde, seine Telefonnummer zu bekommen, bis er schließlich auf einen Stuhl sinkt, das Gesicht in den Händen vergräbt und Sie anfleht, ihn in Ruhe zu lassen.

9. Es ist April, und das unerwartet warme Wetter verleiht allen Lebensgeistern Auftrieb. Ihr Partner fragt gutgelaunt, ob Sie mit ihm und ein paar Freunden im Juli die Miete für ein Sommerhäuschen teilen wollen. Sie...

a) starren ihn fassungslos an und flüstern erbittert: «Wie kommst du darauf, daß wir uns im Juli überhaupt noch kennen werden?»

b) öffnen Ihr Scheckbuch und fragen: «Wieviel?»

c) antworten ihm, Sie würden liebend gern, wären aber

249

überzeugt, daß es sich bei dem Leberfleck auf Ihrer Schulter um ein inoperables Melanom handle und es somit wahrscheinlich sei, daß Sie im Juli längst tot wären.

10. Ihr Freund, ein engelsgleicher Mann, mit dem Sie seit Jahren zusammenleben, läßt ständig durchblicken, er plane eine große Überraschung. Als er nicht hinsieht, durchstöbern Sie seine Brieftasche und finden – natürlich! – eine Juwelierquittung. Auf seine Einladung hin treffen Sie ihn am folgenden Abend in einem schicken französischen Restaurant. Als er an den Tisch kommt, ...

a) beschuldigen Sie ihn wutschnaubend – und ohne irgendeinen Beweis – eine Affäre zu haben. Sie reden sich ein, sein verblüffter Protest beweise seine Schuld, und stürmen allein und lautstark schluchzend aus dem Restaurant.

b) und Ihnen ein kleines Samtkästchen überreicht, werfen Sie ihm einen finsteren Blick zu. Sie öffnen es und betrachten schweigend den Inhalt. Danach lassen Sie es zuschnappen, geben es ihm zurück und bemerken geziert: «Ich glaube, meine Mutter hatte recht. Wir haben wirklich verschiedene Geschmäcker.»

c) nippen Sie nervös an einem Glas Sekt und warten darauf, daß Ihr Liebster damit herausrückt. Im stillen üben Sie das Wort «ja» ein. Als er in die Tasche langt und die «Überraschung» hervorzieht, beenden Sie die Übung und beginnen zu sprechen.

11
Auflösung

Definitiv bestmögliche Antworten: 1c, 2a, 3b, 4b, 5a, 6c, 7a, 8b, 9b, 10c.

Wenn Sie auf die vorhergehenden Fragen drei oder mehr der obigen Antworten gewählt haben, stehen Ihre Chancen ausgezeichnet, die Bindungsangst zu überwinden, die Ihr Leben bisher in jeder wachen Minute bestimmt hat.

Wenn das nicht der Fall ist – und es tut mir leid, daß ausgerechnet ich Ihnen das mitteilen muß –, verbringen Sie viel zuviel Zeit damit, gegen hartherzige Windmühlenflügel anzukämpfen, die nie pünktlich zu einer Verabredung kommen und nie gewillt sein werden, Ihre Eltern kennenzulernen. Auf die Gefahr hin, daß ich mich wie eine High-School-Sportlehrerin anhöre: Hören Sie auf, sich etwas vorzumachen. Ihr Verlangen nach einem festen Freund ist ungefähr so groß wie Ihr Verlangen nach einem chirurgischen Eingriff am offenen Herzen ohne Narkose. Na und? Sie sollten sich lieber überlegen, was Sie momentan wirklich wollen und wie Sie das erreichen können. Denn die Liebe wird sich erst dann blicken lassen, wenn Sie soweit sind.

12
Schlußfolgerung

Der augenfälligste Nachteil, eine Frau zu sein, besteht in der Tatsache, daß Frauen von Natur aus einen höheren Körperfettanteil als Männer haben. Wissenschaftlich ausgedrückt, bedeutet dies, daß Männer wie die Mastschweine fressen können und dabei dünn wie Bohnenstangen bleiben, während wir dazu verurteilt sind, unser Leben lang die Regale im Supermarkt nach einem fettreduzierten Salatdressing abzusuchen, das nicht wie abgekochtes Leitungswasser schmeckt. Wenn man neben diesem Elend noch die anderen Hindernisse betrachtet, die unserem Geschlecht in den Weg gelegt werden – die Notwendigkeit, sich zum Pinkeln immer hinzusetzen; die Schwierigkeit, mit Gleichmut zur Kenntnis zu nehmen, daß die männlichen Kollegen anders, und zwar besser bezahlt werden; die Erkenntnis, daß eine Periduralanästhesie manchmal schiefgeht –, fragt man sich doch, ob das Frausein den ganzen Ärger wirklich lohnt.

Uns Frauen muß niemand daran erinnern, daß der Zeitgeist des Matriarchats seit Jahrtausenden passé ist und daß die Männer die kulturelle Dominanz an sich gerissen haben. Um der Fixierung auf diese Ungerechtigkeit zu entgehen, ist es oft angebracht, das eigene Geschlecht aus einem anderen Blickwinkel zu betrachten und die subtileren Vorteile in Augenschein zu nehmen, die es mit sich bringt, dem, wie Sartres Herzblatt Simone de Beauvoir es nannte, «Anderen Geschlecht» anzugehören. Statt sich auf den Umstand zu konzentrieren, daß wir nicht unbedingt das Sagen haben und daß die Regeln, nach denen wir leben sollen, nicht unsere Erfindung sind, können wir diese Regeln mit einer gewissen hellsichtigen Objektivität betrachten oder, wenn wir in der richtigen Stimmung sind, mit ein bißchen gesundem Widerwillen. Schließlich sind es nicht unsere Regeln, und deshalb sollte unser Engagement, ihre Unumstößlichkeit zu schützen, eindeutig gegen null gehen.

Es scheint jedoch eine gesellschaftliche Grundeinstellung zu geben, die der üblichen weiblichen Skepsis entgeht. Ich meine die Doktrin, eine Frau ohne Ring am Finger sei nicht sonderlich viel wert – und beleidigen Sie mich nicht mit der Frage, welchen Finger ich meine. Wir Frauen sind diesem Wahnsinn verfallen. Das ist mein Ernst. Fragen Sie die stärkste Frau nach Ihrem Liebesleben, und sie wird sich wahrscheinlich entweder in einen Zombie verwandeln – genauer gesagt, in einen Roboter, der mechanisch die Hand hebt, damit wir den Schliff des Steins bewundern können – oder in ein armseliges Mäuschen, das betreten eingesteht, noch solo zu sein. Frauen neigen im allgemeinen zu beängstigenden Kurzschlußhandlungen, wenn das Wort ‹Beziehung› fällt. (Ebenfalls gefährlich sind ‹Kristall-Serie mit Nachkauf-Garantie› und ‹Gedeck für zwölf Personen›.) Hirnchirurgin oder Astronautin, welche Leistungen sie auch vollbracht hat – man muß eine Frau nur mit dem Thema der großen Liebe konfrontieren (und allem, was dazugehört: Hochzeit! Kinder!), und sie wird wahrscheinlich zustimmen, daß eine solche Bindung das ultimative Ziel jeder lebenden Frau darstellt.

Während wir auf andere kränkende gesellschaftliche Einstellungen reagieren, indem wir muffige Busse besteigen und zu Protestdemonstrationen fahren oder auf eleganten Dinnerparties verächtlich lachen, weigern wir uns, wenn es um Paarbeziehungen geht, immer noch, die althergebrachte Meinung zu hinterfragen, daß diejenigen unserer Schwestern, die ein Leben als Ehegefährtin kategorisch ablehnen, unverbesserliche Fanatikerinnen seien. Schließlich heiraten selbst die Nonnen Jesus, wenn man sich auch denken kann, daß in diesem Arrangement die Aufteilung der Hausarbeit einiges zu wünschen übrigläßt.

Warum um alles in der Welt weichen wir dann – angesichts unseres offensichtlichen Widerwillens, die konventionellen Meinungen über Frauen und Beziehungen zu hinterfragen – so regelmäßig von dem geweihten, vorgeschriebenen Pfad zum Glück ab, den eine solche Beziehung darstellt? Wir umgehen oder sabotieren Beziehungen, und wenn wir zu solcher Direktheit nicht fähig sind, suchen wir uns einfach einen Partner, von dem wir wissen, daß er die Zerstörung unserer Verbindung organisieren wird. Das erlaubt uns, das Gesicht zu wahren und die Opferrolle einzunehmen – was, verglichen mit den alternativen Rollen der Ketzerin und des Parias, gar keine so schlechte Wahl ist.

Was ist da los? Wie erklären wir diese Diskrepanz in unserem Liebesverhalten? Es ist zugegebenermaßen kein Widerspruch, der auf den ersten Blick kolossal erscheint, es sei denn, wir bedenken, welchen unverhältnismäßigen Raum er in unseren kleinen, benebelten Hirnen einnimmt. Wenn wir uns schon weigern, die Anforderung dieser Gesellschaft offen in Frage zu stellen, alle sollten wie Noahs Tiere in Paaren gehalten werden, wie konnte sich die Bindungsangst dann zu einer heimlichen Epidemie auswachsen?

Ich bin der Meinung, daß die Angst der Frauen vor einer Bindung in ihrer Angst vor sich selbst wurzelt. Wir stecken mitten in einer Identitätskrise, deren Ursprung in dem Konflikt begründet liegt, daß man uns einerseits sagt, wir seien jetzt gleichberechtigte Mitglieder der Gesellschaft, andererseits aber eben diese Gesellschaft ihr Möglichstes tut, den Rahmen dessen, was sie für akzeptables weibliches Verhalten hält, eng zu begrenzen.

Mit anderen Worten: Ob wir nun in der Schule den Buchstabierwettbewerb gewinnen oder die onkologische Abteilung einer weltberühmten Uniklinik leiten, von uns Frauen wird immer noch erwartet, daß wir uns dabei warmherzig, dienstbeflissen und mitfühlend verhalten und Konkurrenzdenken uns fremd ist. Nett: Frauen sollen einfach nett sein. Ärger, Frustration, Entrüstung, Gereiztheit, Pragmatismus, Coolness: die Liste der für Frauen angeblich unpassenden Reaktionen ist mindestens so lang wie die Beine von Kim Basinger.

Weil Frauen immer noch nach einem Standard guten Benehmens beurteilt werden, der zu kurz greift und dazu veraltet (und, offen gesagt, wahnhaft) ist, bleibt uns der Zugang zu der ganzen Bandbreite an Aktionen und Reaktionen versperrt, die ein Leben in diesen neuen Möglichkeiten erfordert, sei es nun am Arbeitsplatz oder in der Freizeit. Wir ähneln Soldaten, die ohne Waffen in die Schlacht geschickt werden. Das Patriarchat hat uns den Einzug in sein heiliges Reich gestattet, aber unter dem strikten Vorbehalt verschärfter Ohnmacht.

Wer jemals einen Job hatte, weiß, wie der Hase läuft: Ein Mann, der sich in der Gewißheit seiner Machtposition sonnt, wird allgemein für ein Vorbild gehalten und glühend bewundert, weil er ehrgeizig ist und sich auf ein Ziel konzentriert. Wenn aber eine Frau die nämliche Stelle bekleidet, wird ihr Bemühen, ihren Job effektiv zu erledigen, sie bald als häßliches, männerkastrierendes Scheusal dastehen lassen. Sie ist in die Männerwelt aufgenommen worden, aber das ganze natürliche Spektrum von Reaktionen auf diese Welt – Reaktionen, die Männern zur Verfügung stehen und von ihnen erwartet werden – bleibt ihr verboten. Welch hohe Positionen Frauen auch bekleiden, wie viele preisgekrönte Gebäude sie entwerfen oder erfolgreiche Knochenmarktransplantationen sie durchführen, es ist immer noch obligatorisch, daß ihre Handlungen von einem lieblichen, entgegenkommenden Lächeln begleitet werden.

Meiner Erfahrung nach fürchten sich Frauen per se weit weniger vor der Innigkeit und Nähe einer Liebesbeziehung als vor den Folgen dieser Vertrautheit. Denn Nähe setzt die Bereitschaft voraus, sich dem Liebhaber zu öffnen. Dazu aber müssen wir uns selbst eingestehen können, wen genau wir da dem alten Scherzbold Amor anbieten. Eine wirkliche, dauerhafte Bindung einzugehen ist kein Schritt, den wir ohne ein Mindestmaß an Selbsterkenntnis unternehmen können. Diese Idee, sich selbst besser kennenzulernen, wäre kein allzu beunruhigender Vorschlag, würde er nicht eine Untersuchung auch derjenigen Bestandteile unseres Ego voraussetzen, bei denen wir alles unternommen haben, sie gleich der geisteskranken Bertha Rochester in Charlotte Brontës Roman *Jane Eyre* auf dem Dachboden zu verstecken.

Als ich die Frauen in diesem Buch porträtiert habe, mich selbst eingeschlossen, bin ich immer wieder auf das Thema ‹Nähe› gestoßen – sowohl die Nähe, die man mit einem Partner erlebt, als auch die Nähe zu sich selbst. Ob sie diesen beiden Arten der Nähe ihre kreative Arbeit in den Weg werfen (wie in Isabels und Kates Fall) oder beginnende – und vielversprechende – Beziehungen kurzschließen, indem sie mit jedem Neuen ins Bett hüpfen (Lydia), ob sie dem Lockruf der Schwulen anheimfallen (Annie) oder sich den Kopf über eingebildete körperliche Macken zerbrechen (Elizabeth): die Art und Weise, in der diese Frauen Nähe vermeiden, ist weniger wichtig als die Tatsache, *daß* sie es tun. Denn beides ist unlösbar miteinander verquickt: Die Angst vor der Nähe zu einem anderen rührt beinahe stets aus der Angst vor der Nähe zu sich selbst her. Wenn aber

Bindungsangst eigentlich Angst vor sich selbst ist, vor eben jenem Ich, das wir seit dem Tag unserer Geburt mit uns herumschleppen – wovor genau sollten wir uns fürchten? Vor manchem. Denn wenn wir uns selbst ganz aufrichtig anschauen, sind wir gezwungen, mit der Tatsache fertig zu werden, das wir, wie Whitman sagte, «Viele und vielfältig» sind. Das schließt alle Seiten unseres Ego ein – sowohl unsere Neigungen, liebenswert und freundlich, angenehm und großzügig zu sein, wie auch unsere Anfälle von Konkurrenzdenken, Gereiztheit, Egoismus und Wut. Diese Akzeptanz ist deshalb alles andere als einfach, weil wir in einer Welt leben, die es wirklich nicht gern sieht, wenn wir unsere Feindseligkeit und Verzweiflung nicht verhehlen können. Da kann man sich auch gleich auf seiner eigenen Party betrinken und bewußtlos umkippen. Wir sollten es besser wissen, verdammt noch mal.

Unsere «Böse-Mädchen»-Impulse anzunehmen und mit ihnen zu leben ist verdammt schwierig, wenn diesen Impulsen überall mit Abscheu und Empörung begegnet wird und sich erweist, daß die Idee eines wirklichen Machtgewinns wohl ein Traum bleiben soll. Den Männern war es ernst damit, als Sie die Unterscheidung zwischen Heiliger und Hure erfanden – ein Paradigma, das kurz und bündig aufzeigt, welch bedrohliche Konsequenzen es hat, wenn das gute Benehmen einer Frau Risse bekommt. Frauen kennen den «Nur-eine-falsche-Bewegung»-Aspekt dieses moralischen Musters (entweder aus bitterer Erfahrung oder aus Beobachtungen). Wir wissen, daß nur ein einziger Fehltritt auf dem gesellschaftlichen Huren-Heiligen-Parkett flugs in unserer Akte vermerkt wird, und das ist ein viel belastenderer Makel als das kindliche Mathestundenschwänzen oder der Diebstahl von Kosmetika. So sehr sich auch unser gesellschaftliches Bewußtsein entwickelt hat, die Unterscheidung zwischen bösen und guten Mädchen hat sich erstaunlich frisch und fest erhalten.

Frauen reagieren auf diese Erwartungshaltung in der Regel mit extremer Kooperationsbereitschaft. Auf Dinnerparties kümmern wir uns um Leute, die schüchterner als wir selbst erscheinen; wir jonglieren mit unseren Terminen, um sie den Bedürfnissen von Kollegen und Freunden anzupassen; und bevor wir ein Essen planen, denken wir stets darüber nach, ob einer der Gäste Vegetarier ist. Aber die weniger netten Bestandteile einer Frau lösen sich nicht einfach komplett in Luft auf; so mächtig ist der Zwang zu gutem Benehmen auch wieder nicht. Der Widerwille, die Wut, die Griesgrämigkeit und Ungeduld gehen vielmehr in den Untergrund. Sie verstecken sich, aber sie existieren weiter. Man könnte sogar behaupten, sie würden sich auswachsen, wie aus Kartoffeln, die man zu lange unter der Spüle aufbewahrt hat, plötzlich unheimliche Wurzeln hervorsprießen. Wie perfekt wir das Gütig-Leutselige auch draufhaben mögen: Unter der Oberfläche grummelt es mächtig.

In der Regel sind die Frauen, die ich kenne, viel verschlossener und willensstärker und weniger autoritätshörig als irgendein Mann, den ich je kennengelernt habe. Ich habe mich lange instinktiv gegen diese Erkenntnis gesträubt, denn sie paßte so gar nicht in das konventionelle Bild. Verstehen Sie mich nicht falsch: Diese Frauen, mich selbst eingeschlossen, benahmen sich fürchterlich gut. Sie waren bloß alles andere als wirklich nett. Aber ‹nett› ist auch eher ein Attribut, das man mit Kühen und Wiesenblumen verbindet. Bei seinen Freunden und bei einem selbst darf es schon ein bißchen interessanter und komplexer zugehen. Ist nicht das einzige, was die Kindheit erträglich machte – all die Stunden, die man damit verbrachte, sadistischen Sportlehrern aus dem Weg zu gehen und Algebraformeln auswendig zu lernen, die im

späteren Leben keinerlei Anwendung finden –, das Bewußt-
sein, daß wir uns in jeder beliebigen, legalen Weise würden
aufführen können, wenn wir erst einmal das goldene Tor des
Erwachsenenlebens durchschritten hätten?
Natürlich – falls Sie ein Mann sind. Für Frauen sind die
Belohnungen, das Königreich des Erwachsenseins erreicht
zu haben, schon weniger offensichtlich. Sobald nämlich eine
Frau etwas anderes als freudige Fügsamkeit zur Schau trägt,
erlebt sie ein Kritikasterfestival und gibt sich der allgemeinen
Verdammung preis. Stellen Sie sich ein paarmal für diese öffentlichen Steinigungen zur Verfügung, und Sie werden
merken, daß Sie, als Frau, lieber ganz schnell die Kunst der
Selbstunterdrückung erlernen sollten. Doch wenn Sie damit
fertig sind, ist die von Frauen perfektionierte Aufteilung in
öffentliche Zustimmung und privaten Widerspruch ein für
allemal betoniert.

Welche Auswirkungen aber hat all das auf unsere Bindungsängste, unsere heimlichen Beziehungsvermeidungs-
strategien? Der Unterschied, den Frauen zwischen ihrem
öffentlichen Gesicht und ihrem Privatleben machen, wirkt
sich ganz direkt aus: Wir wählen unerreichbare oder unpassende Partner oder gehen jeder Form von Liebesleben aus
dem Wege, damit niemand unser höchst privates Ich kennenlernen kann. Wenn uns irgend jemand wirklich nahe käme,
dann müßten wir ihm jene Bestandteile unseres Selbst zeigen,
von denen wir glauben, wir sollten sie stets verbergen. Und
selbst wenn wir unsere rebellischen oder nonkonformisti-
schen Impulse bedauern mögen, beschützen wir sie doch
auch und wollen sie nicht für einen Mann aufgeben müssen.
Wir sind nur bis zu einem bestimmten Punkt bereit, männer-
programmierte und robotergleiche Stepford-Frauen zu werden, und die Aufopferung unserer privaten Reaktionen und
Meinungen gehört nicht zu dem Gesellschaftsvertrag, den

wir unterzeichnet haben. Wir gehen mit Kriminellen und verheirateten Männern aus, wir versuchen, uns an Schwule ranzumachen, und wir tun das nicht, weil wir geisteskrank oder dumm wären, sondern weil wir Angst vor den Konsequenzen haben, die es mit sich bringt, wenn wir uns einem Partner ganz anvertrauen.

Wie ich bereits erwähnte, wäre an der Abneigung vieler Frauen, dauerhafte Beziehungen einzugehen, weiter nichts verkehrt, würde sie nicht durch fürchterliche Angst und Verzweiflung begleitet, die wir jedesmal empfinden, wenn wir für jemand anderes ein Hochzeitsgeschenk besorgen oder das ‹Ledig›-Kästchen auf einem standardisierten Fragebogen ankreuzen. Wenn ein allein verbrachter Samstagabend kein Anlaß zu stechenden Qualen wäre, wenn wir nicht so viel wertvolle Zeit und Kraft auf unsere Begegnungen und Nicht-Begegnungen mit Männern verwenden würden, könnten Frauen ganz offensichtlich wesentlich glücklicher und erheblich produktiver sein. Versuchen Sie mal, sich das mögliche Resultat ihrer Bemühungen vorzustellen, wenn Sie all die ungezählten Stunden, die Sie am Telefon oder ausgestreckt auf dem Chintz-Deckbett einer Freundin damit verbracht haben, zwanghaft Ihre letzte Liebeskatastrophe zu analysieren, auf etwas anderes verwandt hätten: ein Millionen-Dollar-Drehbuch zu schreiben, sich selbst Französisch beizubringen, die Klassiker zu lesen oder zu lernen, wie man die Börse melkt. Sobald Sie das gemeistert hätten, wären Sie zu einer Weltreise mit allen Schikanen aufgebrochen. Oder Sie hätten einfach nur überlegt, was Sie mit Ihrem Leben anstellen wollen und wie Sie dieses Ziel verwirklichen können.

Ich bin sehr für die Liebe. Ich wünschte nur, ich hätte in all den Jahren, die ich ihr nachgejagt bin, einmal gemerkt, daß ich selbst nicht in der Lage war, mit dem ersehnten Liebes-glück umzugehen. Ich wußte zuwenig über mich selbst – und den nötigen Erkenntnisprozeß habe ich behindert, indem ich meine Aufmerksamkeit auf alles mögliche richtete, aber nicht auf mich. Natürlich war das alles kein Zufall. Ich hatte Angst vor meinem wahren Ich, weil ich wußte, daß es nur so von verdrießlichen, inakzeptablen Charakterzügen strotzte. Als ich bemerkte, daß ich nicht dem Modell weib-licher Tugenden entsprechen konnte, fürchtete ich mich, ir-gendwie mangelhaft, also zweite Wahl zu sein. Vieles war nötig (Erfahrungen, ein wachsender Unwille, mir selbst etwas in die Tasche zu lügen, die Hilfe eines brillanten und weisen Therapeuten, die Freundschaft zu Frauen, die ich aus vielen Gründen bewunderte – und nicht der geringste dar-unter war ihre Fähigkeit, sich selbst zu akzeptieren), bis ich glauben konnte, daß ich kein Monster bin, sondern einfach eine Frau wie jede andere auch, mit guten und mit schlechten Eigenschaften. Eine hin- und hergerissene, zwiespältige Per-son, auf der Suche nach Ausgewogenheit.

Hätte mir jemand in den ersten Monaten meiner Bezie-hung zu meinem Liebsten – einer hektischen Zeit, in der ich mit den logistischen Anforderungen einer neuen Beziehung ebenso zu jonglieren versuchte wie mit einer offenbar end-losen Reihe zeitraubender, komplizierter Haarfärbebehand-lungen – gesagt, all die Angst und Panik, die ich empfand, seien noch der leichteste Teil, dann hätte ich denjenigen sicherlich erschossen. Aber, tot oder lebendig, diese Person hätte recht gehabt. Oh, natürlich, ich holte mir ein Magenge-schwür, weil ich mir sicher war, jede unserer Verabredungen wäre die letzte, und brach mir bei dem Versuch, eine akroba-tische Technik zu entwickeln, die mich direkt und diskret vom Bett ins Badezimmer befördern würde, sämtliche Kno-chen – aber während der Anfangsphase der ersten Verliebtheit tat ich, was ich zu tun gewohnt war: Ich hatte eine Menge Spaß mit mir selbst. Zwar sagte mir irgendwas, daß es diesmal anders sein würde, aber ich hörte einfach nicht hin. Ich marschierte weiter meinen gewohnten Weg, ignorierte die wirkliche Situation – daß nämlich dieser Mann es ernst meinte – und machte mich gleichzeitig daran, meinen Lover zu einem meiner üblichen romantischen Antihelden zurechtzuträumen und mich für den Moment zu wappnen, in dem die ganze Sache platzen würde. So war es schließlich immer gelaufen, jedes einzelne Mal. Ich hatte keinen Grund, meinen Instinkten zu folgen oder denen meines Partners zu trauen.

An einem gewissen Punkt, und nicht ohne großes Bedauern, endete mein kleines einsames Abenteuer. Nachdem ich jahrelang meine Pseudofreunde den Umstand hatte verdecken lassen, daß meine einzige große Liebe meine fruchtbare Phantasie war, wurde nun meine gemütliche, selbstgenügsame Traumwelt durch die Anwesenheit eines anderen Menschen zerstört. Und es gab Zeiten, da kam ich damit überhaupt nicht klar.

Das hat nichts mit meinem Geliebten zu tun. Bei so viel Schwein, wie ich in dieser Hinsicht hatte, kann es sich nur um eine Wiedergutmachung des Schicksals handeln: Gott muß im Theater meiner Liebeskatastrophen einen Platz in der ersten Reihe gehabt haben. Es hat eher mit mir zu tun und besonders mit dem Aufwand, den ich betrieb, mein insulares Gefühlsleben zu hüten. Die größte Herausforderung, der ich in meiner Beziehung gegenüberstand, war nicht, eine fünfte Verabredung hinzubekommen oder schließlich zu gestehen, daß mein aufgeblähter Unterleib nichts mit Fett zu tun hatte. Die größte Herausforderung war – und ist –, die Mauern einzureißen, die ich errichtet hatte, um meine Einsamkeit zu schützen. Wenn ich mit einem Thema konfrontiert wurde, das schmerzhaft und schwierig ist, sagte mir mein erster übermächtiger Instinkt, ich sollte mich am besten entziehen und in mich selbst verkrümeln, auch wenn ich wußte, daß die Diskussion dieses Themas eine Grundbedingung für den Fortbestand meiner Beziehung war. Erst jetzt, nach jahrelanger Übung, lasse ich mich davon überzeugen, daß Aufmerksamkeit und nicht Flucht die produktivere Reaktion auf ein Problem oder einen Konflikt darstellt. Was bestimmt nicht bedeuten soll, daß ich stets auf Produktivität setze; es soll nur bedeuten, daß die Wahl der Mittel – Aufmerksamkeit oder Vermeidung – allein bei mir liegt.

Jetzt kommt der Satz, auf den Sie alle gewartet haben: Sie haben weit mehr Kontrolle über Ihr Liebesleben, als Sie glauben. Ihr Glück liegt in geradezu atemberaubendem Maße in Ihren Händen. Und das hat nichts mit Ihrer Kleidung oder Ihrer Frisur zu tun oder mit den schlauen Partyplaudertricks, die Sie sich draufgeschafft haben. Das Schicksal Ihres Liebeslebens hängt im wesentlichen von Ihrer Beziehung zu sich selbst ab.

Sobald Sie beschließen, sich auf eine ernsthafte Selbsterkundung einzulassen – sich der Bestandteile Ihres Ich zu versichern, auf die Sie stolz sind oder die Ihnen gefallen, und jene genauer zu untersuchen, die Ihnen mißfallen oder Kummer bereiten –, verlieren Sie die Fähigkeit zur Selbsttäuschung. Sie werden sich nicht länger einreden können, entscheidend für den Erfolg einer romantischen Begegnung sei, ob ein bestimmter Kerl Sie zufällig leiden kann. Statt dessen werden Sie diese Begegnung unter dem Aspekt Ihrer eigenen Empfindungen sehen: Verdient diese Person Ihr Interesse? Finden Sie ihn attraktiv? Ist er Ihre Zeit wert?

Sobald Sie akzeptiert haben, daß Anziehung ein Spiel ist, das auf Gegenseitigkeit beruht, wird es Ihnen nahezu unmöglich sein, sich selbst zu belügen – egal ob es um Ihr mögliches Interesse an einem anderen oder um seines an Ihnen geht. Wenn der Funke überspringt, werden Sie es schon merken. Wenn es nicht britzelt, machen Sie die Biege.

Es gibt eine geradezu beschämend einfache Regel, was die Liebe betrifft – so einfach, daß wir sie regelmäßig übersehen, wenn wir dem Trampelpfad der Lüste folgen. Sie lautet: Wenn es sein soll, wird es schon werden. Wenn nicht, dann nicht. Für jemanden wie mich, die viel Zeit mit geradezu psychotischen Anstrengungen verschwendet hat, den Willen sich entziehender Liebhaber zu brechen, widerlegt diese Regel so ziemlich jeden Schachzug, den ich in meinem Liebesleben je gemacht habe. Und trotzdem trifft sie zu. Wenn das Objekt Ihres Interesses nichts mit Ihnen zu tun haben will, gibt es keinen Push-up-BH mit halben Körbchen, keine ausgefeilte chirurgische Methode, keine dramatische Änderung Ihrer Persönlichkeit, die diesen Mann umstimmen wird. Wenn aber das besagte Objekt sozusagen reinwill, können Sie jeden Schwachsinn anstellen – sein Auto vollreiern, nach dem Verzehr eines Mohnbrötchens weggetreten lächeln oder sich eine hysterische Schwangerschaft zulegen –, und werden ihn doch nicht vom einmal eingeschlagenen Weg abbringen. Sie können weder etwas erzwingen, das nicht sein soll, noch versehentlich etwas kaputtmachen, das vorbestimmt ist.

Mit anderen Worten: Die einzige Kontrolle, die sie haben, ist die Kontrolle über sich selbst. Was auch immer Ihr Glück ist – sei es, ein Flugzeug zu fliegen (obwohl jeder gesunde Mensch weiß, daß Metall schwerer als Luft ist), Schauspielerin zu werden, in der Serengeti zu zelten, in Nepal nach Fossilien zu graben oder einen Partner zu finden, an den Sie sich binden und mit dem Sie ein gemeinsames Leben aufbauen können –, all diese Ziele liegen in Ihrer Macht. Und je ehrlicher Sie zu sich selbst sind, desto erfolgreicher werden Sie jene Ziele auswählen und verfolgen, die dem Leben (selbst einem Leben, in dem Schwule besser aussehen als Heteros) einen Sinn verleihen. Sollten Sie entdecken, daß Ihr einziges Ziel darin zu bestehen scheint, einen sich entwindenden oder nur erträumten Partner einzufangen, dann hat sich Ihre Beziehung zu sich selbst vielleicht etwas abgekühlt. Ändern Sie das. Gehen Sie mit sich selbst aus. Ein kleiner Flirt, ein Essen, ein Blumenstrauß und etwas überteuerte belgische Schokolade wirken manchmal Wunder. Vor allen Dingen: Verlieben Sie sich. Das wird der Beginn einer wunderbaren Freundschaft sein.

Danksagung

Dieses Buch beruht ebensosehr auf den Erfahrungen anderer Menschen wie auf meinen eigenen. Deshalb möchte ich zunächst all den Frauen herzlich danken, die mir für die Porträts in diesem Buch ihr Herz ausgeschüttet haben. Es ist ein großes Glück, einen derart interessanten und buntscheckigen Freundeskreis zu besitzen. Jede meiner Freudinnen durfte ich nachts um drei anrufen, um mich nach den Einzelheiten ihrer diversen Liebesgeschichten zu erkundigen, und sie alle verwandelten die Recherche zu diesem Buch in eine ausufernde, endlos amüsante Cocktailparty.

Ich hatte das Glück, in eine Familie hineingeboren und in eine zweite aufgenommen zu werden, für die das menschliche Verhalten ein Faszinosum und ständiges Gesprächsthema ist. Es genügt wohl, wenn ich sage, daß ich meine gesamte Menschenkenntnis der stets sich vergrößernden Gesprächsrunde am Küchentisch meiner Mutter verdanke – einem immerwährenden runden Tisch in Sachen ‹Launen und Wunder der menschlichen Natur›. Zu diesem Kreis gehörten meine Mutter und mein verstorbener Vater, Marie und Robert Gillooly; meine Großmutter und mein verstorbener Großvater, Mary und William Clancy; Claire, Charie, Kerry, Caitlin und Hilary Rose; Dennis, Christine und Liza Jane Gillooly; Ellen Gillooly und Michael Schrier; Elizabeth Gillooly und R. J. Connelly; Shirley Edwards; Mary, Mark und Elizabeth Trivett; Michele, Sheldon, Daniel und Elijah Stowe – und James Spione.

Viele Freundinnen und Freunde haben mich aufgemuntert und unterstützt, wenn ich mal wieder völlig verzweifelt war: Brad Allen, Paul Aviles, Bob Barnett, Tracy Behar, Matt Bertron, Jill Bock, Lewis Brindle, Maureen Brogan, Trudy Brown, Carlo Calzolaio, Paul Croft, Carl Davis, Mara Eilenberg, David Feldman, Karen Fish, Jacqueline Fried, Peter Galvin, Tracey Garet, Lisa Gray, Jeanne Heifetz, Leonardo Iturregui, Robert Jones, Aida Khalil, Richard Kot, JoEllen Kwiatek, Eileen Ledwith, Allen Lyons, Leslie und Evie Lyons, Matt Malloy, Lauren Marino, Christian McLaughlin, James McManus, Susan Mitchell, Mark Mravic, Suzanne Noli, Cathleen O'Connor, Tom O'Connor, Christe Orzechowski, Joyce Pensato, Constantine Photopoulos, Mary Prlain, David Rakoff, Karen Rinaldi, Edward Ruchalski, Lawrence Schrier, Margaret Steele, Pamela Stewart, Scott Treimel, Doug Webster, Trip Weil, Nina Wugmeister und John Young.

Als die Götter den unglückseligen Schriftstellern Lektoren und Agenten zuteilten, zog ich das große Los. Jennifer Unter ist ein Ausbund an Klugheit und Großzügigkeit und führt den Rotstift mit viel Intelligenz und Nachsicht. Gordon Kato, diesem Literaturagenten par excellence, gelingt es auf geniale Weise, immenses ästhetisches Feingefühl und einen beeindruckenden Geschäftssinn in sich zu vereinen. Außerdem besitzt er eine ausgesprochen erlesene und spannende CD-Sammlung.

Zum Schluß danke ich natürlich Richard Whitesell, der zwar nicht bei mir ist, aber immer an meiner Seite steht.

Gesunde Ernährung

Neal Barnard
Iß dich fit

Die verjüngende Kraft natürlicher Ernährung
Deutsch von Sebastian Vogel
320 Seiten. Laminierter Pappband

Ein richtungweisender, praktischer Ratgeber, der uns neue Wege eröffnet, die Gesundheit, Spannkraft und Jugendfrische unseres Körpers zu erhalten und zu steigern. Zahlreiche wissenschaftliche Untersuchungen und medizinische Studien belegen die verjüngende Kraft natürlicher Ernährung: Jeder hat die Mittel selbst in der Hand, besser und länger zu leben. Aus der Fülle seiner Erfahrung als Arzt und Ernährungsexperte entwickelt Dr. Barnard ein verständliches und leicht zu befolgendes Programm, mit dessen Hilfe wir dem Alterungsprozeß unseres Körpers wirkungsvoll begegnen können.

Robyn Landis
BodyFood

Schlemm Dich schlank und fit
BodyFueling
Deutsch von Franca Fritz und Heinrich Koop
Vorwort von Kaaren A. Nichols
224 Seiten. Pappband

«BodyFood – Schlemm Dich schlank und fit» macht Schluß mit dem weitverbreiteten Diät-Terror; viele Menschen sind dick, weil sie zuwenig essen und ihren Körper nicht ausreichend mit Brennstoffen versorgen. Wer Robyn Landis folgt, für den wird Essen wieder zu dem, was es sein sollte: ein zutiefst befriedigender, sinnlicher und gesunder Gaumengenuß. Höhere Leistungskraft, gesteigerte Lebensfreude und eine Reduzierung des Fettgewebes sind die Folgen.
«BodyFood – Schlemm Dich schlank und fit» zeigt Ihnen, daß auch Sie nicht mehr leiden und entsagen müssen. Essen Sie sich statt dessen gesund und schlank.

Wunderlich

Bücher zum Verwöhnen

Gisela Krahl / Magrit Szabo
Tausendschön

Die großen Rezepte und die kleinen Geheimnisse der Kosmetik zum Selbermachen ★ Cremes, Gele und Öle für Gesicht und Körper ★ Duftende Seifen und Shampoos ★ Badewonnen ★ Aromamassagen und Muskelöle ★ Parfum und Duft für Wohnung und Büro

Illustrationen von Brian Grimwood
176 Seiten. Gebunden

Tausend Tips und Rezepte zur Pflege und Entfaltung Ihrer Schönheit – von den Haarspitzen bis zu den Zehenspitzen

Gisela Krahl / Andrea Riepe
Wonnestunden

Betörende Düfte, schlüpfrige Öle und berüchtigte Salben ★ Erotische Räucherungen und Aromalampen für die liebevolle Erleuchtung ★ Die Wonne in der Wanne ★ Aphrodisische Gaumenfreuden ★ Kissen zum Küssen ★ Ein Tag und eine Nacht aus lauter Lust und Liebe

Illustrationen von Brian Grimwood
192 Seiten. Zahlreiche vierfarbige Abbildungen. Gebunden

Aus insgesamt über 100 Rezepten: Schweres Duftöl für die Lasziven ★ Die Kunst der zärtlichen Massage ★ Prickel für die empfindlichsten Stellen ★ Duft für den Morgen danach ★ Ein Bad für die Frau, die immer will ★ Menü für Liebende, die immer auf der Flucht sind ★ Picnic d'amore auf dem Dach ★ Desserts für hinterher

Wunderlich